ビジネス・アカウンティング

第5版

財務諸表から経営を読み解く

ビジネス・ブレークスルー大学大学院
経営学研究科教授
慶應義塾大学名誉教授
山根 節

慶應義塾大学大学院
経営管理研究科
エーザイチェアシップ基金教授
太田康広

慶應義塾大学大学院
経営管理研究科准教授
村上裕太郎

慶應義塾大学大学院
経営管理研究科専任講師
木村太一
著

BUSINESS ACCOUNTING

中央経済社

まえがき

長い実務経験に基づくノウハウ

　この本の初版は、著者の1人である山根節の単独著書『ビジネス・アカウンティング−MBAの会計管理』として2001年に出版された。山根は、学部卒業後、公認会計士として実務経験を積み、慶應義塾大学ビジネス・スクールでMBAを取得したあと、経営コンサルティング会社を設立して、経営コンサルタントとして活動するとともに会社経営にも携わったという異色の経歴を持つ。20年以上の実務経験ののち、母校の慶應義塾大学ビジネス・スクールに教員として招かれ、それから大学院博士課程へ進学して博士号を取得して研究者となった。こうした実務経験に裏打ちされた知恵が、この本のあちらこちらに反映されている。

　山根は公認会計士であるから、伝統的な会計学や複式簿記、財務諸表を作成するにあたって従わなければならない会計基準などの制度の詳細は知り尽くしている。しかし、山根によって書かれたこの本は、伝統的な会計学のテキストのような章立てにはなっていない。MBAの多くは、学位取得後、経理部や財務部に配属されるわけではない。会計情報については、もっぱらユーザーとして、日々の経営判断に役立てようとはするだろうが、詳細なルールに従って財務諸表を作成するわけではないのである。そうしたユーザーにとっては、制度上の細かい規則を憶えることよりも、財務諸表の内容を大まかに捉える感覚のほうが重要である。山根はこれを「健全なドンブリ勘定」と呼んでいる。

　山根の長い実務経験の中で、資金繰りに窮した中小企業の社長が、自社の財務諸表の要点を銀行員に的確に説明する場面に立ち会ったことがあるという。その社長は、会計専門家ではなかったが、融資を判断する銀行員が、財

務諸表のどのポイントに注目するのかを過去の経験から学んでいた。この社長は、営業所から上がってくる業績報告を見て、営業の現場で何が起こっているのかを的確に見抜くこともできたという。また、山根が経営コンサルタントとして関わった企業再生の現場においては、ざっくりとした簡単な貸借対照表を前に、売掛金をどう回収するか、多すぎる在庫をどう圧縮するかなどの具体的な方策を議論したともいう。このように、会計専門家でなくとも、ビジネスの現場で財務諸表をツールとして使いこなす場面は多くある。

比例縮尺財務諸表

　この本は、慶應義塾大学ビジネス・スクール（KBS）のMBAプログラムの基礎科目「会計管理」の内容の一部である。KBSはケース・メソッドで知られ、授業では、実際の企業の財務諸表をもとに、経営戦略を論じたり、ビジネス・モデルを分析したり、企業再生の方策を議論したりする実践的な内容である。会計の場合、すべてをケース・メソッドで修得するのは難しいので、一番初めに複式簿記の講義が入れてある。KBS入学直後、朝9時から夕方4時15分までの90分講義4回で、簿記一巡の手続きをサービス業で1回転、商業で1回転して複式簿記を修得する。5コマ目からは、現実の企業の財務諸表の分析に入る。

　すぐに本物の財務諸表の分析に取り掛かるKBSの会計プログラムは「泳げない人をムリヤリ海に突き落とすような」コースだといわれる。さすがにそれはムリがあるだろうと思われるかもしれないが、過去30年間、このやり方でうまく回っている。そして、その秘密は「比例縮尺財務諸表」にある。山根が公認会計士として働いていた頃、財務諸表の数字がなかなか頭に入らず苦労したという。そこで、財務諸表の数字を高さに置き換えてボックス図にすることを思いつき、つねに方眼紙を持ち歩き、これを実践していた。これが比例縮尺財務諸表である。金額に比例した面積を割り当てた図によって、大きな数字は目立つように大きくなり、小さな数字は細くなって無視できる。この比例縮尺財務諸表を使うことで、経営上、重要な大きな金額に集中して

議論できるようになる。財務諸表をツールとして使い、経営を議論するということである。山根が1990年代半ばに確立したKBSの会計教育プログラムは現在も続いている。

ノウハウを確実な知識に

そんな中、KBSの会計分野に転機が訪れる。2014年3月に、山根がKBSを定年退職したからである。残された太田康広、村上裕太郎、そして後に教員に加わった木村太一は、全員、生粋の学者である。政府機関の有識者、企業の社外役員、コンサルティング活動、研修、セミナー、講演会の講師など、広い意味での実務経験はあるものの、学部を卒業して大学院へ進学し、博士号を取得して大学教員になった3人には、大学以外でのフルタイムの勤務経験がない。したがって、実務経験のあるMBAの学生、実務経験豊富なエグゼクティブMBAの学生を前に「自分の実務経験からこうだ」と説得力を持って語ることができない。

そうした限界を自覚しながらも、山根の定年退職を受けて、太田と村上は第3版から、木村はこの版から著者に加わって、『ビジネス・アカウンティング』の改訂作業に入っていく。実務経験に裏付けられた、生き生きとした歯切れのよい文章を、緻密ではあっても、堅い調子の学者の文章で置き換えていくとき、『ビジネス・アカウンティング』の良さを押し殺してしまうのではないかという懸念がよぎった。しかし、これは乗り越えるべき壁である。

多くの実務家が、ビジネスについて体系的な知識を得ようとするとき、実務家が教える専門学校ではなく、学者が教える大学院へ通うのはなぜか。考えてみれば、仕事に直接役立つノウハウは、仕事そのものから学ぶのが一番効率がいい。「大学で学んだことは役に立たない」といいつつ、OJTで新人教育をするのが日本企業流である。実際、過去と同じパターンで仕事をするのに、過去の経験ほど役に立つものはない。

しかし、ビジネス環境の変化が激しくなってくると、過去の経験が役に立たないような仕事の割合が増えてくる。解決策のわからない経営課題に対し

て、できるだけ間違いの少ない正攻法で取り掛かろうとするならば、事実と論理に基づいて確実な知識を積み上げるアカデミックなアプローチが有効な場面が増える。感覚的な暗黙知を確実な知識に置き換えていく方法を学ぶには、大学院が向いている。

　公認会計士、経営コンサルタントとしての二十数年の実務経験の上に打ち立てられた山根メソッドは、かなりの程度、属人的なものであって、山根から直接教わる以外の方法で身につけることが難しかった。そうしたノウハウを誰でも身につけられるように、再現性のあるかたちで説明していくのがKBSの現役教員３人の仕事である。山根の定年以後、10年近くの試行錯誤の結果、ある程度の成果は出たと考える。今回の改訂は、そうした試行錯誤の成果を反映したものである。

　会計専門家以外の経営者にとって、財務諸表はツールである。比例縮尺財務諸表によって、その中身を大雑把に理解して、その背後にある経営戦略、ビジネス・モデル、経営課題をつかみ取ることが重要である。こうした、この本のコンセプトは、今後もしばらくは有効だろう。この本で書かれたことを理解して、現実の企業の財務諸表を読む経験を積んでいけば、経営者にとって必須の会計リテラシーが身につくはずである。

　今回の改訂にあたっても、中央経済社の坂部秀治さんには大変お世話になった。深く御礼申し上げる。

2024年１月６日
　著者を代表して

太田　康広

≡ CONTENTS ≡

第1章

会計リテラシー

◯「No.1」から「失われた30年」へ

〈図表1-1〉は、日本の株価がピークを付けた1989年末時点の世界株式時価総額ランキングである。この時、世界トップは日本のNTTであり（当時の為替レートで約23兆円）、20位以内に日本企業は14社も入っていた。何と500位以内に日本企業が3百数十社ランクインするほど活況だった。バブルの勢いがあったとはいえ、日本企業はまさに「Japan was No.1！」（"as"ではなく）だったのだ。

しかし歴史を振り返ると、日本の栄華はこの時がピークであり長続きはしなかった。

今日の世界トップはアップル（3兆ドル超）であり、マイクロソフト、アルファベット（グーグル）、アマゾン、メタ（フェイスブック）などが続く。いわゆるGAFAMが世界のトップランナーであり、さらにNVIDIAとテスラがそこに割って入っている（以上GAFAM＋NTの7社は「マグニフィセント7」と呼ばれる）。第3位のサウジアラムコ（サウジアラビアの国有石油会社）を除けば、世界のトップ7を構成している（いずれも2023年末時点）。

一方で、現在のランキング・トップ100位以内に入る日本企業はトヨタ自動車1社のみ。1989年末にトップクラスだった日本企業は、ほぼすべて圏外に去った。

〈図表1-1〉世界時価総額ランキング

(単位：億ドル、1989年12月末日時点)

順位	企業名	時価総額	国	順位	企業名	時価総額	国
1	NTT	1,639	●	11	トヨタ自動車	542	●
2	日本興業銀行	716	●	12	GE	494	🇺🇸
3	住友銀行	696	●	13	三和銀行	493	●
4	富士銀行	671	●	14	野村證券	444	●
5	第一勧業銀行	661	●	15	新日本製鐵	415	●
6	IBM	647	🇺🇸	16	AT&T	381	🇺🇸
7	三菱銀行	593	●	17	日立製作所	358	●
8	エクソン	549	🇺🇸	18	松下電器産業	357	●
9	東京電力	545	●	19	フィリップ・モリス	321	🇺🇸
10	ロイヤルダッチ・シェル	544		20	東芝	309	●

　わが国の「失われた30年（30数年？）」といわれるゆえんである。

　かつて、なぜ日本が世界のトップを走りながら、今日低迷し、「マグニフィセント7」をはるか彼方に見上げるようになってしまったのか。日本はかつての栄光を取り戻せないのだろうか。

　1980年に出版されたA.トフラー『第三の波』[1]は、人類と社会の歴史的な変転を明快、かつ単純化して描き出した（〈図表1-2〉）。

　人類は有史以来、3つの大きな技術革命の波を経験してきた。そしてその革命を経るごとに、世界経済は大躍進を遂げてきたのである。

　人類史の「第一の波」とは、約1万年前に起こった農業革命である。

　人類が農業技術を手にしたことで、食料を量産することができ、子孫を増やすことができるようになった。行き当たりばったりの狩猟生活から解放され、集落や村を営むことができ、それが国に発展した。最初に繁栄した四大文明などを経て、農業革命は世界に広がり、18世紀の前半までこの波が続いたのである。

1　Toffler, A.(1980), "The Third Wave," W. Morrow Co.（徳山二郎監修、鈴木健次ほか訳『第三の波』日本放送出版協会、1980年）

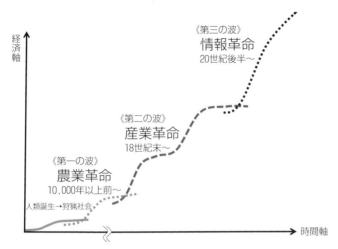

〈図表1-2〉 人類3つの革命の波
（A.トフラー『第三の波』1980年より筆者作成）

《第三の波》
情報革命
20世紀後半〜

《第二の波》
産業革命
18世紀末〜

《第一の波》
農業革命
10,000年以上前〜

経済軸

人類誕生→狩猟社会

時間軸

　そこに第二の波がヨーロッパに押し寄せてくる。産業革命である。

　産業革命の引き金を引いたのは、1769年J.ワットの蒸気機関の発明だ。それは人類が初めて手にした強力なパワープラントであり、綿紡績工場から始まってさまざまな工場の動力源に使われ、モノの大量生産が可能となる。それまでのモノ作りは職人の手仕事だったのだ。

　そしてその60年後、1830年頃に蒸気機関は鉄道と出会う。イギリスでG.スチーブンソンによって初めて蒸気機関車が実用化され、人やモノの大量移動が可能となった。それまでのヨーロッパは農業社会であり、移動手段が限られていたため隣の村や町は、いわば“異国”だった。鉄道のおかげで世界は広がり、広域経済が開けた。鉄道はブームとなり、人々の心理的距離を縮め、やがて社会の価値観をも大きく変えることになった。

　鉄道はアメリカをはじめ世界に広まる。アメリカは広大であり、鉄道業をはじめさまざまな産業を、巨大な組織で運営する必要に迫られた。そこで生まれたのが近代的株式会社である。さらにオペレーションに必要な巨額資金を支えるために金融機関や金融市場が発達した。つまり商業銀行やウォール

街が生まれ、急成長する。

　時代が進むと、蒸気機関は発電機に使われて電気が生まれ、また石油を燃料とするエンジンが発明されて自動車が生まれた。このおかげで広域経済がますます広がると、世界はどんどん狭くなり情報の画一化、共有化が進む。そして電報や新聞などのニュー・メディアが生まれた。人々の価値観、世界観はますます変わっていき、これに合わせて経済や社会、政治が作り変えられた。近代社会の原型ができたのである。

　産業革命以前は、人々は農村に大家族で暮らしていた。しかし大量生産のために工場労働者がたくさん必要になり、人々が都市の工場に集められた。都市住民が多くなると、家族の単位が核家族に変わる。そして工場の作業を整然と能率的に進めるために、画一的な大衆教育の普及が図られた。

　トフラーによれば、その教育の重要な徳目は、3つだった。1つは時間厳守。2つ目は組織の規律と命令への服従。そして3つ目は機械的な反復作業に慣れることである。

　この徳目に最もなじむ国はどこか？

　そう、日本である！

◯ 第三の波＝情報革命の勝者・シリコンバレー

　明治維新によって日本の社会体制は様変わりしたが、農耕文化はそのまま残った。この文化は産業革命を支える教育の徳目に見事にフィットした。産業革命の中心が、発祥の地ヨーロッパからアメリカを経て、戦後日本に移っていったわけがここにある。

　もともと日本人は教育熱心であるうえに、第二次世界大戦後は特に地方の農村から集団就職などによって若年労働力がかき集められ、量産工場のための教育が施された。規律の厳しい大組織できめ細かい反復作業と長時間労働、それに日本人が得意とする改善活動が加わった。おかげで高品質で安価な製品群を世界にばらまくことができるようになった。

20世紀前半、製造業はアメリカが圧倒的に強かったが、日本が徐々にその地位を奪っていく。戦後は繊維などの軽工業を皮切りに、重工業、家電産業などの分野で次々と覇権を奪い、1980年代に当時の米国の基幹産業だった自動車産業を日本企業が脅かし始めた。さすがにアメリカは、この勢いに耐えられず産業政策を大転換する。

　1980年代半ば、時のレーガン政権は「製造では日本に勝てない。創造の力でアメリカを復権する」と、新産業育成に重点を置く経済政策を打ち出す。つまり規制緩和を進め、研究開発を支援してイノベーションを促進し、ハイテク産業を育てる目論見である。

　その政策の一環で、1929年の大恐慌以来、「独占はすべて悪」というポリシーから続けてきた特許政策を180度転換する。つまりアンチパテント（反特許）から、プロパテント（特許擁護）に変えたのである。特許制度によって、発明者、つまり米国のイノベーターとしての権利を守る狙いである。

　日本が品質を磨いて競争力をつけた製品をよくよく見ると、それらはアメリカで発明されたものか、あるいはヨーロッパ発でアメリカが高度化した製品群だった。「特許の利用をアメリカから認められて製造する日本ばかりが繁栄して、発明したアメリカが低迷しているのはおかしい！」というわけだ。

　規制緩和策の目玉の1つに、アメリカ国防総省の軍事ネットワークARPANETの民間開放があった。このネットワークがやがてインターネットとなって世界に普及していく。これは結果として、アメリカの競争力挽回の決定打となった。

　インターネットの登場で、第三の波＝情報革命が本格的に始まる。政府の強力なバックアップもあって、シリコンバレーに次々とイノベーションが生まれ、経済覇権の再生につながっていった。

　マグニフィセント7は、この情報革命期に社会を進化させるソリューションを提案した企業群にほかならない。彼らがいつまで革命のリーダーシップを握り続けるかは保証の限りではないが、チェンジ・リーダーとして今日の勝利者としての地位をつかんだのである。

P.F.ドラッカーは、最後の著作『ネクスト・ソサエティ』で面白い見方を示している。

　産業革命の初期段階と、情報革命のそれはよく似ている、というのだ。

　産業革命の引き金を引いたのは蒸気機関の発明だが、社会を大きく変えるきっかけとなったのは蒸気機関が鉄道に出会った1830年以降のこと。ワットの発明から60年ほど経っている。蒸気機関は工場の生産性を飛躍的に伸ばしたが、社会を構造的に変えるには力不足だった。しかし蒸気機関が鉄道と出会って人々が移動の自由を手に入れると、世界観が変わり、社会の考え方やそれを支える政治・社会制度が次々と変えられることになった。

　情報革命も似ているという。1940年代初頭にコンピュータが世界のあちこちで出現したが、コンピュータは事務の生産性を飛躍的に伸ばしたものの、それだけでは社会を構造的に変えるのに力不足だった。しかしコンピュータがインターネットと出会った1990年頃から、社会が変わり始める。鉄道は広域経済を拓いて社会を変えたが、インターネットはバーチャルとはいえ世界のどこにでも瞬時に移動することができ、世界の誰ともつながることができる。情報が世界を自由に行き来すれば、それに続いてカネやモノやヒトの行き来も始まる。それが人々の価値観、世界観をも大きく変えることになったのだ。

　だからドラッカーは産業革命の歴史から、社会が変わっていったのがワットの蒸気機関発明から60年後、つまり鉄道との出会い以降だったことを考えると、情報革命が社会を変えるのはコンピュータとインターネットの出会いからしばらく経った後のことと考えた。つまり経済や社会や政治などが本格的に変わるのは、むしろこれからだろう、と。彼は「数十年後に、人々は今の誰も予想できない社会を見るに違いない」と言い残している。

　現在、「生成AI」が登場して、すさまじい勢いで進化し、われわれの社会をさらに変えそうな流れにある。ドラッカーが言ったように「情報革命のうねりは、むしろこれから本格的に進む」のではなかろうか。

　ドラッカーは、情報革命の負の側面も見ている。

情報やカネ、モノ、ヒトが世界を自由に行き交って、グローバル化が進行すると、安いコストを求めてモノ作りの中心は先進国から新興国に移っていく。産業革命の中心が新興国にシフトすれば、先進国の製造業に従事していた中間層は仕事を奪われることになる。

加えて中国などから安価な量産品が、洪水のように先進国に押し寄せれば、先進国の製造業はますます苦境に陥る。情報革命に乗った先端産業が繁栄するのとは対照的に。

そうなれば勝者と敗者の二極化が進み、貧富の差が広がる。その痛みがあまりに大きいと、人々は耐えかねて悲鳴をあげ、あらゆる領域で対立と分断が始まる。分断は反グローバリゼーションのうねりとなり、各国で対立を煽るポピュリズムのリーダーを生む結果となった。

日本もこの渦中にある。情報革命（第三の波）に乗るアメリカに後れを取る一方で、産業革命（第二の波）の覇者となった中国から追い上げられ、いわば挟み撃ちに遭っている。日本が第三の波に乗れず、未だに昭和から抜けられないならば、低迷するのは当然だ。

明治維新から約120年続いた日本の繁栄（敗戦からの復興も含めて）は、ピークアウトした。そして今や「失われた30年」を引きずり、現在も長引かせ続けているのだ。

◐ 全体最適のトップ vs 部分最適のミドル

ドラッカーは日本的経営を極めて高く評価していた人である。しかしその彼が次のような言葉を残している。

「日本企業の弱点は経営トップにある」

「日本の経営トップは経営しない」[2]

日本のトップの評価が低いのは、たとえばスイスのビジネススクールIMDが毎年発表する『世界競争力年鑑』[3]を見てもわかる。日本の経営管理

2　1998年インタビューより。Forbes Japan, Nov.2014, p66。

者の能力評価は、先進国の中でほぼビリである。この見方は極めて残念だが、世界のコンセンサスなのだ。

欧米では「経営者はプロフェッショナルな職業」と捉えられている。専門的な教育を受け、役割の定義がはっきりした仕事とされている。しかしわが国では、「経営トップの仕事」が明確に意識されない。それは多くの論者も指摘している。

「事業部長として優秀だった経営者が、大企業の社長として問題となることもしばしばある。…事業責任者をやれる人は案外いるけれど社長が務まる人が少ない、という経営陣の人材的偏りとつながっている」（伊丹敬之[4]）

日本のトップの評価が最低なのは、トップの選び方に1つの要因があると考えられる。

日本の企業トップが選ばれる最も多いパターンは、中間管理職時代の成功実績を評価されて指名されるというものではないだろうか。ミドルの時代に頑張って実績を積み重ね、いわばそのご褒美もあって「よくやった。お前が次の社長をやれ！」と…。

実績で選ばれたトップは、自分の経験済みの領域についてはえらく詳しい。たとえば自分の出身部門のことについては、細かいウラのウラまで知り尽くしている。だから現場担当者のあらゆる言い訳を先回りして追い詰めたりすることもできる。

しかし自分が経験していない仕事の話になると、「（財務や人事は）あまり詳しくないので」などと言い訳して、「よきにはからえ！」となる。

日本ではトップはミドルの延長線上にあると漠然と受けとめられている。しかし経営学では、ミドルの仕事と経営トップの仕事は"まったく異な

3　総合評価点は調査国64ヵ国に対して、4つの中分類項目、300ほどの細目評価で構成される。中分類「ビジネス効率」の細目からトップとミドルの評価項目を取り上げると、たとえばトップについて「意思決定の迅速性64位」「環境変化の認識力64位」「環境変化の対応力63位」「デジタル技術のスキル（意思決定のビッグデータ分析と活用）63位」、そしてミドルについては「管理職の優秀さ62位」「管理職の起業家精神64位」「管理職の国際経験64位」とほぼ最低である（2023年度）。
4　伊丹敬之『経営を見る眼』東洋経済新報社、2007年。

る！"。

　中間管理職は組織全体の部分領域、いわば「部分最適」の仕事をしている。多くの場合、成就すべき目標やミッションも上から与えられる。部分の役割が決まれば期待を上回る成果を上げるのは、日本人ミドルにとってさほど難しい仕事ではない。

　一方で経営トップは、「全体最適」を考える。目標やミッションも他人から与えられるわけではない。それは自らデザインして定め、人々に指し示すのがトップである。そして、その仕事は困難で悩ましい。

　たとえば、社内の資源配分をめぐって、マーケティング投資に力を入れると、研究開発や製造の部門長が不平を漏らす。新規事業に優秀な人材を集中配分すると、既存事業の担当者たちは文句を言い始める。業績不振を回復するために不振部門を切ろうとすれば、その部門の人たちが猛烈に反発する。全員ハッピーで丸く収まる意思決定はない！　経営トップの意思決定とは、いつも悩ましいトレードオフの間にあり、全体をにらんだ苦渋の決断なのだ。

　「部分最適」と「全体最適」。ミドルと経営トップの仕事は、かようにまったく違うにもかかわらず、ミドル時代にトップの仕事を教わらないでトップに選ばれてしまう。トップになって、「何をどうしたらいいのか、わからない」。

　そして「日本企業の弱点は経営トップにある」という、冷たい視線を世界から浴びるのだ。

◉ 会計は経営の全体像を写像化するツール

　トップは全体最適を考える、と言った。では全体をどうやって捉えるのか？

　かつて孫子は「敵を知り、己を知れば百戦危うからずや」と言った。経営に置き換えると、「敵」とは、市場の中でサイフの紐を固く締めている「消費者」はまさにライバルである。またそのサイフの中身を横取りしようと狙

うコンペティター（競合企業）もいる。彼らもライバルである。経営学では、これらを「市場環境」「競争環境」と呼び、ビジネス・リーダーはまず経営環境の動向を的確に把握しなければならない。つまり状況認知能力、情報感度が重要である。

　そして変化し続ける環境の中で、次の時代を切り拓く方向性を導き出さなければならない。問題解決力というか、方向性を描く構想力が求められる。

　さらにその構想を現実にするべく、組織に発信し、説得し、リードする実行力が欠かせない。これら①状況認知能力、②構想力、③説得力は、まとめて情報リテラシーということができる。

　リーダーの仕事は、何もフィジカルな腕力を使って行われているわけではない。リーダーは「言葉で統べる」のであって、それは情報を感知し、構想し、発信する能力、つまり情報リテラシーの力によってリードしているのである。

　情報は、「言語」というコミュニケーション手段を使って収集し加工し伝達される。筆者らはビジネス・リーダーにとって必要な情報リテラシーとは、自然言語、機械言語、会計言語の3言語の能力であると常々言ってきた。

　最も重要なのが、第1の自然言語の能力であろう。

　自然言語とは、基本的にまず母国語のことであり、今日では世界言語とな

〈図表1-3〉ビジネスリーダーに必要な情報リテラシーの3言語

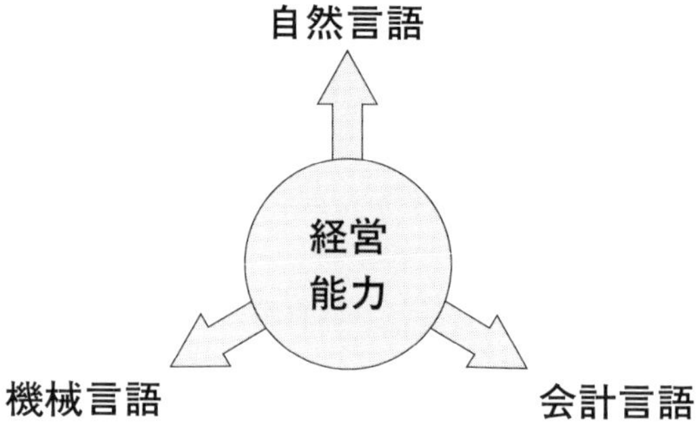

自然言語

経営 能力

機械言語　　　　　　　　　　　**会計言語**

りつつある英語能力が求められることになる。

2番目は、機械言語能力、ITリテラシーのことである。「データは21世紀の石油」といわれるが、今日ITリテラシー、特にデータを駆使する能力はビジネスだけでなく人々のあらゆる生活シーンで欠かせないのはいうまでもない。

そして情報リテラシーの3番目が、会計言語の能力＝会計リテラシーである。

会計も情報を収集し、加工し、発信する手段という意味では、言語なのである。

ところで「会計とはいったい何か」、その本質論については誤解が多い。

一般に、会計は「会計専門家、経理屋さんのツール」という先入観が強く、多くのビジネスパーソンにとって「できれば避けて通りたい専門分野」というのが通り相場であろう。これは誤解というより、無理解というべきかもしれない。

実は、会計とは「経営の全体像を写像化する情報ツール」である。

会計は『経営を総合的、包括的かつ統一的に捉える唯一のツール』であり、この世の中にこのような総合性能を持ったツールは、ほかに存在しない。

このことに疑問を感じる人は、想像して欲しい。

ビジネスパーソン、特に経営トップ層は日々、経営について議論している。しかし「経営」と一言でいっても、実はいろいろな要素が含まれた茫洋としたコンセプトの集合体である。

企業はたくさんの種類のプロダクトを作り（製品やサービス）、資金（カネ）を使い、いろいろな地域に工場や営業所（モノ）を構え、さまざまな技術やノウハウ（情報）を持ち、独特な歴史や企業文化を引き継いでいる。またたくさんの社員（ヒト）が働き、オフィスアワー内の人々の行動は、その会社の経営の一部である。それらは有機的につながっているといえバラバラであり、どこまで追いかけていっても企業のすべてを総合的に捉えることはできない。

そんな中で、会計は全体をバサッと捉えるという突出した能力を持っている。

　どうやって⁉

　経営活動全体に貨幣価値という尺度のいわば光を当て、平面図に投影するのである。これが財務諸表、ないし会計情報である。

　これは、たとえば山河を地図という平面図にする行為に似ている。立体的なものを平面図化したものなので、欠点も多々ある。貨幣価値に反応しないものは、漏れ落ちる。基本的に組織内で発生した事実しか捉えられず、環境コストなど外部化されたものは捉えられない（こうしたものを会計に取り込もうとする動きは、多々試行錯誤の途上にあるが）。

　経営トップは、経営を全体最適で考える立場にある、と言った。全体を捉えるツールが会計以外にないならば、「財務諸表を読み利用する能力＝会計リテラシー」は経営トップの欠かすことのできない必須スキルといえる。

　地図の読めない登山家や海図の読めない航海士がいないように、財務諸表の読めない経営者はいないはずだ。このことは著名な経営者も実感的に語っている。たとえば、元コマツCEOの坂根正弘氏や京セラ創業者の稲盛和夫氏はこう言っている。

　「リーダーにとって『見える化』ができるかどうかは、非常に重要な能力だ。この能力を磨くには、何事も全体的な観点から見ることである。できれば若い時から、自分のいる部署や部門だけでなく、会社全体について数字で把握するようにすると良い。全体が見えないのに、本当の問題点など見えるはずがない」（坂根氏[5]）

　「『会計がわからんで経営ができるか』…それは混迷する時代に、血を吐くような思いで叫んでいる、私の叱咤激励である…。経営を飛行機の操縦に例えるならば、会計データは経営のコクピットにある計器盤にあらわれる数字に相当する。…（その）意味するところを手に取るように理解できるように

5　坂根正弘『言葉力が人を動かす』東洋経済新報社、2012年。

ならなければ、本当の経営者とは言えない」（稲盛氏[6]）

　お二人ともに強調しているのは、「会計なくして経営はできない」ということである。

　しつこいようだが、全体像を捉えるツールは会計以外に存在しない、ということを忘れないで欲しい。

◯ 未来の経営を写像化する経営計画

　登山家は地図をもとに、登山計画を立てる。経営も似ている。継続企業の経営者はほとんどの場合、過去の財務諸表をベースに未来を構想する。

〈図表1-4〉 会計は経営写像化のツール

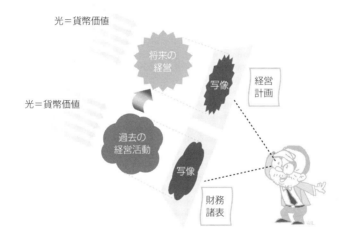

　未来を考える時、ある経営者は「こんな製品やサービスを世の中に生み出していきたい」と考えるだろう。またある人は「こんな事業分野で存在感のある企業を目指したい」と考えるに違いない。そんな折に、こうした「製品づくり」や「事業構築」が、合理的でバランスのとれた実行可能なものか、

6　稲盛和夫『稲盛和夫の実学―経営と会計』日本経済新聞出版社、2000年

どうやってチェックするのか?

　ここでも会計の力を借りることになる。経営者の描く構想に貨幣価値という光を当てて、写像化する。そして数字に描かれた写像が、バランスの取れたカッコいいデッサンになっているか、チェックする。

　これが経営計画（ビジネスプラン）のプロセスである。経営計画は、会計の機能を使って投影された未来構想の写像なのである（〈図表1-4〉[7]参照）。

● 会計学習のコツ＝知っている経営体の財務諸表と格闘

　ビジネスパーソンから受ける質問で一番多いのは、やはり「会計が苦手なのだが、どうやって勉強すればいいのか?」というものである。

　会計は複式簿記や会計学という、いわば技術体系を使って進められるプロセスである。したがってこの技術体系に対する苦手感が、どうしても強くなる。

　ここでは会計の勉強について、アドバイスしよう。

　会計の勉強は目的によって大きく異なる。もし経理担当者になりたいのであれば、簿記学校に少なくとも半年から1年通って、複式簿記と会計学をきっちりマスターすることを勧める。

　しかし経理担当以外の営業・生産・研究開発・人事・情報システムなどの経営管理者を目指しているのであれば、経理担当ほどの詳細な会計専門知識は必要とされない。そんな人たちには財務諸表を作る能力はなくても、読むことができ、数字を交えて経営を議論することができれば十分である。

　そうした人たちに薦めるのは、まず「知っている会社の財務諸表と格闘すること」である。

　ビジネススクールの入学者は、短いとはいえ実務経験を持つビジネスパーソンが多い。実務経験者にとって、実は会計はあまり難しいものではない。

　7　〈図表1-4〉のイラストは山根節著『山根教授のアバウトだけどリアルな会計ゼミ』中央経済社、2011年より。

なぜなら、会計は「経営を捉えるツール」だから。若干なりとも経営を知っていると、財務諸表が薄々わかるのだ。

　ビジネスパーソンが会計に対して「心理的ハードルが高い」と感じるのは、"食わず嫌い"によることが多い。ハナから財務諸表を遠ざけている。そして経営と会計を切り離して見ている。

　切り離すのではなく、会計と現実の経営をリンクさせて考えられるようになれば、財務諸表を読むことができる。

　そのために一番いい勉強方法は、「自分の会社」の財務諸表と格闘すること。「ウチの会社のこういう体質が、こんなふうに財務諸表に表れるのか」といったことが容易に想像できる。

　あるいは「薄々知っている会社の財務諸表を読む」ことである。想像の及ぶ企業の財務諸表を読む経験を積むと、会計と実像が結びついてくる。経営を数字で語れるようになるのだ。

　たとえば「交際費が大幅に増えている」のを、財務諸表の中で発見したとする。この数字から、どんな企業の実態が想像できるだろうか？

　接待攻勢をかけている営業マンの姿？　受注減少を何とかカバーしようと苦闘する社長の顔？　取引先との癒着？　あるいは「利益が上がったので、社長一人が銀座で飲んで舞い上がっている」姿かもしれない（往々にして、ありそうだが）。

　また「固定資産（設備など）が大幅に増えている」という数字を見つけたとする。

　そこから工場に先行投資して、勝負をかけようとしているアグレッシブな社長を想像するかもしれない。あるいは本社ビルを建てて、自己満足に浸っている社長の姿か？

　こんな想像を巡らせることは、実態を知っている会社なら容易なはずだ。

　有能な経営者は月次決算資料を見て、「あの営業所長、またサボったな！」と見抜いたりする。こんなイマジネーションを膨らませていくことが大切なのである。

会計リテラシーとは、利益率や流動比率がすぐさま計算できる能力のことをいっているのではない。財務諸表を見て、その裏にあるリアルな経営をイマジネーションできる能力のことである。

　逆に、比率などをすべて計算した後、「フーッ」とため息ついて何も考えずに終わる人。これが一番よくない。往々にして経理を知っている人ほど、こんな姿をよく見かける。

　経験豊富な登山家は、地図を見れば山の立体像が、頭の中に生き生きと映し出されるという。時刻表マニアが時刻表を見ると、頭の中でカラフルな列車が行き交うという。

　財務諸表を見て経営実態を立体視できる能力が、会計リテラシーである。

　筆者が薦めない方法は、「短時間でわかる会計」といった類の本で勉強することである。なぜかといえば、この種のハウツー本に載っている財務諸表は丸い数字の仮想のもので、テクニカルな会計の勉強にはなっても、ビジネス経験者のイマジネーションを触発しないと考えるからだ。

　経営実態と会計をリンクさせて考える癖をつける。そのために知っている企業の本物の財務諸表と格闘すること。これをぜひ勧めたい。

◯ アバウト会計、ビジュアル会計のすすめ

　本物の財務諸表は、しかしながら数ページに及ぶ。これに取り組むのは、相当の熟練者でもない限り難しい。そこで、大事な点はアバウトに捉えるということだ。

　経営は総合的、大局的に捉えることが大事だ。いきなりディテールから入って、すべてをわかろうとせず、大括りで捉える。これがコツである。

　そこで余裕のない時は、3つだけ把握すればよい。「BSの大きさ（総資産）、PLの大きさ（総収益）、そして利益」の3つだけでいい。

　「（収益と利益）ウワーッ、こんなに儲けてる！」、「（総資産）BSが大きいが、こんなに投資が大きいのか!?」といったシンプルな概要をまずつかむ。

会計の初学者は、財務諸表のディテールから入るから、嫌になってしまうのだ。まずこの３つだけ見ればいい。だんだん余裕ができてきて、理解できるようになったら徐々に詳細に切り込んでいけばいいのだ。

　そして次に、筆者らは財務諸表をビジュアルで捉えることを勧めている。

　筆者たちのような会計の専門家でも、本物の財務諸表を一気に頭に叩き込むのは簡単ではない。そこで企業の特徴をつかむために財務諸表の数字を金額比例の図にして、図形で捉える方法を本書の初版で提案した。売上高や各費用項目、利益を高さに置き換えて図式化し、一目でビジュアルにして理解しようとしたのだ。

　金額比例の図式にすると、たくさんお金を投じている項目が一目でわかる。つまりそこに戦略の重点が潜んでいる。また図にすると、金額の小さい項目が無視できる。金額が少ないということは、その企業にとって重要性が低いということであって、そんな項目はとりあえず無視していいのだ。

　さらに中堅企業以上ならば「億円単位」、あるいは大企業なら百億円単位で捉えれば十分だ。実際に大企業の経営者と実務的な会議を囲むと、百億円単位で話題が進むものだ。

　項目を大項目に括って、「まとめてしまう」ということも大切だ。

　たとえば「現預金」と「有価証券」はまとめてしまうことが多い。手元にある余剰資金としては性格が近いからだ。経済紙でも最近、「手元流動性」としてこの数字が出てくる。

　「営業取引の債権（受取手形＋売掛金＋電子記録債権＋場合によっては長期売上債権なども）」や「在庫（原材料や仕掛品、商品、製品など）」は大きく括って、それぞれ「売上債権」「棚卸資産」に、その他の項目は「その他」でまとめてしまう。

　さらにたとえば負債の項目に、短期借入金、長期借入金、普通社債、転換社債、リース債務など、いろいろ出てくるが、これらを「有利子負債」でまとめてしまうことも多い。要するに「コストのかかる借金がいくらあるか？」が、今日では重要である。短期か長期かという点は、資金繰りが忙し

い企業を分析するときは大切だが、カネ余りの今日、比較的重要性が低い。したがって「流動負債」と「固定負債」の区分を取り外してしまうことも多い。

「重要なポイントに絞って、数字はまとめて捉える」というアプローチがベターなのだ。

もう1つ、アドバイス。

それは、わからない言葉やテクニカル・タームが出てきたら「とりあえず無視する」という姿勢である。

たとえば「退職給付引当金」。耳慣れない項目が出てくると、途端に投げ出したくなる人が多いに違いない。しかし会社員なら、将来出るはずの退職金は個人的な一大事のはず。

多くの企業には退職金（または退職年金）制度があって、勤めてしばらくすると受け取れる権利が発生する。しかし実際に金額が確定するのは、退職時である。

企業にとって債務が発生しているものの金額は確定できないので、「見積額を負債として計上」する。これが「退職給付」の「引当金」である。要するに、この項目を見たら、「自分たちが会社に貸している退職金」と思えばいい。しかしわからなければとりあえず無視でも問題ない。いずれどこかでぶつかってわかることなので、後回しでもOKだ。

経営とは、実は奥が深くて、幅が広い小宇宙である。わからないものがたくさん出てきて当然だ。会計用語が複雑なのは、会計のせいではない。経営がどんどん複雑になって、会計が必死に写像化しようとした結果である。だからこそ会計用語のすべてを事細かくわかろうとしても無理だ。「およそわかればいい」で済む場合が多々あるものだ。

そして「いい加減」なトライが、勉強を長続きさせるコツでもある。懲りずに財務諸表をアバウトに読み続けていけば、いずれ会計リテラシーはジャンプアップしていくはずだ。

最後に、勉強方法のアドバイスをまとめておこう。

① 本物の財務諸表と格闘する
② イマジネーションで現場・現物・現実の情報とリンクさせる
③ ビジュアルでアバウトに大括りで。小さな数字は無視
④ わからない専門用語もとりあえず無視

さあ、会計リテラシーの旅へ！　Bon voyage!!

コラム 福澤諭吉「情報リテラシーと会計のすすめ」••••••••••••••••••

　変化の時代にはいつも、情報の大切さに気づく人が出現するのかもしれない。なんと今から150年ほど前の近代日本の黎明期に、情報＝インフォメーションの重要性を説いた思想家がいる。

　福澤諭吉である。

　福澤諭吉は『民情一新』（1879年＝明治12年刊行）の中で次のように言っている。

　「語に云く、智極て勇生ずと。……智とは必ずしも事物の理を考へて工夫するの義のみに非ず、聞見を博くして事物の有様を知ると云ふ意味にも取る可し。即ち英語にて云へばインフヲルメーションの義に解して可ならん」

　諭吉翁は、欧米列強の侵略によって植民地となった当時の中国の惨状を見て、日本のピンチに警鐘を鳴らした。そして日本をいち早く産業立国によって、先進国の仲間入りをさせることで救わなければならないと考えたのである。そのために、当時のリーダーとなるべき人々に「世界に目を開け！　広い聞見を得て情報を極めれば、力と勇気が生まれる」と説いたのだ。

　この頃、「インフヲルメーション」には適当な訳語が見当たらなかったため、諭吉翁はそのまま英語を使った。後にこの言葉の訳語に「情報」という造語を当てたのは、森鷗外といわれている。軍医だった鷗外が、クラウゼヴィッツ『戦争論』より訳出したとされている。

　鷗外が造語した「情報」という言葉は、「情け」と「報せ」という文字からなる。報せには何か事務的で無機質なものが感じられるが、情けという文

〈図表1-5〉 日本に会計を初めて紹介した人

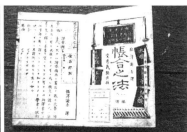

福澤諭吉『帳合の法』
1873〜74年（明治6〜7年）
: Bryant and Stratton's Common School Book-Keeping (1871) を訳出

字を加えたことで人間の温度感が込められていると考えるのは、筆者のうがち過ぎだろうか。諭吉翁が説いたインフヲルメーションには、「世界を無機質なものと捉えるのではなく、生きている人間の情感の有様を見よ！」という意味が込められている気がしてならない。

　筆者の考える会計リテラシーも、会計情報を無機質なものではなく、人間模様を含む奥行きのあるものとして捉える行為である。

　実は、その会計リテラシーの重要性を説き、わが国に初めて西洋式の会計（複式簿記）を紹介したのも福澤諭吉である。

　諭吉翁は欧米を歴訪して、産業立国のために何が必要かと考えるうちに会計に突き当たったようだ。そこで米国の複式簿記の教科書を輸入し、その中の1冊を翻訳して生み出したのが『帳合の法』である。

　その後、当時の産業人に会計を学ぶようにと、諭吉翁は説いて回る。しかし、容易には理解されなかったようだ。そこで日本をこれから担うべき若い

人々に向けて、根本的に「勉学に励め！」と啓蒙する必要性を痛感し、そんな思いから書かれたのが『学問のすすめ』である。

　西洋式の会計がわが国に紹介されると、それまでの日本のデファクト会計だった大福帳システムは駆逐されてしまう。

　それにしても、情報リテラシーのみならず会計リテラシーの重要性も説いた諭吉翁は、驚くべき先見の思想家だったのである。

▌第2章▐

ウォーミングアップ・セミナー

この章では、実際の財務諸表と格闘する前に、会計の基本構造と複式簿記の基礎について述べる。その上で、最も簡単な財務諸表から話を始めよう。それに先立って、まず事業活動のシンプルなモデルを考えてみたい。

◯ 会計の基本構造

第1章で、会計とは経営の全体像を捉える唯一のツールだと述べた。では、「経営（マネジメント）」とは一体何だろうか。

厄介なことに、経営の定義は学者の数だけあるといわれている。しかし最大公約数的な共通項でいえば「経営とは、組織目的を実現するためにヒト、モノ、カネ、情報といった経営資源を調達し、配賦し、成長育成させるプロセス」ということができる。

マネジメントとは、組織目的と経営戦略（目的実現のための基本設計図）に沿って、いわば経営の部品「ヒト、モノ、カネ、情報」という資源を集め、適切に配分・投入し、それらを成長させながら進めていくプロセスなのである。

経営資源を概念的に区分すると、短期的に企業に流入し流出する「フロー資源」（購入材料やサービスなど）と、長期的に繰り返し使い続ける「ストック資源」がある。ストック資源とは、ヒトやカネ、設備、技術などで組織に残り、繰り返し繰り返し使われる。たとえば事業活動が始まるとき、カネは事業に投入される。また活動が終わった期末にもカネが残っている。終わ

った時点に残ったカネの量がスタート時点のカネより多いとき、「企業が成長した」というのである（逆に減っていれば「マイナス成長」）。

「ヒト」や「モノ」、「情報」も同様で、期首のヒトの質量レベルより、期末のヒトのレベルが上がっていれば（たとえば従業員の能力が向上していれば）、それを「企業が成長した」と見ることができる。

したがってストック経営資源の質量の変化は、企業成長のバロメータである。ストックを増やすために、つまり成長のために、企業は利益を上げる事業をする。つまり儲けるという活動をしているのだ。

どのストック資源を最も重視し、どれを成長の指標として重んじるかは、経営者の考え方によって異なる。カネの膨張こそ成長の証だという経営者もいれば、ヒトだという経営者もいる。

保有するビルの数や所有土地の広さ、つまりモノを成長指標と考える人も

〈図表2-1〉経営とは？

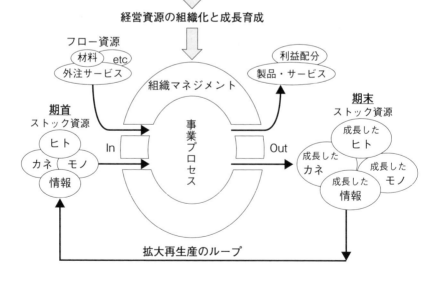

いるし、技術蓄積（つまり情報）を最も重んじる経営者もいる。経営者もいろいろである。ただここで大切なポイントは、どの経営資源を重視するかはともかくとして、「企業はストック資源の質量を増やし続けなければならない」ということである。これを「拡大再生産」という。

　ストック資源を成長させるために儲けるという拡大再生産活動こそが、資本主義社会における経営そのものである（〈図表2-1〉参照）。

◉ 貨幣価値で経営を捉える会計

　さて、会計は貨幣価値という光で経営を捉えるといった。会計は貨幣価値という光を、経営のプロセス全体に当てることで、経営の全体像を写像化する。

　まず、期首時点のストックのリストを作成する。これを貸借対照表（バランスシート、BS）という。

　このストックを増やすために、企業は儲ける活動をするのだが、期中の「儲けの記録」を損益計算書（PL、Profit & Loss Statement）と呼ぶ。まさに損益（つまり儲け）を計算する書類という意味である。

　そして儲けの活動の結果、残ったストックのリストを期末に再度作る。これは期末のバランスシートとなる。

　つまり会計は、BSとPLの2つの基本財務諸表で経営を捉える単純なツールである。ストックのリストと、そのための儲けのフロー活動で経営を捉えるのが、会計の基本構造である（第7章で登場するキャッシュ・フロー計算書はBSとPLを組み合わせ、それに修正を施して作成される）。

　会計は、貨幣価値に反応しないものは捉えられない。また、社会制度や法律、慣習などに合わせてルールが決められている。したがって、たとえばヒトは組織の大切なストック資源だが、法律的にヒトは企業の所有物ではないので、会計上もストック資源として扱われない。だからBSには載らない（かつて奴隷解放後の19世紀初頭には、米国企業のBSにまだ「奴隷」が載っ

ていた時代があった。これはヒトが家畜と同様に扱われたためである。ちなみに今でも家畜はBSに載る)[1]。

法律上ヒトに対しては、企業が労働サービスを購入しているに過ぎないので、人件費＝フローのコスト（または分配）としてPLに出てくる。

ノウハウや技術といった情報資源のうち、企業の中で創出された技術やノウハウは外から見えないので、やはりBSには出てこない。ただし技術やノウハウを買った場合は（特許を取得した、あるいはライセンスを買ったような場合）、金銭を支出するので財務諸表に載る。

BS＝「財務的なストックのリスト」と、PL＝「儲けの活動記録」の2つが会計の基本ということを、まず頭に置いてほしい（〈図表2-2〉参照）。

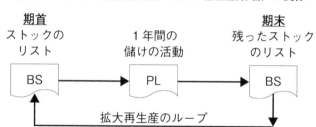

〈図表2-2〉BS（貸借対照表）とPL（損益計算書）の関係

● 家計のBSとPL

では、BSとPLは具体的にどのようなかたちになっているのだろうか。

それには家計をイメージするとわかりやすい。家庭にもストック資源があり、そのリストを作ることを想定すれば理解しやすい。

家庭には、現金や預金、株券などが保有されているだろう。これらは比較

1　ちなみに、家畜のなかでも肉牛と乳牛では財務諸表で表示される箇所が異なる。肉牛はそれ自体が商品となるため、棚卸資産（流動資産）に表示されるが、乳牛はそれを使用して収益を稼ぐので、固定資産に表示され、減価償却される。

的早く回転する資産なので「流動資産」と呼ばれる。一方で家や家財、車などは長く使われる設備資産なので「固定資産」と呼ばれる。

　負債にも、流動と固定がある。家や車にローンが付いていれば、普通は長期なので「固定負債」と呼ぶ。クレジット・カードの未決済金額や消費者金融からのローンがあれば、一時的な借金なので「流動負債」である。

　トータルの資産（正のストック）から、トータルの負債（負のストック）を引いた残りが各家庭の正味資産（「純資産」ないし「資本」と呼ぶ）になる。したがって、家計のBS＝ストックのリストは〈図表2-3〉のようになる。

〈図表2-3〉 家計のバランスシート

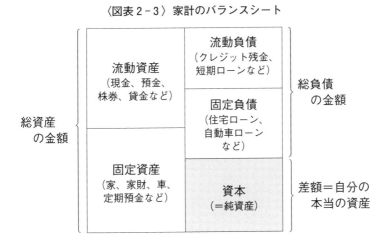

　家計のストックを増やしていくために、人々は働き稼ぐ。サラリーマン所帯では給料という、いわば売上を上げ、儲ける活動をする。しかも受け取った給料はそのまま手元に残るわけではなく、いわば必要経費がかかる。

　たとえば食費を支払い、スーツもそろえ、パソコンも自前で買い、住宅のローン金利も払い、税金や年金も支払う必要がある。給料からこのような必要経費を支払った後に、お金が残っていれば余剰、つまり会社経営でいう「利益」が出たことになる。利益はそのまま純資産を増やしているはずであ

る。純資産が増えていれば、家計は健全に成長したことになるが、お金を使い過ぎて赤字ならば、純資産はその分減ってしまう。

　たとえ目の前にたくさんの現金があっても、それは借りてきたお金かもしれない。つまり、資産と負債を調べて純資産をはじいてみなければ、家計が成長しているかはわからない。したがって、家計のBSとPLは〈図表2-4〉のような関係になっているはずだ。

　そして、家計も企業会計も基本的には同じである。

〈図表2-4〉家計のBSとPL

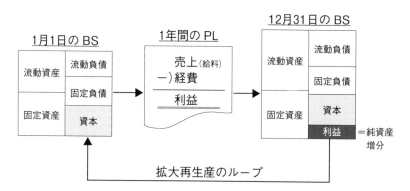

事業プロセスのシンプル・モデル

　今度は事業プロセスに注目して、経営を少し細かく見ていく。最も簡単な起業のケースとして、たとえば皆さんが脱サラして小売店を開いたと仮想しよう。皆さんの起業は、次のようなプロセスを経ることだろう。

現金の準備	お店を開くためには、まず元手となる資金が必要である。自分の貯金を下ろし、あるいは親や親戚、友人からお金を借りて、事業資金となる現金を集める必要がある。
⬇	
店舗設備	次に店を構える準備をする。適当な物件を不動産屋さんで見つけて、契約し、賃貸の保証金を払う。さらに工務店に内装工事を依頼し、陳列台などの什器備品を購入する。
⬇	
商品仕入	問屋から商品を仕入れる。掛買いすると、買掛金（仕入先に対する負債）が発生する。また、必要な経費を支払う。
⬇	
在庫する	商品を店頭に並べ、バックストックは倉庫に入れて保管する。
⬇	
売　上	準備が整って、お客を呼び込む。売れたら、レジに打ち込んで売上計上となる。もしお客に掛売りすれば（クレジット・カード決済の場合もカード会社への債権となる）、売掛金（販売債権）が発生する。
⬇	
現金回収	売掛金が決済されると、現金を手にすることができる。

　以上を図示したのが次頁の〈図表2-5〉である。

　事業のサイクルを単純化すると「現金に始まり、現金に終わる」と考えることができる。「現金→資産購入→負債発生→費用支出→売上回収→現金」というサイクルである。

　〈図表2-5〉の左側はいずれも、企業がその事業活動の中で保有するストック項目である。店舗設備や在庫、買掛金といったものは、資産および負債であり、それぞれの時点で実在するものである。ストックの内容は、時点時点で変動していく。実は決算期末のストックの在り高を示しているのが、貸借対照表である。それはすでに述べたように期末時点で、その企業が保有する資産および負債の一覧リストである。

　一方、右側の項目は過去のフローであり、売上や仕入・経費である。これ

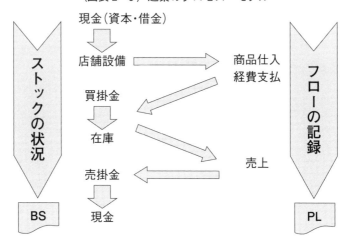

〈図表 2 - 5〉起業のプロセス・モデル

現金（資本・借金）

ストックの状況　BS

店舗設備　商品仕入　経費支払

買掛金

在庫　売上

売掛金

現金

フローの記録　PL

らの項目は、過去の記録にしか残っていない。商品を売り上げて得た現金は、すぐに使われて売上金という実物が残るわけではない。売上記録が残るのみである。使ってしまった経費も、実物資産として残っているわけではない。レシートや帳簿記録などで残っているだけである。これらを集計差引して、儲けのフローの記録を集約したものが、損益計算書である。損益計算書は、一定期間に得られた売上、あるいは支出された商品原価や経費などの一欄リストである。

　これらのストックとフローから、いろいろなことがわかる。まず1点目に、当然だがどれくらい儲かったかがわかる。

　第1章で、会計の第一義的役割は「利益の定義」にあると述べた。利益とは「売上から、それを獲得するのにかかった商品原価や経費を差し引いたもの」のことである。図表の右側のフローを記録しておくことによって、利益を計算することができる。損益計算書とは、文字どおり「損益」を計算するシートである。

　そのほかにもう1つ、利益を計算する方法がある。それはストックの変化を捉える方法である。事業主が自分の元手がどれだけ増えたか、計算してみ

ればいいのである。つまり事業開始時点と期末時点とで、どれだけ事業主の元手が増加したかわかれば、それが儲けである。

　簡単な事例で説明しよう。年配の方なら昔見たことがあると思うが、かつて「八百屋の溜め銭」というのがあった。今でも地方に行くと見かけることがある。八百屋さんの店の真ん中に、天井からぶら下がっているザルがある。その中にお金が入っている。あのザルが溜め銭の入れ物である。

　八百屋の親父が朝早く起きて、種銭をつかんで河岸に出かける。たとえば種銭が5万円あったとする。それで商品を仕入れて、店に帰る。仕入れた商品を店先に並べ、残った種銭はザルに釣銭として入れておく。お客さんに売った売上金は、すべてそのザルに放り込む。かかった経費はそこからお金を出して支払う。すべて売り切ったとして、店が終わってから、ザルの中身を勘定する。そこに7万円あったとすると、今日の儲けは「7万円－5万円＝2万円」ということになる。これがストックの変動を捉えた、利益の計算方法である。

　つまり利益はフローの記録から導き出す方法と、ストックの変動を捉えて導き出す方法の2つがある。この2つの方法から算出された利益は、理屈の上では一致する。

● 複式簿記の基礎

　次に、今挙げたシンプルなビジネス・プロセスから、どのようにBSとPLが作られるのかを見ていこう。ここで用いられるのが、「複式簿記」という計算ルールである。会計の学習でつまずく人が多いのは、複式簿記が難しいのが一因であるといわれている。しかし簿記検定では、あまり実務で重要でない取引が多く出題されることから、簿記を1から学習することが効率的とは限らない。本書では複式簿記の解説を必要最低限の内容にとどめ、さらに学習したい人は他の教材を参考にしてほしい。

　ちなみに、KBSでは現在、複式簿記の授業は90分×2コマ（演習を入れ

ると計4コマ）というカリキュラムを組んでおり、残りはすべて、実際の企業の財務諸表を分析する時間に充てている。もちろん、財務諸表を分析するにあたり、複式簿記の知識があるに越したことはないが、簿記を極めるほど分析能力が上がるわけではない。最低限必要な知識を習得したあとは、「財務諸表と格闘」することが最も効率的で、飽きずに継続できる学習法なのである。

　複式簿記の起源については、大きく古代ローマ説と中世イタリア説があるといわれている。本書でその詳細を述べることは避けるが、いずれの説においても複式簿記の原点は「記録」にあるというのが共通点である。

　複式簿記に関する世界最古の本として有名なのが、1454年に出版されたルカ・パチオリ（Luca Pacioli, 1445-1517）の『スンマ』（『算術、幾何、比、および比例に関する総覧』）である。パチオリは「複式簿記の祖」と呼ばれているが、複式簿記の発明者でも創始者でもない。大切なことは、複式簿記は「特定の人物が発明したというものではなく、商業の実務のなかで自発的に出てきた」という点、「その後数百年という歴史の中で、本質的な構造はほとんど変化していない」という点である。

　また、複式簿記は過去の偉人たちからも次のように賞賛されている。

① 　ゲーテ（J. W. Goethe, 1749-1832）：「複式簿記が商人に与えてくれる利益は計り知れないほどだ。人間の精神が生んだ最高発明の一つだね」（『ウィルヘルム・マイスターの修業時代』1796年）

② 　アーサー・ケイリー（A. Cayley, 1821-1895）：「複式簿記の原理はユークリッドの比の原理と匹敵する絶対的な完全原理である」（The Principles of Book-Keeping by Double Entry, 1894年）

③ 　ゾンバルト（W. Sombart, 1863-1950）：「資本主義の発達に対する複式簿記の意義はいくら強調してもしすぎることはない」（『近代資本主義』1902年）

④ 　シュンペーター（J. A. Schumpeter, 1883-1950）：「複式簿記こそは高くそびえる記念塔である」（『資本主義、社会主義、民主主義』1942年）

まず、複式簿記を学習する前に、単式簿記からスタートしよう。単式簿記の最もわかりやすい例として、現金出納帳を考える。

〈図表2-6〉現金出納帳

(株) MBA印刷

月	日	摘　要	入金	出金	残高
5	1	前月繰越高			50,000
		現金売上　　---KBS㈱へ	60,000		110,000
	4	水道光熱費　---先月分電気代		10,000	100,000
	7	買掛金支払い---村上商店		20,000	80,000
	15	現金売上　　---KBS㈱へ	80,000		160,000
	18	消耗品購入　---インク		10,000	150,000
	22	売掛金入金　---太田デザイン	50,000		200,000
	28	給料支払い　---アルバイト		20,000	180,000
	31	家賃支払い　---山根ビル		50,000	130,000
			190,000	110,000	
6	1	前月繰越高			130,000

〈図表2-6〉のように、現金出納帳とは、文字どおり、現金の増加（入金）と現金の減少（出金）を記録し、最終的に現金の残高がいくらになったかがわかる帳簿である。ベニスの商人たちも、最初はこのような単式簿記からスタートし、1回の航海が終わると手元に残った現金を分配していた。そのうち、何度も同じ船で航海するようになると、航海ごとや期間で区切って分配を行うようになった。そうすると、分配のときに、果たしてその現金が何から生まれたものなのか考える必要が出てきたのである。手元に残った現金が、実際に稼いで増えたもの（利益）であれば、それを分配することは何ら問題がないが、もしかしたら、最初の元手（資本）かもしれないし、他人から借りたもの（負債）かもしれない。すなわち、現金の性質に「色」をつける必要が出てきた。複式簿記とは、〈図表2-6〉の空欄部分に、現金の源泉と使途を記録したものと捉えると、とてもわかりやすい。複式簿記では、

現金の増加を左側、現金の減少を右側に記録し、さらに左側を「借方」、右側を「貸方」と呼ぶ。

〈図表2-7〉借方・貸方の由来

月日		摘　　要	入金	出金	残高
5	1	前月繰越高			50,000
		イザベラ女王より借入	60,000		110,000
	4	コロンブスへ貸付		10,000	100,000
	7	バスコ・ダ・ガマへ貸付		20,000	80,000
	15		80,000		160,000

借り主
(Debtor)
コロンブス
10,000

貸し主
(Creditor)
イザベラ女王
60,000

　〈図表2-7〉はある商人の入出金の記録である。この例を見ると、5月1日に当商人はイザベラ女王より60,000を借り入れたため、「(借方) 現金60,000　(貸方) 借入金　60,000」という仕訳をすることになるのだが、なぜ手元で増加した現金が借方で、借り入れたという現金の増加要因が貸方にくるのだろうか。これは、当時の複式簿記の目的が、商人たちの債権・債務関係のトラブルを回避するために記録されたものであったことに起因する。ここでは、当商人は資金提供をしてくれたイザベラ女王に対する債務について、何らかの証拠を残す必要が生じる。そこで、当商人は、イザベラ女王に対する債務を記録するため、帳簿にイザベラ女王の名前を勘定科目とする人名勘定を設ける。この人名勘定は、記帳を行う商人の視点ではなく、人名勘

定とされた相手先の視点で記録がなされるのである。したがって、商人のイザベラに対する債務は、イザベラ女王にとって債権になる。つまり、イザベラ女王は貸し主（Creditor）となり、この商人の帳簿に設けられた「イザベラ女王勘定」の貸方にこの債務が記録される。5月4日のコロンブスに対する貸付けも同様に、コロンブスにとっては債務となるため、この商人の帳簿のコロンブス勘定の借方に記録されることになる。このDebtとCreditを借・貸と和訳したのが、福澤諭吉である。

　次に、借方と貸方の組み合わせについて考えてみよう。いま、とりあえず現金取引のみに注目する。すると、仕訳の組み合わせは〈図表2-8〉のようになる。

〈図表2-8〉 仕訳の構造（1）

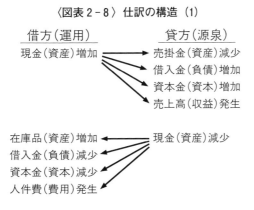

　現金取引に関しては、仕訳の組み合わせの種類はこれだけしかない。現金（資産）以外の組み合わせについては、次頁の〈図表2-9〉を見てほしい。

　この図は「取引8要素」と呼ばれ、すべての仕訳の組み合わせを表している。この8要素を暗記する必要はまったくない。暗記しなくてはならないのは、資産・負債・資本・費用・収益の「ホームポジション」である。すなわち、BS、PLを作るときに、それぞれが借方・貸方のどちらに記載されるか、である。もちろん、BSでは資産が借方、負債・資本が貸方であり、PLでは費用が借方、収益が貸方である。そして、各項目が増加するときは

〈図表2-9〉 仕訳の構造 (2)

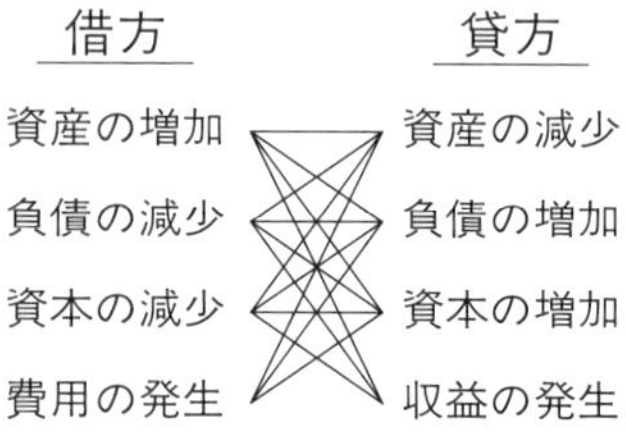

借方　　　　　　　　貸方

資産の増加　　　　　資産の減少

負債の減少　　　　　負債の増加

資本の減少　　　　　資本の増加

費用の発生　　　　　収益の発生

ホームポジションの側に記載し、減少するときは反対側に記載をする。取引8要素が表しているのは、それだけである。

　仕訳を仕訳帳という帳簿に記載したあと、それを総勘定元帳（元帳）というデータベースに集計する。そして、仕訳帳から元帳へと金額を移すことを「転記」と呼ぶ。簿記を教えていると、この転記を苦手とする学生が非常に多い。借方と貸方を逆に移してしまうのである。この転記という作業のコツは、「何も考えないこと」である。ルールに従って機械的にこなせば、間違えることはない。そのルールとは、『借方の「金額」を借方に、貸方の「金額」を貸方に』、という単純なものである。

　〈図表2-10〉を見てほしい。5月1日に、「（借）現金　60,000　（貸）売上　60,000」という仕訳がある。これを現金勘定と売上勘定にそれぞれ転記するわけだが、先のルールで機械的に行う。すなわち、借方の金額60,000を現金勘定の借方に、貸方の金額60,000を売上勘定の貸方に転記していく。すべての仕訳でまったく同じ作業を行っていけばよい。

　元帳への転記が完了したあとは、各元帳勘定の金額を集計して、試算表という1つの表にまとめる。試算表は〈図表2-11〉のような形をしている。試算表が作成できたら、決算整理仕訳（在庫の繰越し、減価償却など）、元帳勘定の締切り、BS、PLの作成というプロセスに進んでいく。

　ここでは、決算整理および元帳の締切りを省略し、試算表からBS、PLがどのようにできるのかを見てみよう。〈図表2-11〉のように試算表を上部（資産・負債・資本）と下部（収益・費用）に分解すると、上部がBS、下

<図表 2-10> 仕訳帳から元帳への転記

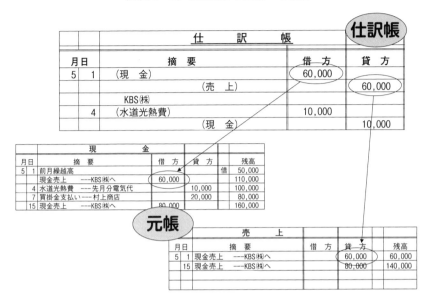

<図表 2-11> 試算表から BS、PL を作成

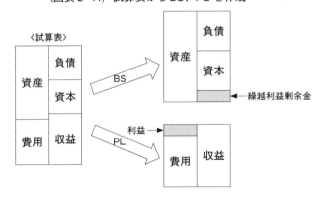

部がPLとなる。分解をすると、借方と貸方の金額が合わなくなる部分（図表の網掛けのボックス）が生じるが、これが利益である。より正確にいうと、

PLの差額部分が「利益」、BSの差額部分が「繰越利益剰余金」となる。試算表を見れば明らかであるが、この利益と繰越利益剰余金の額は必ず一致する。この繰越利益剰余金は、BS純資産の部の利益剰余金の一部を形成し、利益を上げれば上げるほど積み上がっていく。すなわち、BSの利益剰余金は、「過去にその会社が上げた利益の蓄積」と捉えることができる。

● KBS株式会社の例

設立初年度のKBS株式会社のBS、PLができるまでを比例縮尺を使いながら見ていこう。なお、この例では、仕訳を直接比例縮尺図に反映させているため、仕訳帳から元帳への転記等考える必要はない。あくまでもイメージで、仕訳→試算表→BS、PLの流れを理解してほしい。最初は簡単化のため、決算整理仕訳を無視している。

① 100万円を出資してKBS株式会社を設立した。

| (借方)現　　　金 | 100 | (貸方)資　本　金 | 100 |

| 現金100 | 資本金100 |

② 現金25万円と借入れ50万円で、75万円の設備投資（有形固定資産）を行った。

| (借方)有形固定資産 | 75 | (貸方)現　　　金 | 25 |
| | | 借　入　金 | 50 |

| 現金75 | 借入金50 |
| 固定資産75 | 資本金100 |

③ 25万円で商品を仕入れた。なお、この支払いは後日の予定である。

```
(借方)商     品     25 (貸方)買 掛 金     25
```

現金75	買掛金25
	借入金50
商品25	
固定資産75	資本金100

④ 従業員に現金で25万円の給料を支払った。

```
(借方)人 件 費     25 (貸方)現     金     25
```

現金50	買掛金25
商品25	借入金50
固定資産75	資本金100
人件費25	

⑤ 先に25万円で仕入れた商品を75万円で売り上げた（現金売上）。

```
(借方)現     金     75 (貸方)売     上     75
     売 上 原 価     25      商     品     25
```

現金125	買掛金25
	借入金50
	資本金100
固定資産75	
人件費25	売上高75
売上原価25	

　⑤の仕訳が少し難しいかもしれない。１行目の売上に関する仕訳は問題ないと思うが、問題は２行目である。手元にあった商品を売り上げたことにより、取引先の手に渡るため、借方にある商品25万円を貸方に持ってきて、消さなければならない。その相手科目（借方）は、売上原価となる。売上原価

とは、文字どおり、売り上げたものの原価であり、費用勘定である。

　この最後の仕訳が終わった段階でのボックス図を見てほしい。これが（残高）試算表である。個々の仕訳の借方・貸方金額は必ず一致しているので、この試算表の借方・貸方も必ず一致する。次に、この試算表を分解することにより、BSとPLを作成する。

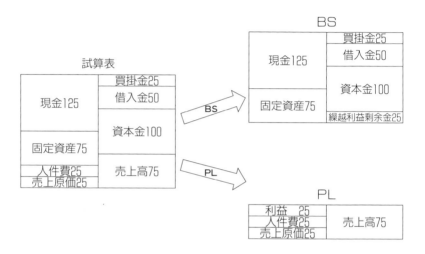

　KBS株式会社の設立初年度のBSとPLを見ると、PLに利益が25万円、BSに繰越利益剰余金が25万円計上される。２年目以降も同様の手続きにより、PLで生じた利益がBS純資産の部に蓄積されていく。

◯ 決算整理仕訳の例（減価償却）

　次に、決算整理仕訳のなかでもとくに重要な減価償却を解説する。減価償却とは、文字どおり価値の減少分（減価）を費用化（償却）するという意味で、土地を除く有形固定資産の金額を使用可能な期間（耐用年数）にわたって費用として配分していく。費用の配分方法について、経営者が勝手に判断し、恣意的に金額を決めることは望ましくない。かといって、毎期、資産ご

とに価値の減少分を正確に調べるのは非現実的である。そこで、会計では一定の規則性をもって減価償却することを企業に求めており、その代表的なものが「定額法」と「定率法」である。定額法は文字どおり、毎期一定の金額を費用化していく方法であり、定率法は毎期一定「率」を費用化していく方法である。定率法を採用した場合、最初のうちは償却費が大きく計上され、次第に償却費が減少していくという特徴がある。

〈図表2-12〉定額法と定率法のイメージ

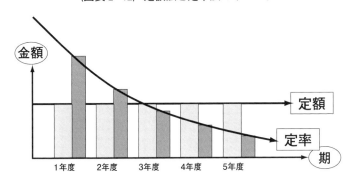

　次に、減価償却によってBS、PLがどのように変化していくか見ていこう。先ほどの例をもとに、決算整理仕訳を考える。②の取引において75万円で購入した固定資産を15年の定額法によって償却する。75を15で割ると5なので、仕訳は次のようになる。

> （借方）減価償却費　　　　　　5　（貸方）固定資産　　　　　　5

すると、試算表とBS、PLは以下のように変化する。

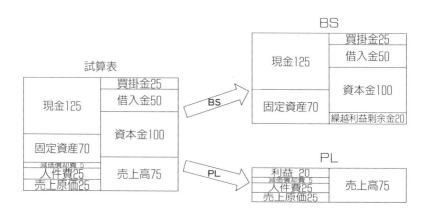

借方に減価償却費という費用の項目が5万円追加され、これはPLの借方を構成する。一方、借方に75万円計上されていた固定資産は、価値の減少分である5万円が貸方に計上されるため、差額の70万円が最終的に残る。PLにおいて、5万円費用が増加したため、利益は20万円に減少し、繰越利益剰余金も20万円に減少する。BSにおいても、ちょうど固定資産が5万円減少するので、当たり前ではあるが借方と貸方がピッタリ一致する。

コラム BS、PLの形式と勘定科目詳細

本章では、最も基本的なBS、PLの作成方法を示した。次章から実際の分析をしていくが、分析に必要なBS、PLの構造（流動・固定）とその内訳（勘定科目）について説明する。

流動資産の内容

流動資産は、主に日々の経営活動に関する資産から構成される（正常営業循環基準という）。さらに、営業取引以外で発生する資産であっても、1年以内に回収されるものが計上される（1年基準）。

BS

流動資産	流動負債
	固定負債
固定資産	資本（純資産）

〈現預金〉

通貨(日本円)、さらにグローバル展開している日本企業では世界の通貨を円に換算して計上している。またチェーン展開している小売業では、全体として多額の釣銭を保有している。取引先から受け取った「小切手」も現金として取り扱われる。

預金も家計では普通預金しかないのが通常だが、銀行預金には20種類ほどの預金があるという。しかし普通預金のほかに、小切手が発行でき手形決済もできる当座預金(金利は付かない)、定期預金(期間はいろいろ)を知っておけば足りるであろう。

現預金と有価証券を合算して「手元流動性」と呼ぶことがある。

「手元流動性＝現預金＋短期所有の有価証券」であり、手元に使用可能な流動的資金がどの程度あるかを示している。あるいはこの数字を1日当たり売上高で割って、売上高何日分の資金が手元にあるかを手元流動性と呼ぶ場合もある。いずれもその企業の支払能力の余裕度を表す。

〈売上債権〉

主に売掛金と受取手形からなる。商品をツケで販売した場合、「掛け売り」といい、その債権を売掛金と呼ぶ(ツケで購入した場合は買掛金)。また、取引先から約束手形を受け取った場合、受取手形勘定で処理する(支払った場合は支払手形)。

〈棚卸資産(商品、製品など)〉

販売用の品物を商品というが、仕入れた商品がすべて売れるとは限らないので、決算日に売れ残った商品を「商品」、または「棚卸資産」という科目で記録する。商品という言葉は、小売業など商業で使われる。製造業で自社製造した商品は、「製品」という言葉が使われる。製造業でも仕入れて売る品物は「商品」として、別個に記録される。

〈貸付金〉

他人にお金を貸した場合、その貸しているお金を貸付金というが、従業員貸付金、関連会社貸付金など区分することもある。借りた企業では「借入金」

となる。

〈有価証券〉

家計でも株や国債、社債を持っている所帯は多いが、企業でも手元資金を一時的に運用する場合に使われる勘定科目である。ほぼ現預金と変わりがないため、「手元流動性」として比例縮尺財務諸表を作るときは現預金に含めてしまってもよい。

〈未収金〉

商品以外のもの、たとえば備品や有価証券、製造途中で生まれた鉄クズなどを売って代金を受け取っていない場合、この未収金という勘定が使われる。買ったほうは「未払金」で処理する。

固定資産の内容

営業取引以外で発生する資産で、回収が1年超に及ぶものが「有形固定資産」に、物理的なモノではないが、法律上の権利、ブランド価値、ソフトウェアなどが「無形固定資産」に計上される。またそれ以外に、投資有価証券、長期貸付金、長期前払費用などが「投資その他の資産」に計上される。

BS

流動資産	流動負債
	固定負債
固定資産	資本(純資産)

〈建物、土地〉

ビルや店舗、倉庫、投資用の土地などを建てたり購入したりした場合に使われる。

〈建物付属設備、構築物〉

空調設備、看板や簡易の建物、駐車場器機、水利施設などを購入したときに使われる。

〈器具備品〉

事務用デスクや椅子、パソコン、コピー機などがこの項目に入る。

〈車両運搬具〉

自動車やバイク、フォークリフトなどがこの項目に入る。

〈のれん〉

M&Aの際、買収金額が被買収企業の純資産時価を上回る金額。ブランド力やノウハウなどの超過収益力を表す。

〈ソフトウェア〉

パソコンソフトや特注のコンピュータ・ソフトウェアを買った場合にこの科目が使われる。

〈投資有価証券〉

長期保有の満期保有目的の債券、関係会社株式（子会社株式、関連会社株式）、その他有価証券（親会社株式、取引先の株式、持ち合い株式等）など。

〈長期前払費用〉

長期契約の保険料を一括払いする場合や、賃貸借契約を締結して地代・家賃を前払いする場合などにこの科目が使われる。

流動負債・固定負債の内容

負債に関しても、資産と同じく正常営業循環基準と1年基準で流動と固定に分かれる。しかし、負債については流動・固定と分けるよりも、有利子負債（流動および固定）をまとめるほうが分析しやすい。

〈買掛債務〉

買掛金、支払手形を合わせて「買掛債務」と呼ぶ。

BS

| 流動資産 | 流動負債 |
| 固定負債 |
| 固定資産 | 資本(純資産) |

〈有利子負債〉

企業が返済すべき負債のうち、利息を付けて返済しなくてはならないもの。これには、金融機関から調達したローン（短期借入金、長期借入金）、マーケットから調達したコマーシャルペーパーや社債、リース債務などが含まれる。社債や長期借入金の中でも、1年内に返済する部分がある場合は、区別して流動負債に含める。

〈前受金〉

商品納入前に全額または一部の手付金を受け取るような場合に、この科目が使われる。納入義務を果たす前に金銭を受け取っているので、先方に対する負債となる。手付金を支払った場合は「前渡金」（資産）で処理する。

〈引当金〉

すでに債務としては発生しているのだが、金額が確定しない性質の債務がある。たとえば、従業員の退職金は退職金規定によって支払債務が発生しているのだが、その金額は退職する時点でないと確定できない。したがって現在、すでに発生していると見積もられる金額を債務に計上するのである。これは「退職給付引当金」（連結上は「退職給付に係る負債」）という勘定科目で処理される。また、夏に支給予定のボーナスを3月末決算期にかかる分だけ計上するのが、「賞与引当金」である。これらは「負債性引当金」と呼ばれる。これとは別に、「引当金」には「貸倒引当金」のような「評価性引当金」もある。

資本（純資産）の内容

資本（純資産）の内容は、「出資金」と「利益の蓄積分」の2つが含まれている。つまり株主から出資された部分と、創業以来得られた利益の中で企業に留保された利益の蓄積部分から構成される。純資産には下記以外の科目がたくさん出てくるが、それらの項目も性

BS

	流動負債
流動資産	
	固定負債
固定資産	資本（純資産）

格的には上の2つに分類される。したがってここでは、下記の項目を理解し
ておけば足りる。

〈資本金、資本準備金〉

これらはどちらも株主から出資された金額を記録するために使われる。た
だし資本金を大きくすると法律的な規制が増したり、あるいは配当率を計算
するときの分母に資本金が使われた伝統などがあって、出資金の一部を資本
金とせず「資本準備金」とすることが認められているのである。したがって
実質的に中身は同じである。

〈利益剰余金（繰越利益剰余金）〉

企業が上げた純利益は株主総会の決議を経て、配当金や役員賞与を支払っ
た残りが、社内に留保される。この蓄積分が利益剰余金である。複式簿記で
は「繰越利益剰余金」という科目が使われる。

収益の内容（日本基準）

最も一般的なのは売上だが、企業が稼得する収益は、
実際には業種などによってさまざまなものが存在す
る。

PL

売上原価	営業収益
販管費	
営業外費用	営業外収益
特別損失	
利益	特別利益

〈売上高（営業収益）〉

商品や製品の売り上げた場合は、「売上高」を使う。
ただしサービス業などの場合は「営業収益」という言
葉を使う。銀行などもモノを売っているわけではない
ので、営業収益である。

〈受取利息、受取配当金（営業外利益）〉

銀行預金などで利息が付いたとき、「受取利息」を計上する。株式を持って
いて、配当金を受け取った時は「受取配当金」を計上する。

〈有価証券売却益（営業外収益または特別利益）〉

株式など有価証券を売却して売却益が出たときに用いる勘定科目である。損を出した場合は、その損失差額は「有価証券売却損」となる。

〈固定資産売却益（特別利益）〉

クルマを売ったり、工場をまるごと売って売却益が出た場合、この勘定を使う。損が出た場合は「固定資産売却損」である。

費用の内容（日本基準）

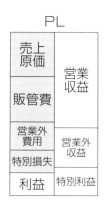

費用には数多くの項目が存在する。費用と似た言葉に「損失」がある。厳密には費用と損失は重なるものと重ならない部分がある。費用は収益を稼得するために費消されるものというニュアンスが含まれている一方で、損失は災害損失などのように収益稼得とは関係のないロスも含まれる。しかしここでは同義として使うことにする。

〈売上原価〉

文字どおり、売り上げたモノの原価である。商品販売業であれば仕入値、製造業であれば製造原価である。大切なことは、原則「売れたモノ」の原価しか計上しないということである。売れ残りは在庫（棚卸資産）としてBSに計上される。

〈給料手当（売上原価または販管費[2]）〉

従業員に給料を支払ったときに使う科目である。「人件費」という言葉も使われるが、人件費には「賞与」や、企業が負担する保険料や年金費用を処理

2　売上原価または販管費として記載しているのは、製造業において製造部門（工場）でかかる諸経費（工具の賃金、水道光熱費、減価償却費など）は製造原価とされ、売れた段階で売上原価とされるからである。一方、本社部門の諸経費は販管費となる。

する「法定福利費」、従業員向けの茶菓代や社員旅行などの費用を処理する「福利厚生費」、その他「退職金」や「退職給付引当金繰入額」などさまざまなものがある。

〈通信費 （売上原価または販管費）〉

電話代、郵便切手や葉書代、インターネット接続費用など。

〈旅費交通費 （売上原価または販管費)〉

社員が使ったタクシー代、電車代、出張のための飛行機代、ホテル宿泊費など。

〈水道光熱費 （売上原価または販管費)〉

文字どおり、水道料金、電気料金、ガス料金などを記録するときに使われる。

〈広告宣伝費 （販管費）〉

新聞雑誌の広告、チラシやポスター代、人材募集の広告代など。

〈支払家賃 （売上原価または販管費)〉

事務所や営業所などの賃貸料、家賃など。

〈交際接待費 （販管費）〉

取引先を接待したときにかかった飲食費やゴルフ代、中元歳暮の贈答品代など。

〈減価償却費 （売上原価または販管費)〉

建物や備品、車両などは時の経過とともに価値が減少する。その価値の減少分を減価償却費で処理する。

〈支払利息 （営業外費用)〉

銀行や取引先などからお金を借り入れた見返りとして支払う利息はこの科目で計上する。社債の利息支払いや手形の割引料は別掲することもあるが、利息と同じ性格なのでここに含めることもできる。

▌第3章▐

財務諸表から事業の構造や戦略を読む

　本章では、比例縮尺財務諸表から何が読み取れるのかを考えていこう。ストックの状況（BS）と儲けのフロー記録（PL）から、重要なことがわかる。それは事業の構造や体質的特徴、経営戦略といった内容である。

　世の中にはおよそ、いろいろなビジネスがある。例えば、〈図表2-5〉に挙げた、設備や在庫、売掛金といった簡単な項目だけ捉えても、それぞれのビジネスによって構成が大きく違う。

　たとえば、設備にえらくお金のかかる事業があるかと思えば、逆に設備にはほとんどお金がかからないという事業がある。またあるビジネスでは、在庫を大量に保有することが事業の最も大事な生命線となる。そんなビジネスがあるかと思えば、逆にほとんど在庫を持たないで済むものもある。

　同様に、売掛金を多額に抱えないと事業が遂行できないというものがあり、一方ですべての取引が現金で行われる（現金商売）ので、売掛金が発生しないという事業もある。

　つまり、これだけを取り上げても、事業ごとの基本的な構造や性格がわかるのである。そしてその構造や性格は、たとえば、その事業分野に参入を果たそうとする企業にとって、貴重な戦略立案のための情報となりうる。なぜかといえば、その事業を展開するには、どのようなところにどれくらい投資をする必要があるのか、教えてくれるからである。また、どのようなコストをかければ、どのくらいの売上を獲得できるか読み取ることができる。その市場に参入しようとする企業がビジネスプランを描く際に、そうした情報は重要な参考資料となる。

事業分野が異なると、その分野の企業のBSやPLは大きく変わる。さらに面白いことに、同じ事業分野で戦っているライバル企業を比較しても、大きく違うことがある（比例縮尺財務諸表を用いた競合他社比較は、第4章を参照）。

　同業企業各社を比較してみると、企業によってBSやPLの構成内容が大きく異なる例がたくさん見られる。それはさまざまな要因による。同じ業界といっても、細かく見ると重点を置いている事業分野は違うものである。また同じ事業分野で争っている企業同士でも、経営者の考え方は違う。経営者の考え方が違えば、資産や負債の構成は変わってくる。どこに重点を置いた事業展開をするかについて、経営者それぞれの個性が出るからである。ある経営者は製造部門に重きを置き、工場にお金を集中投資することでコア・コンピタンスを築こうとする。別の経営者は製造よりマーケティングを重視し、商品開発や広告宣伝にお金をかけようとする。またある経営者は、技術で一歩先行することによって、企業基盤を構築しようとする。

　結果として、それらの企業のBSやPLは、大きく異なってくる。それが何を表しているかといえば、経営者の考え方、つまり経営戦略を映しているのである。したがって、BSやPLの数値を読み取ることによって、その企業の経営戦略を把握することが可能なのである。

　またBSやPLを時系列で何期か並べると、戦略の変化をつかまえることができる。数値の変化から、経営者がどのようなポイントに最近重点を置き始めているのかが、一目でわかる。最近傾斜を強めている投資分野こそ、その経営者がコア・コンピタンスとして、戦略を強化している分野ということになる。

　財務諸表は企業の経営活動を総合的かつコンパクトに表現したものである。BSやPLは経営全般に関する体質的特徴や経営者の考え方を、財務諸表の読者に伝えてくれるのである。

● 演習問題〔1〕PL（その①）

それではここから問題に取り組んでみよう。

【設　問】
　次のような PL を持つ事業分野または個別企業名を、それぞれ思いつく限り挙げよ。

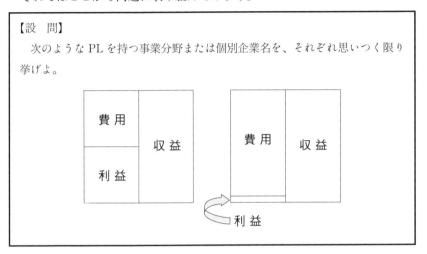

　上の図表は、PLの売上、費用、利益の関係を比例縮尺にしたものである。つまり何のことはない「収益に対して利益の大きい（利益率の高い）企業はどこか？」、「低い企業はどこか？」という問題である。

　今どんな事業分野が高い利益を上げているのか、読者のみなさんは考えたことがあるだろうか。意外に見過ごしているのではなかろうか。しかし、ビジネスパーソンたるもの今どんな事業が光彩を放っているのか、儲かっているのかを常に知っておかなければ、世の中をまったく見ていないことになる。

　ここで本を置いて、しばらくの間考えてほしい。町を歩くと儲かっていそうな企業が目に入ってくる。新聞を広げるとよく出てくる威勢のいい企業、テレビCMやネット広告、タクシー広告などでよく見かける攻勢を強める企業など、身の回りで見聞きした事象から、どんな企業が儲かっていそうか思い浮かべてほしい。

● 利益ランキングでわかる消費動向や環境変化

　いつの時代にも、「高利益御三家」のような企業が存在した。それは日本経済が構造を変えていく過程で、変化していった。ランキングがどんどん入れ替わった。したがって利益ランキングを経年で見続ければ、現代日本の産業構造変化の行方がわかる。

　利益の見方は、２つある。１つは絶対額の大小、つまり規模の大きさをみる見方である。もう１つは比例縮尺で示した利益率、つまり余裕で高利益を上げているかどうかの見方である。

　まずは、2023年３月期の赤字ランキングから見てみよう。〈図表３-１〉のランキングを眺めると、業界ではIT・電子関連、製紙関連、資源関連、およびバイオ医薬品事業が目立つ。

　ワーストランキング上位の会社を紹介していこう。2023年３月期の赤字ランキングのワースト１はソフトバンクグループ（SBG）だった。SBGはここ数年、コロナの影響もあって業績が乱高下していたが、２期連続での最終赤字となった。SBGは、ビジョンファンドを通じてAIをはじめとするテック関連の新興企業に投資しているが、世界的なインフレと金利上昇の影響を受け、投資先の企業価値が軒並み下落した。ファンド事業においては、投資先の企業価値を四半期ごとに評価し、その評価損益をPLに反映させなければならない。上場企業であれば市場での株価をもとに企業価値を計算し、未上場企業であれば業績や類似の上場企業の株価倍率などをもとにして企業価値を算定する。

　２位の楽天グループは４期連続の最終赤字となった。3,729億円の赤字は過去最大で、前期比約３倍に膨れ上がっている。売上収益は前期比15％増の１兆9,278億円であり、楽天市場をはじめとするEコマース事業および金融事業は好調だったが、携帯電話事業の営業損失が4,928億円と業績を圧迫した。決算説明会において、三木谷会長兼社長は「有利子負債が膨らんでいる。

〈図表 3-1〉 2023年最終赤字ランキング

(単位：億円)

No.	企業名	当期純損失	No.	企業名	当期純損失
1	ソフトバンクG	9,701	26	アンジェス	147
2	楽天G	3,729	27	東芝テック	137
3	シャープ	2,608	28	河西工業	137
4	中国電力	1,554	29	RIZAPグループ	127
5	T&DHD	1,322	30	Freee	116
6	東北電力	1,276	31	iSpace	114
7	東京電力HD	1,236	32	千趣会	110
8	日野自動車	1,177	33	日清製粉G	104
9	コニカミノルタ	1,032	34	HIS	95
10	旭化成	913	35	グローリー	95
11	北陸電力	884	36	マネーフォワード	94
12	住友ファーマ	748	37	ツバキ・ナカシマ	91
13	九州電力	564	38	デジタルガレージ	91
14	日本製紙	504	39	サンバイオ	89
15	沖縄電力	455	40	コカコーラ・ボトラーズJ	81
16	出前館	362	41	メルカリ	76
17	大王製紙	347	42	ハイレックス	71
18	日本板硝子	338	43	エイチワン	71
19	太平洋セメント	332	44	じもとHD	71
20	ジャパンディスプレイ	258	45	UBE	70
21	三井住友建設	257	46	中電工	69
22	四国電力	229	47	コロワイド	68
23	北海道電力	222	48	すかいらーくHD	64
24	帝人	177	49	CAICA DIGITAL	62
25	参天製薬	149	50	藤田観光	58

(2023年3月決算期までの実績値。ヤフーファイナンスより作成)

……戦略的業務提携や外部資本の活用も柔軟に検討したい」と述べた[1]。その後楽天グループは公募増資と第三者割当増資で最大3,300億円の資金調達をすることを発表した。そもそも、携帯電話事業は競争が激化している上に、基地局の整備など多額の設備投資費用がかかる。設備投資が一巡すればコスト削減は可能になるものの、収益を増やすことは簡単ではない。携帯事業の収益は、契約者数と契約者当たり月間平均収入で決まるが、「０円プラン」廃止後、楽天の契約者数は大幅に減少し、平均収入もNTTドコモなどの大手キャリアと比べると半分程度にとどまっている。

　ワースト３位はシャープであった。液晶パネル事業で失敗し経営危機に陥ったシャープであったが、2016年に台湾の鴻海（ホンハイ）傘下に入り経営を建て直し、2018年３月期には黒字転換を果たした。今期はそれ以来の赤字となった。赤字の主な原因は、テレビ向け液晶パネルの市況悪化に伴い、堺市にあるパネル工場の減損損失を計上したことにある。物価高による世界景気の減速により、テレビ向けの大型液晶パネルの市況は低迷を続けており、2023年３月現在の65型パネルの価格は、コロナ禍の巣ごもり需要の反動もあって、２年前のほぼ半値となっている[2]。鴻海傘下に入って以降、コスト削減による経営再建に成功したかに見えるシャープだが、10年間で研究開発費は４割減り、液晶パネルに代わる収益の柱は育っていない。研究開発費を削った影響は、特許数にも如実に表れている。シャープの2021年の特許出願数は1,003件で、10年前の４分の１、５年前の６割の水準となった[3]。メーカーが成長戦略を描くためには、研究開発が欠かせない。コスト削減の次のフェーズに移行しなければ、このまま業績が先細るのは目に見えている。

　電力会社もワースト上位を占めている。2023年３月期の決算は、東京電力HDをはじめ大手８社が赤字で、赤字額の合計は5,861億円となった。これは2013年３月期以来の水準だという。各社の業績が大幅に悪化したのは、天然

1　日本経済新聞2023年２月15日朝刊。
2　日本経済新聞2023年５月12日朝刊。
3　日本経済新聞2023年６月28日朝刊。

ガスや石炭をはじめとする燃料価格が高騰したためである。電気の調達コストが増え、電力を供給すればするほど赤字が増える「逆ザヤ」が続いた。さらに、火力発電依存の高さが業績悪化に拍車をかけてしまった。ワースト上位の東京電力HDや東北電力は、2021年の実績で火力の比率が77％（東電HD）、69％（東北電力）と沖縄電力についで高い。逆ザヤがとくに深刻なのが家庭向けの規制料金である。電力会社の契約プランは自動的にコストを料金に転嫁できるものが多いが、転嫁できる金額に上限があり、2022年10月までに全10社が上限に到達したという[4]。ワースト4位の中国電力は、さらに電力販売をめぐるカルテル問題の影響を受け業績が悪化した。公正取引委員会から707億円もの課徴金の納付命令を受け、過去最大の最終赤字となり、自己資本比率も11.1％まで低下した。各社ともに新株発行や融資を受けるなど悪化した財務を健全化すべく奔走している。

◯ 利益額は自動車、金融、総合商社など

　次に、2023年当期利益ランキングを見てみよう。〈図表 3 - 2 〉は、2022年度の当期利益ランキングを表している。

4　日本経済新聞2023年 4 月29日朝刊。

〈図表3-2〉2023年当期利益ランキング

（単位：億円）

No.	企業名	当期利益	No.	企業名	当期利益
1	トヨタ自動車	24,513	26	東京海上HD	3,764
2	日本電信電話（NTT）	12,131	27	中外製薬	3,744
3	三菱商事	11,807	28	キーエンス	3,630
4	三井物産	11,306	29	コマツ	3,264
5	三菱UFJ FG	11,165	30	ゆうちょ銀行	3,251
6	日本郵船	10,125	31	武田薬品工業	3,170
7	ソニーグループ	9,371	32	デンソー	3,146
8	三井住友FG	8,058	33	大和ハウス工業	3,084
9	伊藤忠商事	8,005	34	ブリヂストン	3,004
10	商船三井	7,961	35	豊田通商	2,842
11	信越化学工業	7,082	36	セブン＆アイHD	2,810
12	川崎汽船	6,949	37	東京ガス	2,809
13	日本製鉄	6,940	38	ファーストリテイリング	2,733
14	KDDI	6,775	39	オリックス	2,731
15	ホンダ	6,514	40	リクルートHD	2,698
16	日立製作所	6,491	41	パナソニックHD	2,655
17	住友商事	5,652	42	ダイキン工業	2,578
18	みずほFG	5,555	43	ルネサスエレクトロニクス	2,566
19	丸紅	5,430	44	村田製作所	2,537
20	ソフトバンク	5,314	45	出光興産	2,536
21	東京エレクトロン	4,716	46	キヤノン	2,440
22	JT	4,427	47	SMC	2,246
23	INPEX	4,383	48	日産自動車	2,219
24	任天堂	4,328	49	スズキ	2,211
25	日本郵政	4,311	50	富士フイルムHD	2,194

このランキングからは下記のような点を指摘できる。

トヨタ自動車が２年連続のトップとなったが、純利益自体は14％減となった。円安による利益の押し上げ効果が大きかったが、半導体不足による生産の遅れが影響した。自動車大手７社の業績見通しは、７社中５社が2024年３月期に営業増益を見込んでいるが、主戦場の米国で金利が急上昇している影響によるリスクがくすぶっている。金利が上がると自動車ローンの金利上昇につながり、ローンを支払えなくなる人が増えるためである。デンソーをはじめとするトヨタ自動車系列の部品メーカーも８社中７社が増益を見込んでいる。デンソーはハイブリッド車や電気自動車に使うインバーターや運転支援のセンサー・カメラなどの販売が伸び、2024年３月期に６年ぶりの最高益を見込む。安定的に利益を稼いでいるようにみえるが、自動車業界を取り巻く環境変化は激しい。CASEというキーワードに代表されるように、コネクティビティ（接続性）「C」、オートノマス（自動運転）「A」、シェアード（共有）「S」、およびエレクトリック（電動化）「E」への取り組みが今後の命運を左右するといわれている。2023年の決算説明会において、トヨタ自動車は2030年までに電気自動車関連に５兆円投資すると発表し、従来計画から１兆円を積み増した。新車販売が各国で頭打ちとなるなかでも、３兆円近くの営業キャッシュ・フローを稼ぎ出し、幅広い環境車をそろえる「全方位戦略」を推し進めている。

NTTは2020年９月29日、子会社であるNTTドコモを完全子会社化すると発表した。1985年のNTT民営化以来、政府はNTTに分社化を促し競争戦略を推進してきたが、この分離からの再結集は大きな転換点となる。NTTグループのなかで稼ぎ頭であったドコモであったが、携帯料金の引下げなどにより時価総額はピークの43兆円から９兆円程度にまで縮小していた。国内携帯市場最大手であったドコモだったが、競合に押されて携帯シェアは約37％にまで低下。３G時代のNTTグループは多数の特許を保有していたが、５Gの特許では中国のファーウェイに席巻され、ドコモの５Gシェアは３％台にまで落ちていた。買収総額は約４兆2,500億円となり、国内企業に対す

るTOBでは過去最大となった。5Gで出遅れたNTTは経営資源を集約して
オールNTTで次世代6Gのリーダーシップ奪還を目指している。

　総合商社が好調で各社上位にランクインしている。2023年6月20日には、
三菱商事の終値ベースの時価総額が10兆円を超えた。資源から消費財までさ
まざまな事業を手がける総合商社は、ビジネスモデルがわかりづらいと投資
家から不評で株式市場では過小評価されていた。大きく風向きが変わったの
が、2020年8月、ウォーレン・バフェット率いるバークシャー・ハザウェイ
による株式の大量保有が判明してからである。時価総額はその時期から約3
倍に急拡大したことになる。この時価総額の上昇は、バフェットが投資した
ことで他の投資家が追随したからだけではない。業績も改善しており、2023
年3月期の三菱商事のROEは15.8％と3年前より6ポイント増加した。ま
た、株主還元にも積極的で、2023年3月期に自社株買いと配当を加えた総還
元額も3年前と比べ3倍以上に拡大している。2024年3月期は資源高が一服
して最終減益を予想するが、年間配当は前期比20円増やす。総合商社は
PBRが低いことがかねてから問題視されていた。バフェット投資前には伊
藤忠商事を除く4社がPBR1倍を下回っていたが、2023年12月現在、5社
すべてが1倍以上となっている。

◉ 利益率はIT、海運、ゲーム

　今度は利益率を見てみよう。〈図表3-3〉は経常利益率ランキングである
（ただし米国会計基準およびIFRSを採用している企業は、経常利益の代わ
りに「税金等調整前利益」を掲載している）。

　ランキングを見ると、IT企業、海運、ゲーム企業が名を連ねる。1位の
手間いらずは、総合比較サイトの「比較.COM」や、宿泊施設向け予約サイ
ト管理サービス「TEMAIRAZU」を運営する会社である。コロナ禍からの
旅行需要の急回復を受け、従量課金型の月額収入が大幅に増加している。

　また、川崎汽船・商船三井・日本郵船の海運3社が揃ってランクインして

〈図表3-3〉2023年度経常利益率ランキング

（%）（億円）

No.	企業名＋業種	利益率	売上高	経常利益	No.	企業名＋業種	利益率	売上高	経常利益
1	手間いらず（比較サイト）	73.7	1,809	1,334	21	三井松島ホールディングス（石炭）	44.9	80,015	35,933
2	川崎汽船（外航海運）	73.3	942,606	690,839	22	トリケミカル研究所（電子材料）	44.8	13,803	6,187
3	オービック（ERPソフト）	70.1	100,167	70,223	23	ユナイテッド（インターネット広告）	44.5	13,140	5,851
4	ミズホメディー（検査薬・試薬）	63.0	17,582	11,071	24	デジタルアーツ（情報セキュリティ）	42.4	10,436	4,429
5	INPEX（石油・ガス開発）	61.9	2,324,660	1,438,242	25	日本郵船（外航海運）	42.4	2,616,066	1,109,790
6	キーエンス（FAセンサ）	55.6	922,422	512,830	26	eWeLL（訪問看護ソフトウェア）	42.2	1,603	676
7	日本ファルコム（家庭用ゲーム）	54.3	2,474	1,344	27	中外製薬（医療用医薬品）	42.2	1,259,946	531,166
8	ファーストロジック（投資不動産サイト）	53.8	2,093	1,126	28	レーザーテック（半導体・液晶製造装置）	41.7	152,832	63,668
9	ジェノバ（航空測量）	53.2	1,206	641	29	MS-Japan（人材紹介）	41.6	4,293	1,785
10	M&A総研HD（M&A仲介）	51.9	8,643	4,485	30	福井コンピュータHD（CAD・CAMシステム）	41.4	13,630	5,643
11	塩野義製薬（医療用医薬品）	51.6	426,684	220,332	31	ユーザーローカル（ビッグデータ解析ソフト）	41.3	3,289	1,358
12	日本取引所グループ（証券取引所）	50.9	133,991	68,207	32	カプコン（家庭用ゲーム）	40.8	125,930	51,369
13	コーエーテクモHD（家庭用ゲーム）	50.9	78,417	39,899	33	トレイダーズホールディングス（ネット証券）	40.6	9,194	3,730
14	商船三井（外航海運）	50.3	1,611,984	811,589	34	ジャパンワランティサポート（カスタマーケアサービス）	40.1	1,664	668
15	大和工業（普通鋼電炉）	50.2	180,438	90,494	35	東京都競馬（競輪・競馬）	40.0	35,450	14,171
16	ユー・エス・エス（中古車オークション）	50.1	88,778	44,491	36	ネクソン（家庭用ゲーム）	39.7	353,714	140,525
17	イーディーピー（宝石・貴金属）	47.3	2,707	1,281	37	情報企画（ソフトウェア（業務支援））	39.7	3,528	1,399
18	オービックビジネスコンサルタント（「奉行」ソフト）	47.0	33,705	15,835	38	ディスコ（半導体・液晶製造装置）	39.5	284,135	112,338
19	エイトレッド（業務支援ソフト）	46.1	2,167	1,000	39	マークラインズ（市場調査サービス）	39.3	4,125	1,623
20	ジャストシステム（業務支援ソフト）	45.8	41,950	19,217	40	ゴールドクレスト（マンション開発）	38.4	27,453	10,554

（上位100社リストから、ローン、リース、保証業務など従来型金融、不動産賃貸、その他不動産関連、およびリート、投資法人を除いたもの。SPEEDAより作成）

いる。コロナ禍の混乱から上昇していたコンテナ運賃市況が下落に転じているなかでも、上記3社の共同出資により2017年シンガポールに設立された定期コンテナ船会社「オーシャンネットワークエクスプレスホールディングス」が海外での市場開拓に成功したことで、3社の連結業績に貢献している。

その他、利益率のランキングからは下記のような点が指摘できる。

・オービック、エイトレッド、ジャストシステムなど、ソフトウェアやSI

関連企業が堅調である。

・キーエンス、レーザーテック、ディスコの製造装置関連企業が継続して
　強い。

・コーエーテクモ、カプコン、ネクソンといったゲーム産業も引き続き好
　調である。

・塩野義製薬、中外製薬がランクインしたものの、製薬業界においては優
　劣の差が激しくなっている。

◉ 利益率と利益額による産業マップ

　〈図表3‐4〉は横軸に利益額の大小を、縦軸に利益率の高低をとった産業
マップである。

　利益額が大きくて、利益率が高い産業（右上の象限）は、その時代の花形
産業であり、リーディング・インダストリーと呼ぶことができる。あるいは
産業全体で見ると利益率は低いが、一企業だけ飛び抜けて高いというケース
もある。セブン＆アイ（とくにセブン－イレブン・ジャパン）などはその
好例で、これも右上の象限である。

　右下の象限は、利益額は大きいが利益率が低い産業分野である。日本経済
にとって重要な分野だが、成熟した産業が多い。

　それとは逆に、左上の象限は、利益額はやや小規模だが利益率が高い分野
で、ここには新興のベンチャー企業が含まれる。また昔ながらの暖簾を大切
に守ってきた老舗が入ることも多く、ブランド・ビジネスなどがその例であ
る。高級ブランドの雄ルイ・ヴィトンはLVMHというコングロマリットの
一部門だが、営業利益率は50％近いといわれている。

　産業マップは毎年変化していく。大切なことは「なぜこれらの企業が儲か
るのか？」に関する考察である。業界全体が活況化している状況ならば、世
界や日本の経済がその追い風になっているはずである。しかし全体に厳しい
業界の中で一握りの企業が繁栄しているならば、その企業の経営戦略や事業

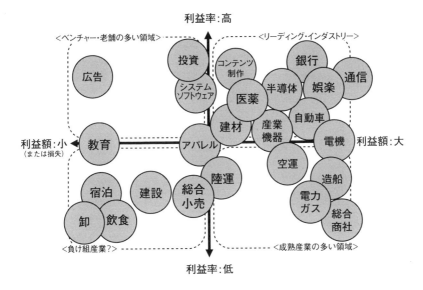

〈図表3−4〉利益額と利益率の産業マップ

利益率：高

<ベンチャー・老舗の多い領域>　　　<リーディング・インダストリー>

投資　コンテンツ制作　銀行
広告　システムソフトウェア　半導体　娯楽　通信
医薬
建材　産業機器　自動車
利益額：小（または損失）　教育　アパレル　電機　利益額：大
空運
陸運　造船
宿泊　建設　総合小売　電力ガス
卸　飲食　総合商社
<負け組産業？>　　　<成熟産業の多い領域>

利益率：低

モデルが優れているはずである。そしてその分析の答えについて、BSとPL
が重要な手がかりを与えてくれることが多い。

　この答えを導き出すことこそが、会計リテラシーの醍醐味である。

◉演習問題〔2〕BS（その①）

　次はBSからの問題である。

【設 問】

次のような BS を持つ企業または業界を、それぞれ思いつく限り挙げよ。

このバランスシートも、両方を比較するための比例縮尺図である。左側の BS は全体として軽量な企業である。とくに固定資産（設備など固定的に企業が保有する資産のこと）が相対的に少ない。ほとんど流動資産（現預金、売掛金、在庫などいわゆる短期的に回転する資産）で、ビジネスが行われている企業である。全体として、資本の使用量が少なくて済むので、利益蓄積が進みやすい。したがって負債が少なく、自己資本（企業自身の持分のこと）が厚い企業である。

反対に右側の企業は、極めて重たい企業である。とくに多額の設備資産を必要とし、多量に資金を使うビジネスなので、借入金に対する依存度が強くなる。したがって負債が過大になりがちな企業である。

しばらく図を睨みながら、それぞれのバランスシートを持ちそうな企業の業態を考えてみよう。

演習問題〔１〕で挙げた今日の「利益率トップ・グループ」の企業は、どんなバランスシートを持っているのだろうか？

製薬業は？

IT 関連ソフト企業は？

戦略部品企業は？

エンタテインメント企業は？

金融は？

これらの産業に属する企業の多くが、どちらかというと左の形をしたバランスシートを持っている。

薬品は製品のサイズが小さくて、しかも付加価値が高い商品である。薬を製造する設備は、工程がシンプルで設備投資額が比較的小さくて済む。製薬業は製品メーカーというより、技術ソフトを売っているソフト産業と呼ぶほうがふさわしい。設備が小さい一方で、在庫は少ない。さらに保有している売掛金の額が大きい。したがってこれらの合計である流動資産が大きい。だから左のバランスシートとなる。

なぜ、製薬企業の売掛金が大きいかといえば、それは業界構造がそうなっているからである。薬品は卸会社（薬問屋）に売られ、そこから病医院に流通し、患者の手元に届く。もともと薬問屋はメーカーに比べ資金力が弱かったうえに、売掛金の決済条件はひどく長かった。つまり病医院（特に私立の病医院）の支払いは非常に悪い、というのが通り相場である。かつてのお医者さんは、病院を開業してから3年目に初めて問屋に支払った、などというケースが多かった。薬問屋の苦しい資金繰りを支えるために、製薬企業は問屋に対して売掛金の回収を待たなければならなかった。今は状況が改善されつつあるとはいえ、伝統的に薬メーカーの売掛金額は多額に上るのである。

製薬企業は長い間、高利益を謳歌してきたので、当然手元にたくさんの余剰資金を持っている。預金や有価証券が増えれば、流動資産はますます大きくなる。ところが近年は自前での研究開発が難しくなり、すでに有望な新薬候補（パイプライン）を保有する製薬企業を買収するケースが増えてきており、余剰資金をM&Aのために使う会社が多い。

ITのなかでも、ソフト企業は左である。また戦略部品を作っているメーカーのBSも左ほど極端ではないが、どちらかというと左に近い。

ソフト企業は、事務スペースとPCがあればビジネスができる。わずかな

設備投資で事業が始められる、参入容易な産業である。したがって固定資産が少なく、一般的にソフト制作期間が長いので、仕掛品（開発中のソフトは、メーカーでいう製造途中の在庫と同様に扱われる）が大きいために、流動資産が大きくなる。したがって左のバランスシートを持っている。

IT分野の有為転変は極めて激しい。人気製品の主役が激しく変わり、モデルチェンジのサイクルも早い。ドッグイヤーといわれる所以である。このような業界では、「持たざる経営」をとったほうが賢明である。大型の汎用設備を構え、自前ですべての製造装置や人員を抱えたのでは、いつ危機に陥るとも限らない。したがって努めて軽装備の体質を作り上げてきた。アウトソーシングや戦略提携によって、他社の力を活用し、持たざる経営を進めてきたため、必然的に左のBSになるのである。

エンタテインメント産業も、コンピュータ・ソフト産業と体質が似ている。大量の設備を必要とするわけではない。また有為転変の激しさという面で、戦略部品メーカーと環境が似ている。エンタテインメントは消費者の飽きるのが早く、盛者必衰の世界である。当然の結果として、エンタテインメント企業は左のBSを持つようになる。

金融業は業態によって異なる。貸出金が利益基盤であり、その額は多額に及ぶ。全体としての資金使用量が大きい（バランスシートが膨大である）。しかも資金源泉は、ほとんど負債に頼らざるを得ないので、自己資本より負債が大きい。

しかし、たとえば消費者金融業は短期貸付が中心なので、ほとんど流動資産である。また街中にある営業店を思い浮かべていただくとわかるが、店舗は銀行などに比べて極めて安上がりにできている。店舗に資金をあまりかけていない。無人機を多用し、今日では利用者がインターネットや携帯電話を使って簡単にアクセスできるようになっている。固定設備の類は極めて軽く、軽装備の体制ができ上がっている。

対照的に、右のようなBSを持っているのは、かつて日本経済を支えた重厚長大型企業である。鉄鋼業や繊維産業、化学品産業などはこれに近い（た

だし固定資産はこれほど極端に多くない)。典型的にはNTTや電力、ガス、鉄道のようなインフラ産業が、右の顔をしている（面白いことに、NTTと比較すると、子会社のNTTドコモは左のBSの顔をしている)。

　こうしていろいろな産業を俯瞰してみると、現在日本の産業構造の変化がよくわかる。現時点で収益性が高いのは、左のBSを持った企業群である。それは日本経済の重心が、右のBSの企業から、明らかに左の企業群に移っていることを物語っている。

　〈図表3-5〉はNTTの比例縮尺連結財務諸表である[5]。NTTの総資産の40％ほどが有形固定資産である。現有設備の累積初期投資額（BS上有形固定資産プラス減価償却累計額）は38兆円を超え、壮大なインフラ産業といえる。

5　なお、現預金等には、短期保有の有価証券（売買目的有価証券）が含まれている。

〈図表 3 - 5 〉 日本電信電話の連結財務諸表（米国基準2023年 3 月期）

（単位：十億円）

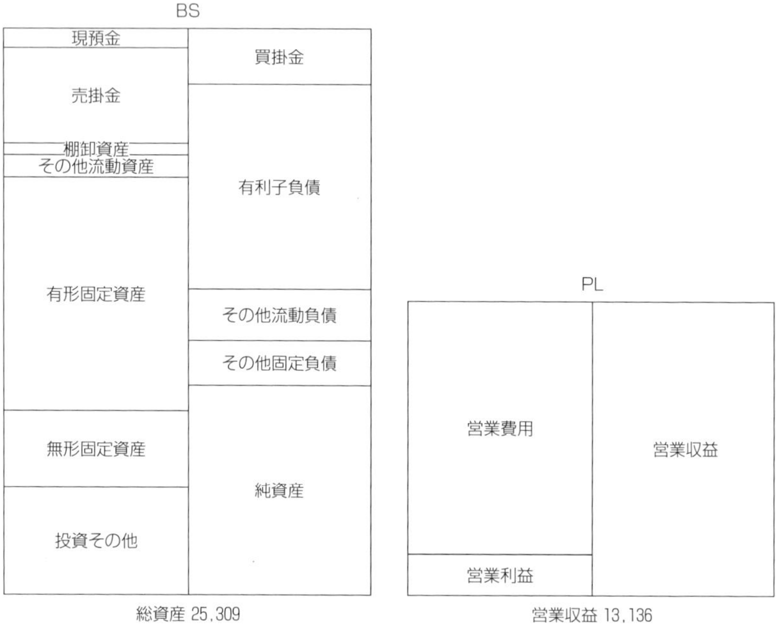

BS

現預金	買掛金
売掛金	
棚卸資産	有利子負債
その他流動資産	
有形固定資産	その他流動負債
	その他固定負債
無形固定資産	純資産
投資その他	

総資産 25,309

PL

| 営業費用 | 営業収益 |
| 営業利益 | |

営業収益 13,136

● 演習問題〔3〕BS（その②）

【設　問】

次のような BS を持つ企業または業界を、それぞれ挙げよ。

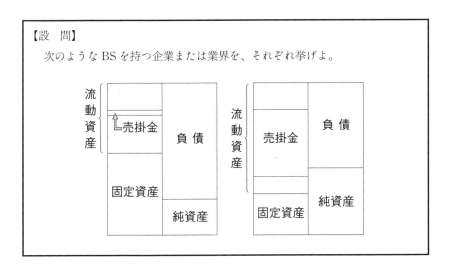

　この問題は「売掛金（売上債権）」にフォーカスを当てている。売掛金とは商品の売上に伴う得意先に対する債権である。左の企業は売掛金がほとんどない企業である。反対に、右の企業は売掛金額が使用資産の中で、抜きん出て一番多い企業である。これがビジネス展開の中で、最も資金を食うような業態である。つまり得意先に対する販売金融が、事業の生命線となるような企業のバランスシートが右である。

　売掛金がほとんど発生しない業種とは、裏返せば「現金商売」の業種のことである。現金商売をしている業種といえば、小売業のほとんどがこれに当たる（クレジット・カード決済については、短い期間の売掛金が生じる）。外食産業などのチェーン企業もこのかたちをしている。

　さらに左のバランスシートは、固定資産が比較的大きい。それに対応して負債が大きくなっている。「固定資産を大量に保有する小売業」といえば、たとえばかつてのダイエー、そして現在のショッピングモールなどが代表に

挙げられる。ダイエーは多額の負債ゆえに、結果として苦しむことになった。

　さて、問題は右のようなBSを持つ業種である。販売金融をビジネス・アイデンティティとする業種といえば、それは卸売業である。専門商社や総合商社などもこれに近い。卸売業の機能は、3つあるといわれている。それは物流機能、金融機能、情報機能の3つである（情報機能については、多くの商社が本当にその役割を果たしてきたかについて、否定的な意見が多いが）。メーカーから商品を仕入れて、地域あるいは全国の小売店に卸す過程で、比較的非力な小売店の資金繰りをサポートしてきたのが、卸売業や商社なので

〈図表3-6〉三菱食品の連結財務諸表（日本基準2023年3月期）

（単位：十億円）

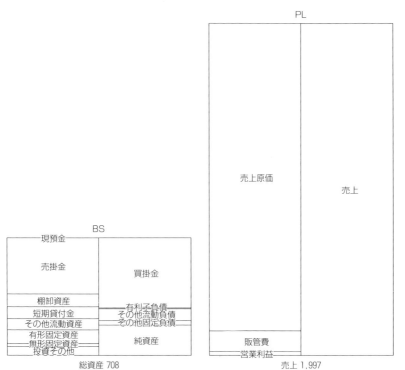

ある。それがBSにストレートに表現されている。商社を経営するには、多額の信用供与をする必要があり、それゆえ多額の資金を調達しなければならなかったのである（〈図表3-6〉三菱食品を参照）。

● 演習問題〔4〕BS（その③）

【設　問】

次のようなBSを持つ企業または業界を、それぞれ挙げよ。

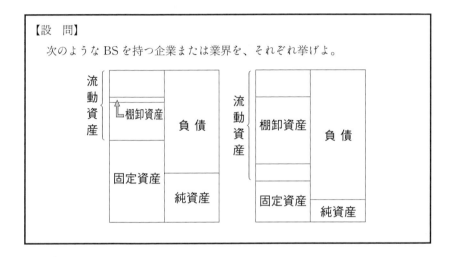

次は、棚卸資産に注目したBSの問題である。

棚卸資産とは、在庫のことである。小売業や卸売業では、在庫とはほとんど商品がすべてである。少し細かいことをいえば、包装資材や宣伝パンフなどをストックしている場合、これも在庫となる（貯蔵品と呼ばれる）。また製造業には原材料や製品のほかに、生産ラインに乗っている製造途中の在庫もある。たとえば自動車の生産ラインに乗っている組み立て中の未完成車は、「仕掛品」と呼ばれる。これも在庫である。

コンピュータ・ソフト会社で、クライアントから受注したソフトを開発している途中で、すでにかかった累積コストが集計される。そのコスト累計は、

開発されたソフトが顧客に納入された時点で「売上原価」として、売上と対比する形で損益計算書に載せられ、利益が計算される段取りとなる。この開発中のコスト累計も、ソフト会社においては「仕掛品」である。同様に建設業においても、工事途上のプロジェクトに集計されたコスト累計は仕掛品（未成工事支出金と呼ばれる）であり、一種の在庫である。

　さて演習問題に戻ると、左のBSは在庫をほとんど持たない企業のものである。対照的に、右は保有資産の中で在庫金額が最も大きい企業のBSである。こんなBSを持った企業や業種を、どれだけ頭の中にイメージすることができるだろうか？

　「在庫がない」企業といえば、まず筆頭で上げられるのがサービス業である。当たり前だが、運送業や警備保障会社などのようなサービス企業には、ほとんど在庫はない（物品販売事業を兼ね備えているときは、当然持っている）。外食産業などは、わずかに食材などがストックされるだけで、在庫が多いわけではない。

　スーパーマーケットやGMSなどの小売業も、在庫は決して多くない。とくに食品スーパーなどは、生鮮品が中心となるため、長期間ストックするわけにはいかない。鮮度を上げるために、少ないストックで回転を早めることが、小売業の使命である。

　同じ小売業の中で、百貨店はどうだろうか。百貨店には多種多様な在庫が並べられており、在庫が多いように見える。ところが百貨店のもともとの事業コンセプトは「場所貸し業」である。現在では、リスク・マーチャンダイジングといって、メーカーに発注した在庫を買い取り、販売リスクをとる百貨店も一部にはある。しかし百貨店の店頭に並んでいるほとんどの在庫は、納入したメーカーや商社の在庫であり、百貨店は商品を預かっているに過ぎない。百貨店のものではなく、預かり品に過ぎない。したがって一見、在庫を多量に持っているように見えても、財務諸表上では在庫が少ない。

　在庫の少ないメーカーで有名な企業といえば、何といってもトヨタ自動車

だろう。トヨタのカンバン方式は、部品在庫を極力少なくしたスリムな生産システムの象徴である。部品や材料のストック量は、1日分を大きく下回る。生産ライン上の仕掛在庫もわずかな日数分しかない。基本的に受注生産なので、製品在庫も少ない（ただし海外販売が好調な時期には、積極的に製品在庫を積み増すことがあり、その場合製品在庫は多額に及ぶ）。

さて問題は右のBSである。

これがわかる人は少ないかもしれない。多額の在庫を抱える業種の典型といえば、不動産業やゼネコンである。たとえばマンションのデベロッパーは、土地を仕入れて、建設し販売に至るまでに1年半から2年という時間を要する。したがってマンションを建設・販売している企業の在庫は、1年から2年分の売上に相当する金額に達する。長期工事を手がけるゼネコンも同様である。

〈図表3-7〉は主に戸建住宅を設計・施工・分譲する積水ハウスの比例縮尺財務諸表（連結）である。積水ハウスの棚卸資産回転期間は、売上原価換算で200日を超える。

〈図表 3 − 7〉 積水ハウスの連結財務諸表（日本基準2023年 1 月期）

（単位：十億円）

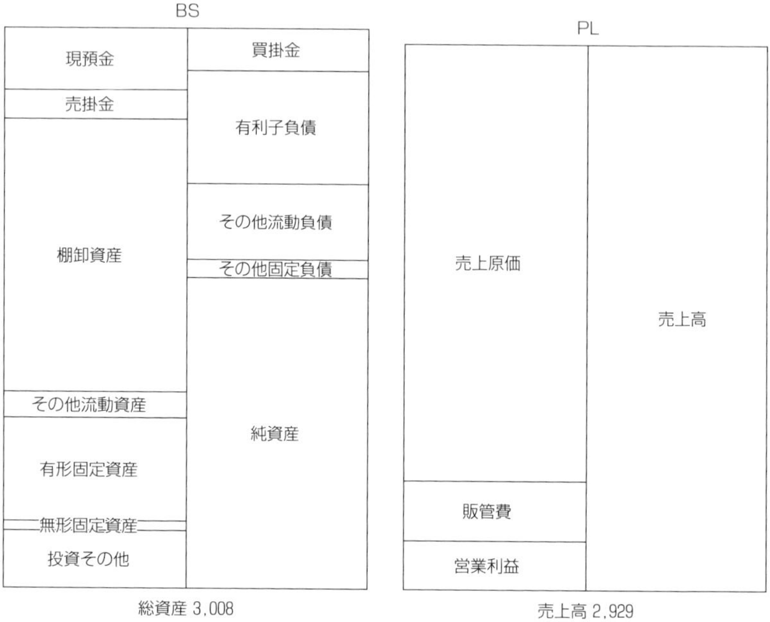

BS

現預金	買掛金
売掛金	有利子負債
棚卸資産	その他流動負債
	その他固定負債
その他流動資産	純資産
有形固定資産	
無形固定資産	
投資その他	

総資産 3,008

PL

売上原価	売上高
販管費	
営業利益	

売上高 2,929

◉ 演習問題〔5〕PL（その②）

最後にもう1つ、PLの問題を出そう。

【設　問】
　次のような PL を持つ企業または業界を、それぞれ挙げよ。

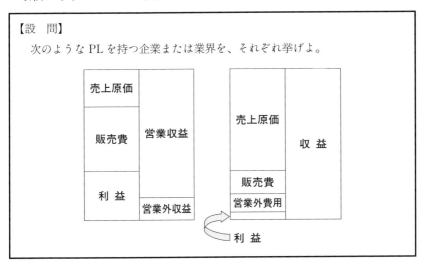

　ここでPLの構成について、少し説明を加えよう（ただし下記の説明はいずれも日本基準の話である。当然、米国基準または国際会計基準を採用していれば表示方法も変わるので、注意が必要である）。

　「収益」という言葉は、売上より大きな概念である。企業に入ってくる収益には、企業の本業である商品やサービスを売って得られる売上のほかにも、さまざまなものがある。たとえば銀行預金には利息がつく（受取利息と呼ぶ）。他企業の株式を持っていれば、配当金も振り込まれてくる（受取配当金）。株を売って得た利益もある（有価証券売却益）。工場の生産工程で派生した屑鉄をまとめて屑鉄業者に売れば、雑収入が生まれる。こういう本業と直接関係ない収益をまとめて、「営業外収益」と呼ぶ。

　収益を獲得するために要する費用のほうも、売上原価、販売費及び一般管理費、営業外費用に大きく分類される。

売上原価とは、売上に対応する商品コストのことである。たとえば製造業では、売った製品を製造するのに費やされた原価すべてが売上原価となる。小売業や卸売業では、売った商品の仕入原価がこれに当たる。

　製造業や小売業において、製品や商品を販売するときに生じるコストは、「モノ」の製造原価や仕入原価だけではない。営業マンの人件費やその他営業に必要な費用（販促費や広告宣伝費、交際費など）がかかる。さらに物流費があり、企業活動を支える管理コスト（たとえば人事部や総務部、経理部のコスト）もかかる。これらのコストは「販売費及び一般管理費（略して販管費）」にグルーピングされる。研究開発費も、ここに含められる。

　さらに販売や管理活動以外の、主たる営業活動外のコストも発生する。それが営業外費用である。主なものは金融費用（支払利息、社債利息、手形割引料など）や有価証券売却損、為替差損などである。これらを差し引きして「経常利益（または経常損失）」が計算される（日本基準のみ）。

　加えて、経常的な原価や費用以外にも、臨時的に、あるいは異常事態から出てくる利益や損失もある。たとえばリストラを行った時などに、営業所や工場の土地建物を売却して、売却益や売却損失が出る場合がある。またそういう状況では、事業撤退による損失や、子会社を整理した場合の清算による損失が出ることもある。地震で工場などが倒壊し、修復のための特別な支出を余儀なくされる場合もある。これらの損益は、通常はありえない特別の事態によるものということで、「特別利益」「特別損失」（日本基準のみ）という項目でくくられる。損益計算書では、経常利益の下に表示され、特別損益を差し引きして「税金等調整前当期純利益」が計算される。ここからさらに法人税などが差し引かれて「当期純利益」が導かれる[6]。

　さて、演習問題〔5〕に戻ると、左のPLは収益に対して、モノのコストが少なく、一方で販売費及び一般管理費の占めるウェイトが高い。また営業

6　連結損益計算書において、当期純利益とは親会社株主および非支配株主の両者に帰属する利益合計を表している。当期純利益より下は、「非支配株主に帰属する当期純利益」を当期純利益から控除して「親会社株主に帰属する当期純利益」を表示する。

外収益が比較的大きいのも特徴である。

　それに対して右のPLは、収益に占めるモノのコストが大きく、また営業外費用が大きい。利益も少ない。

　こんなPLを持った企業は、それぞれどんな名前が思い浮かぶだろうか？

　右のPLの企業は、わかりやすいのではなかろうか。いわゆる従来型のモノづくりのメーカーや、薄利多売の流通業などがこれに該当する。利益額日本一のトヨタも含めて自動車や電機メーカーのPLはこのようなかたちをしている。売上総利益率（粗利率）は意外に低い。また相対的に設備投資がかさむので、その負債に対する支払利息が多く、営業外費用も膨らむ。これが付加価値の低さをさらに押し下げる。トヨタのトップが嘆息して言うように、今や単純な「モノづくりはあまり儲からない」のである。

　これに比べると左のPLでは、収益を稼いでいるのはモノのコストより、販管費である。モノを売っていながら、実はモノにはあまりコストがかからないような、そんな業種がこれに該当する。その代表は製薬業である。あるいは化粧品などの製造販売業もこれに近い。前にも述べたように、薬の姿形は小さいが、付加価値は高い。製薬業は「薬九層倍」といって、昔から利益率が高い事業の代名詞である。

　製薬業はモノを売るというより、研究技術を売っているといったほうがより適切であろう。したがってモノの製造原価が安いのは、むしろ当然なのである。販管費に含まれる研究開発費が多額に上ることが、技術を売る業態をよく表現している。

　〈図表3-8〉は日本の製薬企業で売上高2位であるアステラス製薬（以下、アステラス）の連結財務諸表である。売上高トップは武田薬品工業であるが、2023年12月現在の時価総額トップは中外製薬となっている。アステラスは2005年4月に山之内製薬と藤沢薬品の合併により誕生した会社である。1990年代より、欧米の製薬会社は規模の拡大や研究開発費の増加を目的に、大型M&Aを積極的に行っていったが、日本企業の業界再編は2000年以降に本格

<図表3−8〉 アステラス製薬の比例縮尺連結財務諸表 （IFRS、2023年3月期）

（単位：十億円）

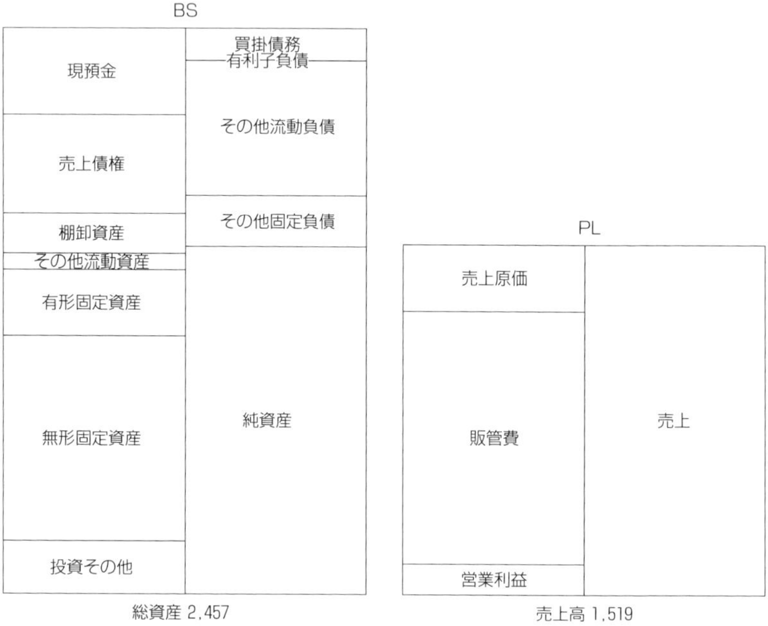

BS

現預金	買掛債務
	有利子負債
	その他流動負債
売上債権	
棚卸資産	その他固定負債
その他流動資産	
有形固定資産	純資産
無形固定資産	
投資その他	

総資産 2,457

PL

売上原価	売上
販管費	
営業利益	

売上高 1,519

化していった。アステラスの特徴として、日本国内の業績が低調であるが、海外での売上が堅調に推移していることが挙げられる。2023年3月期決算においても、国内売上高はほぼ横ばいであったが、欧米やアジア地域の売上高は順調に成長している。国内での不調の原因は、日本政府が医療費削減のため、薬価引下げと後発医薬品を普及させる政策をとっているからである。PLを見ると、粗利率は80％を超え、研究開発費（販管費）は年間2,761億円（対売上比率約18％）を計上しているため、まさに左のPLのかたちをしていることがわかる[7]。

7　アステラスは2014年3月期よりIFRSを採用しているため、日本基準において研究開発費計上していた一部を「その他の無形資産」に計上している。その影響もあり、研究開発率は20％前後から16〜19％台に低下していることに注意が必要である。

化粧品のPLも製薬に似ている。化粧品の製造コストは、極めて低いといわれている。しかし化粧品会社が売っているのは、モノというより「夢」といったほうが正しい。化粧品が醸し出す消費者の夢を膨らませるのはモノ自体ではなく、タレントを使った広告であり、店頭での店員によるきめ細かい販促活動である。つまり広告宣伝費や販促費といったマーケティング・コストがかかる。PLが表現するように、モノのコストは少なくても販管費がかさむ事業なのである。

　現代では、「モノを売っているというより、夢を売っている」企業が少なくない。こういう企業はハードを売っているような顔をして、実はソフトを売っている企業である。たとえばユニクロのようなファッション企業も、どちらかといえば左のようなPLを持っている。カツラを売っている企業も、エビアンのような飲料水を売っている企業（実はイメージを売っている）も同じである。カツラも水も製造コストはたかが知れている。しかしマーケティングには多額のお金をかけているので、販管費のほうが大きいのである。

　ソフト企業は、相対的に売上高利益率が高い。しかも設備投資が相対的に小さい。したがって利益の蓄積が進みやすい。利益が預金や有価証券などの資金蓄積につながると、営業外収益が大きくなる。それが左のPLを持つ企業の実態であり、現代の日本でときめいている企業群である。

◉ 戦略立案に役立てる

　5つの演習問題をやってきて、簡単な要約財務諸表から、現代の企業の体質が大づかみできることがおわかりいただけただろうか。

　BSには在庫や売掛金や設備など、企業が投下した資産が載っている。またその資産投資をするために、集めた資金の調達源泉（負債や自己資本）が載っている（ストックのリスト）。損益計算書には、収益とそれを獲得するために費やした費用がリストアップされている（儲けの構造）。

　これらの資産や費用は、経営活動の遂行に必要な経営資源を獲得するため

に投じられたものである。収益を得るために必要な、ヒト・モノ・カネ・情報といった経営資源を獲得するために投じられたお金である。つまりBSとPLは、企業が投じた経営資源の配分・調達と、その結果獲得した成果を、総合的かつコンパクトに要約して表示している。

マネジメントとは、「最小の犠牲のもとで最大の成果」を求める活動である。資源の配分（払われた犠牲）は、経営者の考え方や業界慣習によって決められる。資源配分と成果獲得の状況を読むことは、その企業がどのような戦略を遂行し、結果につなげたかを読むことにほかならない。

次章以降でみていくように、財務諸表を他企業と比較したり、時系列で観察したりすると、さらにもっと多くのことがわかる。

「その企業の戦略展開は、成功か、失敗か？」

「ベクトルはどちらを向いているか？　上昇か下降か？」

「成功の秘訣は何か？　問題があるとすればどこか？」

「他社と比べて強みは何か？　弱みは何か？」

「全体としてバランスの取れた経営展開をしているか？」

「より成功している企業を超えるためには、どんな点の改善が必要か？」

「弱体化した経営体質を立て直すには、どこをどれくらい改善したらいいか？」

「改善のスピードは？」…etc

こんなメッセージやヒントを、BSとPLは教えてくれる。

何度も繰り返しになるが、財務諸表は企業全体の姿をコンパクトに表現している。企業を全体視することは、ディテールを見ていくより、重要なメッセージを送ってくれることが多い。企業の中で働いていると、自分の会社の全体像が見えないものである。「木を見て森を見ず」という現象が起こる。

筆者は頻繁に、企業インタビューに出かける。インタビューの際には、事前に公表資料をチェックして予習していくのが常である。財務諸表のかたちを頭の中に入れてから出かける。取締役クラスの人にインタビューしていると、時々面白い場面に出会う。役員が語る経営像が、財務諸表の姿と重なら

ないことがある。「公表されている財務データから見ると、そうはなっていませんね」と問い掛けると、相手はギョッとしたような顔をする。役員クラスの人でも、自分の会社の全体像を知らないということがあるのである。しかしこれでは困る。

　今日のようなビッグ・ビジネスになると、カバーしているテリトリーは広い。たくさんの人が協働して運営されている。いきおい自分に与えられた仕事に追われて、毎日を送りかねない。しかし企業規模が大きくなればなるほど、大局的に企業活動を全体視して、全体と自分の役割の整合性を考えていくような仕事をする必要がある。部分最適を追及した行動は、企業を矛盾に陥れる。特に管理職以上の人たちが、大局観を失うと企業の矛盾は一層深まる。

　福澤諭吉翁が説いた「聞見を博くして事物の有様を知る」とは、大局的に世界を見よというメッセージだった。常に大局にアンテナを張り、イマジネーションを磨くことが求められる。大局観をいつも失わないためにも、自分の会社とライバル企業の財務諸表くらいは、チェックを入れておきたいものである。

　ライバルというのは、何も今の同業ライバル企業に限るわけではない。これから新規参入しようとする業界の既存企業であることもある。また逆にこちらが攻め込まれる場合、潜在的な新規参入企業の力を分析することもある。もはや業界の垣根が、意味を持たない時代になった。将来の全面競争を想定して、参入を虎視眈々と狙っている相手企業の手の内をつかんでおくことも必要になってくる。財務諸表は競争者の強み・弱みを教えてくれる。

　こうした企業の体質や戦略分析を通じて、戦略立案や新規事業のビジネスプランに会計情報を役立てることができる。これが会計の役割であり、経営管理者に求められる会計リテラシーの最も重要な部分なのである（〈図表3-9〉参照）。

〈図表 3-9〉ビジネスパーソンにとって会計の役割とは？

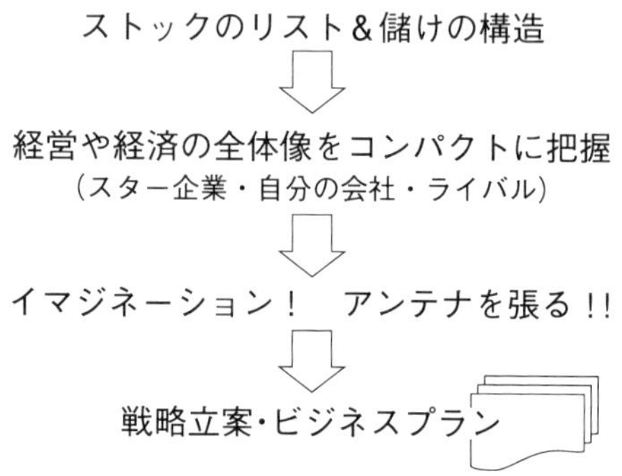

ストックのリスト＆儲けの構造

経営や経済の全体像をコンパクトに把握
（スター企業・自分の会社・ライバル）

イマジネーション！　アンテナを張る!!

戦略立案・ビジネスプラン

コラム 経営指標ランキング ・・・・・・・・・・・・・・・・・・・・・・・・・・・

　本章の〈図表 3-1〉～〈図表 3-3〉において、利益・損失額および利益率のランキングをみた。これ以外にも、会計にはさまざまな指標が存在する。それらをひとつひとつ覚える必要はまったくないが、競合他社比較などを行う際には、企業規模を基準化する必要があるため、指標を用いることが便利である。

　以下は、代表的な経営指標を東証プライム上場企業に絞ってランキングしたものである。みなさんの知っている企業はあるだろうか？　また、なぜその企業はその経営指標が高いのだろうか？　ビジネスモデルを想像しながら指標と結びつけることが重要である（業種分類はSPEEDAに準拠）。

① **連結子会社数**
　文字どおり、連結子会社の数のランキングである。
　子会社数1位はソニーグループ（以下、ソニー）だった。ソニーが多角化して稼いでいる話については第4章で触れるが、ソニーグループには金融子会社の「ソニーフィナンシャルグループ」、半導体イメージセンサーを製造する「ソニーセミコンダクタソリューションズ」などが含まれている。
　2位は野村ホールディングスである。証券業を行う「野村證券」、資産運

用を行う「野村アセットマネジメント」などが子会社に含まれる。ちなみに、「野村不動産ホールディングス」や「野村総合研究所」は持分法適用会社である。

　3位は総合商社の「三菱商事」である。総合商社の名のとおり、元来は貿易の仲介等を中心とした業態であったが、近年は海外を含めた事業への直接投資を中心としており、子会社数が増加傾向にある。資源等の川上の産業はもちろん、食品卸大手の「三菱食品」やコンビニエンスストアの「ローソン」などの川下の産業も傘下とし、サプライチェーン全体を見据えた事業を展開している。

順位	企　業	業　種	決算期	連結子会社数
1	ソニーグループ	総合電機	2023/03	1,597
2	野村ホールディングス	証券会社	2023/03	1,432
3	三菱商事	総合商社	2023/03	1,321
4	オリックス	総合リース	2023/03	999
5	日本電信電話	固定通信	2023/03	918
6	電通グループ	広告代理店	2022/12	881
7	豊田通商	総合商社	2023/03	775
8	日立製作所	システムインテグレーター	2023/03	696
9	NTTデータグループ	システムインテグレーター	2023/03	624
10	SBIホールディングス	ネット証券	2023/03	580

②　ROE（親会社株主に帰属する当期純利益÷自己資本×100）

　ROEは「Return On Equity」の略で、株主が拠出した資本に対してどれだけ利益というリターンを上げたかを示す指標である。ROEは、利益率・総資産回転率・財務レバレッジの3つの経営指標に分解することもできる。

　1位は、賃貸マンションの賃貸管理を行うレオパレス21であった。同社は2018年に発覚した施工不良問題により2020年に債務超過に陥っていたが、2022年6月に債務超過を解消した。計算上、債務超過を解消したばかりで分

母の自己資本が極めて小さいため、ROEが高くなった。

　2位は戦略コンサルティングやベンチャー投資を手がけるドリームインキュベータである。2023年1月に連結子会社であったペット保険の「アイペットホールディングス」を第一生命ホールディングスに売却し、184億円の売却益を手にしたことが利益を引き上げた。

　3位はVTuberのプロデュースをするANYCOLORであるが、第4章で詳しく触れる。

順位	企　業	業　　種	決算期	ROE
1	レオパレス21	賃貸アパート・マンション	2023/03	153.41
2	ドリームインキュベータ	ベンチャー・キャピタル	2023/03	74.00
3	ANYCOLOR	芸能プロダクション	2023/04	68.43
4	ノーリツ鋼機	音響機器	2022/12	66.87
5	日本通信	移動体通信	2023/03	62.31
6	ZOZO	専門Eコマース（B to C）	2023/03	60.10
7	川崎汽船	外航海運	2023/03	57.91
8	ジェイリース	リスク保証サービス	2023/03	57.16
9	キャリアリンク	人材派遣（事務・営業販売等）	2023/03	52.40
10	レーザーテック	半導体・液晶製造装置（前工程）	2023/06	50.76

　③　総資産回転率（売上高÷総資産）

　総資産回転率はいわば、「ビジネスのスピード」を表わす。一般的には、卸売業が高くなり、とくに商品の仕入から販売までの時間が短いような商品を扱うと、さらに数値が高まる傾向がある。

　1位は、主にメモリやシステムLSIを扱う半導体商社のトーメンデバイスであった。豊田通商の連結子会社であり、韓国サムスン電子製品の日本における販売代理店である。連結の1人当たり売上は22.3億円に達し、人の面でも持たざる経営を行っている。

　2位にはネット型のリユース事業を展開するマーケットエンタープライズ

であった。同社はCtoBtoCにより顧客への安心感を提供しつつ、販売店舗を持たないことで高いROEを生み出している。

　3位は玩具卸業界国内首位のハピネットであった。同社はバンダイナムコホールディングスの持分法適用会社であり、近年は一番くじやカプセルトイ、トレーディングカード等が好調である。

順位	企　業	業　種	決算期	総資産回転率
1	トーメンデバイス	電子部品・半導体商社	2023/03	3.73
2	マーケットエンタープライズ	中古用品店	2023/06	3.64
3	ハピネット	玩具卸	2023/03	3.42
4	シナネンホールディングス	燃料卸・販売	2023/03	3.32
5	三愛オブリ	燃料卸・販売	2023/03	3.25
6	JPMC	賃貸アパート・マンション	2022/12	3.18
7	G-7ホールディングス	ディスカウントストア	2023/03	3.18
8	あらた	日用品卸	2023/03	3.17
9	ビーウィズ	カスタマーケアサービス	2023/05	3.10
10	シュッピン	専門Eコマース（BtoC）	2023/03	3.10

④　研究開発費比率（研究開発費÷売上高×100）

　売上高に占める研究開発費が大きな会社のランキングである。研究開発費は将来の事業の種でもあり、中長期的な成長を占う指標として考えることもできる。業界としてはやはり製薬会社が多くランクインしている。

　1位のそーせいグループは、1990年創業の創薬バイオベンチャーで、研究開発費比率は47.9％と群を抜いている。製薬業界では開発中の新薬候補をパイプラインと呼ぶが、同社のパイプラインでは、不眠症薬のダレドレキサントなど6つが公表されている。初期段階の研究に180人、開発商業化段階の研究開発に145人を抱える一方で、販売は製薬大手へのライセンス契約を主とし、研究開発に特化する体制となっている。

　2位のカプコンは、「バイオハザード」、「ストリートファイター」、「モン

スターハンター」などのヒット作を持つゲームソフト・メーカーである。近年、eスポーツやVRの市場がさらに伸びていくと予想されるなかで、国内ゲーム会社で最大規模の開発人材を要している。2023年3月期末現在の研究開発要員は従業員の73.8%を占めている。

3位の第一三共も製薬メーカーである。乳がん治療薬「エンハーツ」を他のがん種への治療にも適応症状を拡大させるなど、開発を進めている。

順位	企　業	業　種	決算期	研究開発費比率
1	そーせいグループ	バイオテクノロジー	2022/12	47.9
2	カプコン	家庭用・PCゲーム	2023/03	30.0
3	第一三共	医療用医薬品	2023/03	26.7
4	JCRファーマ	バイオテクノロジー	2023/03	25.6
5	ソシオネクスト	半導体（ファブレス）	2023/03	25.6
6	塩野義製薬	医療用医薬品	2023/03	24.0
7	生化学工業	医療用医薬品	2023/03	23.8
8	住友ファーマ	医療用医薬品	2023/03	23.7
9	エーザイ	医療用医薬品	2023/03	23.2
10	科研製薬	医療用医薬品	2023/03	21.6

⑤　売上高増加率（（当期売上高÷前期売上高－1）×100)

いま成長している会社をランキングした。

1位のフジは、もともと四国地方を中心に展開するスーパーマーケットチェーンであったが、2023年3月にイオングループで広島県を本拠とするマックスバリュ西日本と経営統合したことで売上が大幅に増加することとなった。現在はイオングループの子会社である。

2位には関西の大手私鉄の近畿日本鉄道を有する持株会社、近鉄グループホールディングスとなった。2022年、それまで持分法適用会社であった国際貨物を手掛ける「近鉄エクスプレス」をTOBにより完全子会社化したことで売上が大きく伸長した。

3位は居酒屋「磯丸水産」等を手掛けるSFPホールディングスとなった。同社は外食産業大手のクリエイト・レストランツ・ホールディングスの連結子会社である。コロナ禍からの回復や訪日客の増加により2.2倍の売上増加となった。

順位	企　業	業　種	決算期	売上高増加率
1	フジ	GMS	2023/02	144.6
2	近鉄グループホールディングス	鉄道	2023/03	125.7
3	SFPホールディングス	居酒屋・バー	2023/02	120.2
4	日本航空	航空輸送	2023/03	101.5
5	ヨシックスホールディングス	居酒屋・バー	2023/03	99.1
6	日本空港ビルデング	空港施設・航空関連サービス	2023/03	98.1
7	INPEX	石油・ガス開発	2022/12	86.8
8	SANKYO	アミューズメント機器	2023/03	85.4
9	プロトコーポレーション	特化型サイト	2023/03	83.8
10	霞ヶ関キャピタル	不動産投資	2023/08	79.4

┃第4章┃

実践財務諸表分析

　本章では、第3章までの分析方法を実践して、実際にたくさんの財務諸表に触れていこう。基本的な分析方法は、比例縮尺財務諸表から大きな数字に注目し、どのようなビジネスモデルか多くの仮説を立てることである。第3章では、主に1社の1期間分の比例縮尺BSとPLを分析したが、ここでは複数社比較や時系列分析をしていく。

　複数の企業を比べることは、財務諸表の特徴を際立たせるため、とても有効である。たとえば、同じ業界で同じようなビジネスを展開しているにもかかわらず、財務諸表のかたちが大きく異なる場合がある。逆に、まったく関係のない会社なのに、財務諸表のかたちが似ている会社もある。さらに、時系列にBS、PLを並べることによって、その業界を取り巻く外部環境の変化や経営者交代の影響などを読み解くこともできる。

　ここで、比例縮尺財務諸表を作って分析する際の注意点に触れておく。会社の規模が同程度であれば、そのまま金額ベースでボックスを作り比較すればよいが、規模が大きく異なる場合、小さな会社の項目が小さく見えづらくなってしまう。その際は、大きな会社のBSかPLのどちらか大きなほうに合わせて、小さな会社のBSまたはPLを拡大する。具体的には、本章の分析を参考にしてほしい[1]。

1　本章コラムにおいて、「2－D縦棒　積み上げ縦棒」を使用しているが、「2－D縦棒　100％積み上げ縦棒」を指定することにより、全体を100％とする構成比グラフを作成することも可能である。ただしこの場合、BSとPLの大きさも一緒になってしまう。

●【ケース①】外食企業 2 社比較

　外食とは、文字どおり外で食事を提供するビジネスであり、一般的に参入障壁は低い。レストラン・居酒屋などの「狭義の外食」と、コンビニ・惣菜などの「中食」を合わせた「広義の外食」の市場規模は、2019年時点で30兆円を超えていた。しかし、新型コロナウイルスの影響で大きな打撃を受け、狭義の外食市場は2021年に約35％も市場規模が縮小してしまった[2]。とくに、居酒屋業態や機内食などの売上減少が大きかった一方、テイクアウトは伸び、同時にウーバー・イーツや出前館などの配達サービスが普及した。

　ここでは、外食の中でも回転寿司の業界をみていこう。寿司店全体の市場規模は約1.5兆円（回転寿司は約7,000億円）で推移していたが、コロナの影響により2021年度は約1.2兆円と縮小した。回転寿司は1958年の「廻る元禄寿司」がはじまりといわれている。1980年頃からロードサイドを中心とした大型店の出現によって市場が拡大し、2000年以降は 1 皿100円の低価格チェーンの登場でさらに市場拡大を後押しした。2010年以降は競争が激化し成長が鈍化しているうえ、原材料である魚介類の価格高騰もあって市場環境は悪化している。このような環境下において、あえてセントラルキッチン（CK）を持たずに味で勝負するスシロー（運営会社はFOOD&LIFE COMPANIES）とサイドメニューに定評があるくら寿司の 2 社を分析する。

　〈図表 4 - 1 〉のPLを見ると、売上高の規模はスシローのほうが大きいことがわかる。店舗数は、スシローが1,123店舗（2023年 9 月現在、スシロー以外のグループ店舗を含む）、くら寿司が649店舗（2023年10月現在、海外店舗を含む）となっている。回転寿司の業界は、鮮度が命であるため原価率が高く、スシローの原価率は約50％、くら寿司の原価率は約45％で推移している。平均的な外食企業の原価率は約30％といわれているので、それと比較しても高いことがわかる。くら寿司はCKを持ち、生産を効率化している一方、

　2　公益財団法人 食の安全・安心財団「令和 3 年外食産業規模推計値について」。

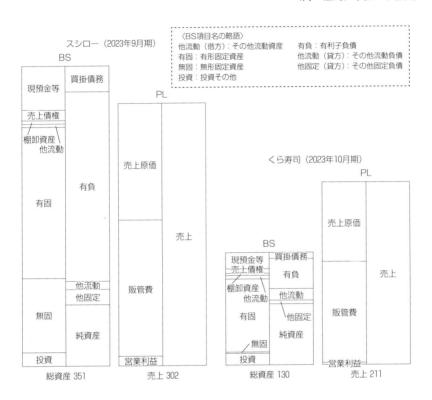

〈図表4−1〉 スシローとくら寿司のBSとPL

(同一縮尺、単位：十億円)

スシローはあえてCKを持たない戦略をとっている。CKを持たない場合、店舗オペレーションが煩雑になるだけでなく、廃棄も出やすくなる。廃棄分は原価に上乗せされ原価の押し上げ要因となるため、いかに廃棄をコントロールするかが重要になってくる。さらに、くら寿司はサイドメニューに力を入れている。一般的にサイドメニューは寿司よりも原価率が低いため、サイドメニューを充実させることにより粗利率を下支えすることが可能となる。販管費については、人件費の高騰により外食企業全体で上昇しているが、2社を比較すると、CKを持たずに店内調理をするスシローのほうが低くなっ

ている。一般的に、外食企業の販管費は賃料と店舗人件費が大きな割合を占めるため、スシローの店舗効率のよさが数字に表れていることが想像できる。2023年の決算説明会資料より、両社の国内事業における1店舗当たりの売上を計算すると、スシローが約3.2億円であるのに対し、くら寿司は約3億円だった。スシローは、CKを持たずに味にこだわったことによるコストが、客数や客単価の上昇というかたちで売上として回収できていることになる。

次にBSをみてみよう。外食はBtoCのビジネスであるため、売上債権が少ない。とくに、低価格チェーンはクレジットカードの利用率も低いため、なおさら売上債権が小さくなる。また、食品という腐りやすい材料を用いるため、棚卸資産も少ない。固定資産に注目すると、有形固定資産に店舗、CK、本社などの建物や土地が計上されている。また、もうひとつの特徴が、投資その他であり、このなかで大きいのが敷金及び保証金（スシロー）と長期貸付金（くら寿司）という勘定になっている。敷金は店舗を借りる際の預け金であるため、資産計上される。また、長期貸付金は建設協力金といわれるもので、これは「リースバック方式」で店舗を建てた場合に計上される。リースバック方式とは、企業が自前で建物を保有せず、地主に店舗を建設する資金を融資し、地主に店舗を建ててもらう方式である。この方式をとる場合、BSには有形固定資産の代わりに、長期貸付金や長期前払費用が計上される。

有形固定資産は、スシローのほうが大きい。このことから、どのような仮説が考えられるだろうか。先述したように、CKを持つ・持たないの選択は有形固定資産に影響する。また、外食企業で有形固定資産の中身を占めるのは、主に店舗である。店舗を保有するかどうかは企業の戦略以外に立地が関わる。一般的に、都市部はすでに存在する商業ビルなどにテナントとして出店する場合が多いのに対し、郊外型店舗では土地や建物を保有する場合が多いため、有形固定資産が膨らむ。2社の立地戦略をみると、当初は2社ともに郊外型の店舗が多かったが、近年は郊外が飽和しているため、サイズの小さな都市型店舗を増やしている。郊外ロードサイドは、人口減少と店舗の飽和によって過当競争の状態にあるといわれる。また、都市部の店舗は狭く賃

料が高いため、郊外店に比べて効率が悪そうに思われるが、ランチやディナーといった時間帯以外も客が入る分、効率がよい側面もある。現在、外食チェーンは次々と都心回帰をしている。2社ともに立地戦略はさほど変わらないとすると、何が有形固定資産の違いをもたらしているのだろうか。

　〈図表4-1〉の有形固定資産回転率（売上高÷有形固定資産）を調べると、スシローが1.73であるのに対し、くら寿司が2.5と大きく異なっている。この数字だけを比べるとくら寿司のほうが有形固定資産を有効活用しているようにみえるが、2019年で比較するとスシローが7.78、くら寿司が4.3であった。これは先述したスシローのほうが店舗当たり売上が高いという話とも整合的である。スシローのほうがはるかに有形固定資産が大きいのは、IFRSを採用していることにより、新しいリース会計基準（IFRS16号）が適用されているからである。この基準は2019年12月以降の決算期において適用されているため、2020年以降スシローの有形固定資産回転率は大幅に低下している。したがって、CKを持たずに店舗当たりの売上高が高いスシローのほうが資産効率はよい可能性が高い。

　次に無形固定資産について触れる。くら寿司には無形固定資産がほとんどないのに対し、スシローには大きなのれんが計上されている。スシローは、2008年に投資ファンドであるユニゾン・キャピタルに買収され上場廃止になった。その後、また別の投資ファンドであるペルミラにより設立された特別目的会社（SPC）がスシロー株を全株取得し同社を子会社化、その後合併を行い、会社の名前をスシローグローバルホールディングスに変更している。つまり、もとからあったスシローという会社をファンドが高値で買収した際ののれんが現在のスシローのBS無形固定資産に計上され、その資金調達のための有利子負債がBS貸方に計上されているというわけである。この手法はLBO（レバレッジド・バイアウト）と呼ばれ、買収対象企業の将来性を担保に借入れをするため、買収された会社が有利子負債の返済を行う。

●【ケース②】タレントマネジメント会社4社比較

　ここでは、歌手や芸能人のマネジメントや音楽関連の興行を主たる事業とする企業を分析する。タレントマネジメント会社のビジネスは、オーディシ

〈図表4-2〉エイベックス、アミューズ、UUUM、ANYCOLORのBSとPL
（BSで規模調整済み、単位：百万円）

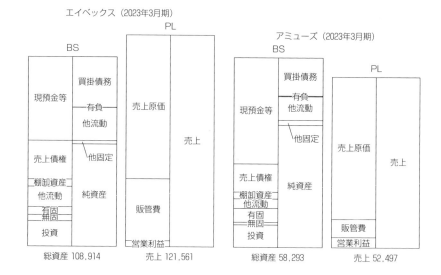

エイベックス（2023年3月期）

アミューズ（2023年3月期）

ョンや街頭スカウト活動によりタレントを発掘し、育成・プロモーションを行い、歌手であれば楽曲販売、チケット代などで儲け、俳優であればテレビ番組やCMへの出演料などが主な収益源となる。

　まずはエイベックスとアミューズを比較しよう。両社ともに歌手を中心とした音楽関連のタレントマネジメントを展開している企業に思えるが、PL

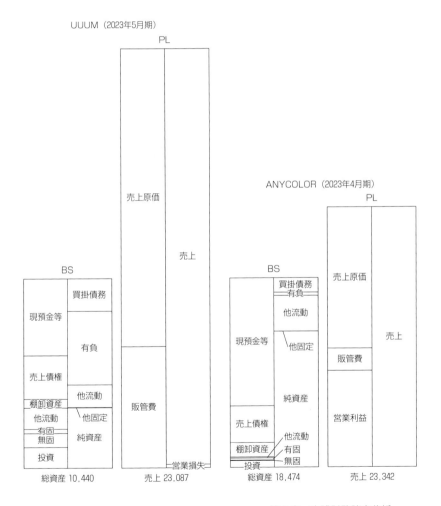

をみるとビジネスモデルは異なっていそうである。売上高はエイベックスが大きいのに対し、営業利益はほぼ同額となっていることから、利益効率がアミューズのほうが高そうである。BSはアミューズのほうが現金保有が大きい以外は似たようなかたちをしているが、エイベックスはコロナ前まで約460億円の有形固定資産を抱えていた。南青山の本社ビルであったが、コロナ禍の業績不振で売却したため、今は有形固定資産が軽くなっている。負債には、所属するアーティストに支払う報酬が流動負債（買掛債務・未払金）に計上され、アーティストに対する交渉力が強いほど大きくなると考えられる。

　エイベックスは、1988年にレコード卸売業者として創業し、1990年に自社レーベルであるavex traxを創設した。出身アーティストで有名なのは、浜崎あゆみ、安室奈美恵、EXILEなどである。音楽事業が強く、売上構成比で約75％を占める。直近のセグメント区分では、「音楽」「アニメ・映像」「デジタル」「海外」と分類されているためわかりづらいが、2017年3月期までは「音楽」「マネジメント/ライブ」「映像」の3セグメントで売上高は3分の1ずつという事業構成だった。現在のセグメント区分における「音楽事業」は、CD販売とマネジメント/ライブが合計されている。市場環境では、CD等のパッケージ販売が激減しており、エイベックスはその影響を強く受けた。一方、ライブは新型コロナ前まで好調であったため、CD販売の減少とライブの増加が同一セグメント内で相殺されている可能性が高い。

　一方のアミューズは、1977年に個人の芸能プロダクションとしてスタートし、翌78年にサザンオールスターズを輩出していることで有名である。現在のアーティストでは、福山雅治、星野源、吉高由里子などが所属している。ライブなどのイベント収入とグッズ販売・ファンクラブ会員収入、新譜の印税収入等（アーティストマネジメント事業）が収益全体の約80～90％、旧譜の印税収入（コンテンツ事業）は収益全体の数％程度だった（2020年3月期現在のセグメント区分による）。エイベックスと異なりCD販売は手掛けておらず、パッケージ販売減少の影響はさほど受けないビジネスモデルである。

アミューズの原価率が高いのは、このタレントマネジメントの売上が大きいことに起因している。営業収入（売上高）に対して、タレントに支払う人件費が営業原価となり、それ以外のコストはほとんどかからない。この2社のビジネスモデルの違いが利益効率の違いとなって表れている。

　2社とも音楽を中心としたライブからの収益が大きいため、コロナの影響を大きく受けた。一般財団法人コンサートプロモーターズ協会によると、2020年1～12月のライブ産業は総公演数が前年比66.6％減、総売上額は前年比78.7％と大きく落ち込んだ。〈図表4-3〉はコロナ前後の売上高および営業利益の推移を図示したものである。エイベックスの音楽事業のセグメント利益は約50％減、アミューズのイベント関連事業のセグメント利益は57.5％減少した。〈図表4-3〉において、アミューズのほうがマイナスの影響が小さくみえるのは、音楽・映像事業の売上が約50％増加してイベント関連の売上減少を補ったからである。これは、2020年末に紅白初出場を果たしたBABYMETALのライブBDや、ドラマのBDが好調だったことによる。

　一方、コロナ禍の外出自粛によって伸びたのが、UUUMとANYCOLORである。有価証券報告書の「事業の内容」によると、UUUMはYouTuber（クリエイター）のコンテンツ制作や動画視聴者増加につながるサポートを行う会社であり、HIKAKINやはじめしゃちょーなどの有名YouTuberが所属している。ANYCOLORはVTuberのライブストリーミングによる双方向のコミュニケーションを通じてファンコミュニティを盛り上げる会社と記載されている。VTuberとはVirtual YouTuberの略であり、ライバーと呼ばれる実際の人間をモーションキャプチャー技術でバーチャルキャラクター（アニメキャラクター）に置き換えたものである。つまり、人間とアニメキャラクターを足して2で割ったような存在である。両社ともに、YouTuberをサポートする会社という意味では、動画視聴者数（ファン）の増加が重要であり、似たようなビジネスモデルにみえる。しかし、この2社はコロナが落ち着いた2023年現在、明暗が分かれている。

　UUUMは、YouTuberが動画を配信し、その視聴回数に応じて支払われ

〈図表 4 - 3〉 4社の売上高・営業利益推移

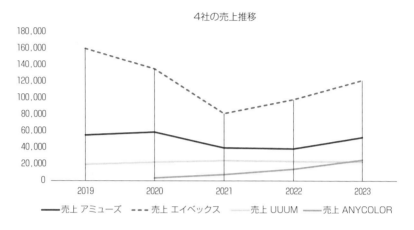

4社の売上推移

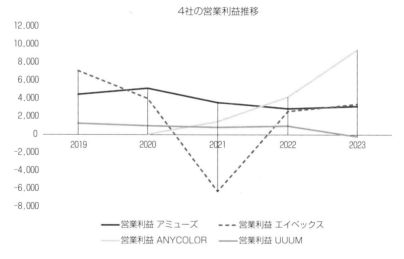

4社の営業利益推移

るアドセンス収入（広告料）と企業とのタイアップ（企業案件とも呼ばれる）で売上の9割近くを占める。つまり、広告に依存したビジネスモデルである。一方、ANYCOLORはコマースとライブストリーミングで売上の半分以上を稼ぐ。コマースはVTuber関連のグッズやボイスコンテンツ等の販売

から得られるものであり、ライブストリーミングは単にアドセンス収入だけでなく、Super Chat（投げ銭）やYouTubeメンバーシップからの収入も含む。Super Chatなどは、動画収益の増加だけでなく、視聴者とVTuberとのコミュニケーションを促す効果もある。

　つまり、HIKAKINなどの圧倒的な登録者数を誇るYouTuberが多くの再生回数を稼ぐことによるアドセンス収入とタイアップ広告で稼ぐのがUUUMであるのに対し、ライブでのコミュニケーションからファンとの距離を縮め、コマースで稼ぐのがANYCOLORということになる。

　ではPLをみていこう。UUUMの原価率がANYCOLORと比べて高い。売上原価で大きいのがYouTuberあるいはVTuberに支払うレベニューシェアであるため、この割合がUUUMのほうが高いと推察できる。UUUMはアドセンス収入の80％をクリエイターに支払うと明記しているため、アドセンスの原価率は少なくとも80％はかかるということになる。PL全体で原価率が70％程度に下がっているのは、おそらくタイアップ広告のレベニューシェアでUUUM側が多めに受け取っているからだろう。

　ANYCOLORのレベニューシェアは開示されていないが、デジタルボイス売上に関しては、プラットフォーム手数料控除後のネット売上の50％と公表されている[3]。このことから、レベニューシェアの低さがANYCOLORの原価率の低さとなって表れている。近年、人気YouTuberのUUUM離れがニュースになっているが、それはYouTuberがUUUMのサポートなしでも活動できるとの証左であり、YouTuberを引き留めるためにはそれなりのシェアを渡す必要があるのだろう。一方のANYCOLORはVTuberのコンセプトなどを自社で作り著作権を保有しているため、会社の交渉力が強い。それがレベニューシェアの低さになって表れている。さらに、ANYCOLORのコマースで稼ぐビジネスモデルが原価率を引き下げる要因になっている。YouTube上でのアドセンス収入はプラットフォーム手数料が約30％であるのに対し、ボイス・グッズ販売の手数料はわずか3.6％となっている。

3　https://www.anycolor.co.jp/news/1116

ANYCOLORは売上高の50％超をコマースで稼ぐため、それが企業全体の原価率を引き下げている。

　今後の2社の展望はどうだろうか。ファンや視聴者は、特定のYouTuberやVTuberを視聴したくて動画を閲覧したりグッズを購入したりする。先述したように、UUUM側がYouTuberに対して交渉力が弱いと、稼げるYouTuberほど会社から離れるだろう。一方、ANYCOLORのVTuberのリテンション率は97％と高い[4]。それはVTuberというIPを会社側が保有していることが大きい。また、人気動画コンテンツの流行り廃りという業界の環境変化も激しい。UUUMの2023年5月期の業績発表によると、売上高は前年比2.1％減の230億8,700万円で、初の営業赤字となる1億9,500万円の損失となった。原因の1つは、ショート動画の急速な普及によって通常動画の再生数が伸びないことにあるという。ショート動画からの広告収益は低いため、いかに再生数を稼いでも収益のカバーは難しいのである。このショート動画人気に火をつけたのが、中国のバイトダンスが運営するTikTokである。YouTubeも2020年9月にインドで初めてショート動画を公開し、2021年7月から日本でも「YouTubeショート」がスタートした。クリエイターマネジメントビジネスの裏で、プラットフォーム自体が激しい競争を繰り広げている。

⚫︎【ケース③】不動産3社比較

　次は、固定資産の重い装置産業3社をみていこう。実業は業界ごとの環境変化が激しく浮き沈みが大きいが、不動産業は相対的に安定しており、かつ利益率が高い。もちろん、バブル崩壊のような大きなショックを経験しているが、日本の不動産は世界的にみて未だ割安と考えられており、欧米やアジアからの投資マネーが日本の都市部の不動産に流れている（もちろん、為替

4　ANYCOLOR　2023年4月期通期決算説明資料

の影響も大きい)[5]。新型コロナによる不動産への影響は、業態別に大きな違いがあった。リモートワークの影響でオフィスを縮小する企業が多かった一方、巣ごもり需要を支えたネット通販の拡大で物流施設が好調だった。最も大きな打撃を受けたのがホテルで、とくにインバウンド向けに展開しているホテルが厳しかった。2023年に入りコロナは落ち着いたが、リモートワークの定着でオフィス賃貸事業は未だ回復せず、2023年11月の東京都心5区の空室率は6％を上回っているという[6]。大型物流施設はコロナ特需に陰りが見え、物流施設の空室率は上昇している。ホテルは復調が顕著で、米調査会社STRによると、2023年3月の客室稼働率は77.6％とコロナ禍前の水準に回復した。一方、コロナ禍と関係なく好調で価格が上がり続けているのが新築マンションである。不動産経済研究所によると、2023年上半期、首都圏の新築マンション平均価格は8,873万円と前年同期比36.3％上昇し、過去最高値を更新している。

〈図表4-4〉の財務諸表は、三菱地所・三井不動産・野村不動産HDを同一縮尺で並べている。各社ともにBSに比してPLが小さく、総資産回転率が低いビジネスとなっている。BSを見ると、三菱地所は有形固定資産が大きく、棚卸資産が小さい。三井不動産は有形固定資産が相対的に少なく、棚卸資産が大きい。野村不動産はさらに棚卸資産の割合が大きいことがわかる。この棚卸資産の中身は販売用不動産であり、販売用に仕入れた土地や、建設中の分譲住宅・マンション、販売目的の投資物件などが含まれている。三井不動産はディベロッパー事業のウェイトが相対的に高く、三菱地所は不動産賃貸業のウェイトが相対的に高い[7]。野村不動産は「プラウド」に代表される分譲マンション事業が稼ぎ頭となっている。

つまり、3社の収益はオフィスビル等を中心とした賃貸収入と、マンショ

5　日本経済新聞2023年12月28日朝刊。

6　https://www.miki-shoji.co.jp/rent/report/branch/21

7　ディベロッパー事業とは、マンション・オフィスビルや都市の企画・開発を行い、その売主や開発主体となる事業のことである。つまり、土地を仕入れて、そこに上物を建設し付加価値をつけ、利益を得るビジネスである。

〈図表 4 - 4 〉 三井不動産、三菱地所、および野村不動産HDのBSとPL

(同一縮尺、単位：十億円)

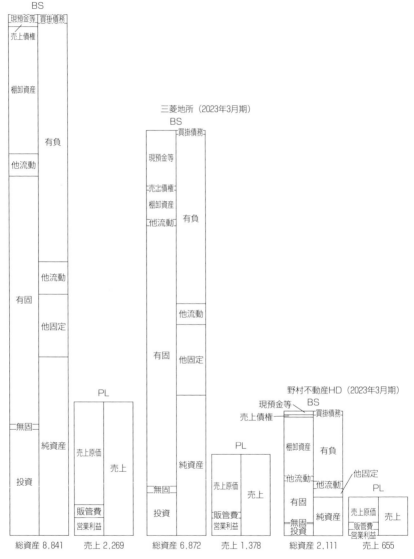

三井不動産（2023年3月期）
BS

三菱地所（2023年3月期）
BS

野村不動産HD（2023年3月期）
BS

総資産 8,841　売上 2,269　総資産 6,872　売上 1,378　総資産 2,111　売上 655

ン等を中心とした分譲収入から成り立っている。賃貸事業は、投下資金の回収に時間を要する反面、テナントを確保すれば毎年安定的な賃料収入を稼ぐことができる。一方、分譲事業は資金回収が早い反面、市況の影響を受けやすくリスクが大きいという特徴を持っている。投資額に対する短期のリターンで考えると、より長期にわたって回収する賃貸事業のほうが低く、分譲事業のほうが高くなる。各社の総資産回転率を調べると、分譲事業の多い会社から順番に、野村不動産HD（0.32）、三井不動産（0.27）、三菱地所（0.21）となっている。

　また、三菱地所の有形固定資産が大きくなる要因として、相対的に地価の高い場所に不動産を持っている点も挙げられる。三菱地所は「丸の内の大家」として知られ、東京丸の内のオフィスビル群で営業利益の約8割を稼ぐといわれている。対する三井不動産も、日本橋や六本木といった一等地にビルを保有するが、「ららぽーと」などの大型商業施設も展開している。野村不動産も駅前立地に特化した地域密着型商業施設である「GEMS」などを展開するが、規模・知名度ともに2社には及ばない。

　有形固定資産の中身をさらに細かく見ると、建物・建設仮勘定・土地というように分類される。さらに、建物は取得原価と減価償却累計額に細分化されるため、保有している建物がどれほど老朽化しているかがわかる。建設仮勘定は、いま建設中の建物であるため、いずれ有形固定資産に転化し将来収益を上げる資産となる。土地は取得したときの価格でBSに表示されるため、会計上注意が必要である。したがって、昔取得した土地等は大きく値上がりしていることが多く、巨額の含み益を抱えている可能性がある。有価証券報告書を見ると、3社とも賃貸不動産に関して簿価および不動産鑑定に基づく時価を開示しており、各社の含み益は2023年3月期時点で、三菱地所が約4兆6,339億円、三井不動産が約3兆2,626億円、野村不動産HDが約2,525億円にものぼる。

　2023年3月期決算を比較すると、各社ともコロナ禍からの回復で2期連続最終増益となった。セグメント情報から各社のポートフォリオを分析してみ

よう。三井不動産と三菱地所について、賃貸と分譲の営業利益をみると、三井不動産は直近5年で急速に分譲による営業利益が増加しているのに対し、三菱地所は賃貸収入主体で市況に合わせて分譲収入を得ながら事業拡大している。また、三井不動産は2021年に東京ドームを買収し、スタジアムやアリーナ経営への進出を模索しているといわれている[8]。一方の野村不動産HDは、住宅部門が売上高の約半分を占めている。さらに野村不動産HDの特徴として、住宅事業の在庫回転期間が早いことが挙げられる。たとえば、住友不動産が在庫1回転につき3.5年ほどかかるのに対し、野村不動産は1.7年となっている。これはどのようなことを意味しているのだろうか。おそらく、野村不動産は在庫を持つ時間を極力短くするため、値下げをしてでも短期的な売上を求める販売戦略をとる一方、住友不動産は値下げをせずにじっくりと販売する戦略をとっていると思われる。在庫回転が早いと投資回収も早まるため、金利負担が抑えられるというメリットがある。一方で、ここ最近は土地の仕入価格、人件費をはじめとするマンション建築費用が値上がりしている。つまり、在庫回転の速い野村不動産HDの仕入価格が上昇しているのである。仕入価格が上昇すると販売価格に転嫁せざるを得なくなり、売り切るために値引きをすれば、ますます利益が上がらなくなってしまう。人口が減少していく日本において、このままでは住宅需要の先細りは目に見えている。野村不動産HDも売上を住宅部門依存から少しずつ開発事業などに移行していく必要があるが、不動産のなかでも開発事業はとくに長い時間を要する。中長期的な収益の種をまきつつ、短期的な売上も確保していくというかじ取りが必要となっている。

---

8 https://toyokeizai.net/articles/-/392037?page=2

●【ケース④】 小売 2 社比較

　家電量販店のヤマダホールディングス（ヤマダ電機）と主に米国でGMS（General Merchandise Stores）を展開するCostco Wholesale（コストコ）を比較する。家電量販店は一般的に大規模な店舗を郊外に構え、専門性を持った店員が接客を行う。しかし近年、EC化が急速に進み、経済産業省「電子商取引に関する市場調査」によると、生活家電、AV機器、PC・周辺機器等のEC販売額は2021年で2.5兆円、EC化率38.13％となっている。小売全体のEC化率は8.78％であることから、家電のEC化率が高いことがわかる。家電量販店の店頭で説明を受けてから、価格の安いECサイトで購入する「ショールーミング」をする消費者も増えた。ヤマダ電機の売上高も、2011年3月期の2.15兆円をピークに減少し、直近では1.6兆円ほどとなっている。市場が縮小するなかで、ヤマダ電機は積極的にM&Aを行っている。ヤマダ電機が活路を見出したのが、住宅関連事業である。パナソニックが古くから住宅事業を展開するように、家電と住宅の親和性は高い。住宅を購入すると、家電の新規購入や買替えが必要になるからである。最近では、太陽光パネルや蓄電池を備えた省エネ住宅が増えてきており、家電と住宅でシナジーを発揮できる環境が整っている。

　ヤマダ電機は、2011年に住宅メーカーのエス・バイ・エル（現ヤマダホームズ）、2012年に住宅設備機器大手のハウステックホールディングス、2017年にリフォーム大手のナカヤマを買収した。また、2019年には大塚家具を買収し、住空間全般をワンストップで提案できる体制を整えようとしている。

　一方のコストコは、ただ単に食品を店舗で売るというだけでなく、会員からメンバーシップフィーを徴収するというビジネスモデルである。米国のスーパーは主に、ウォルマートに代表されるスーパーストアとコストコやBJ's Wholesaleのような会費制のウェアハウスクラブ（ホールセールクラブとも呼ぶ）に大別される。ちなみに、ウォルマートもサムズクラブという会員制

店舗を米国に約600店舗展開している。ウェアハウスクラブの特徴は、SKU
や商品ごとの購入ブランド数を抑えることで、サプライヤーからの仕入価格
を低くすることである。さらに、マージンを削減して低価格で販売するが、
会員費で回収する。

　では財務諸表を見ていこう。〈図表4-5〉は同一縮尺でヤマダ電機とコス
トコのBS・PLを並べている。両社ともにBSよりもPLのほうが大きく総資
産回転率が高いが、ヤマダ電機が1.26に対してコストコが3.64となっている。
ウォルマートの総資産回転率が約2.5であることから、コストコの資産効率
性がとても高いことがわかる。まさに、個人向け卸（ホールセール）なので、
財務諸表のかたちは第3章の三菱食品に近い。しかし、三菱食品と決定的に
違うのは、売上債権の大きさである。コストコはBtoCなので、売上債権が
小さい。原価率を比較すると、ヤマダが30％弱なのに対し、コストコは90％
近い。ほぼ商品を原価で売り、会員費で稼いでいることがわかる。一方、小
売で欠かせないのが、店舗運営にかかる賃借料・人件費・減価償却費・広告
宣伝費などの販管費であるが、ヤマダ電機が売上高の25％ほどであるのに対
してコストコはわずか9％となっている。コストコは原価で90％もかかって
いながら、営業利益率ではヤマダ電機を上回っている。店舗運営効率がとて
も高いのだろう。

　BSをみると、両社ともに売上債権は小さいが、単価が低くほぼ現金商売
に近いコストコがさらに小さい。棚卸資産については、生鮮品を扱うコスト
コのほうが小さくなるが、在庫回転期間は30日近くある。イトーヨーカ堂の
在庫回転期間は約22日となっていることから、同業と比べると在庫を大量に
持つことがわかる。一方のヤマダは、かつて在庫を35日ほどしか持っていな
かったが、直近で120日を超えている。住宅関連事業への多角化により、在
庫が膨らんでいるのである（第3章積水ハウスを参照）。有形固定資産をみ
ると、両社ともに店舗を持つためある程度の大きさがあるが、有形固定資産
の効率（売上高÷有形固定資産）はコストコのほうが高い。年次報告書
（Form 10-K）によると、コストコはほぼ土地を賃借、建物を自前で持って

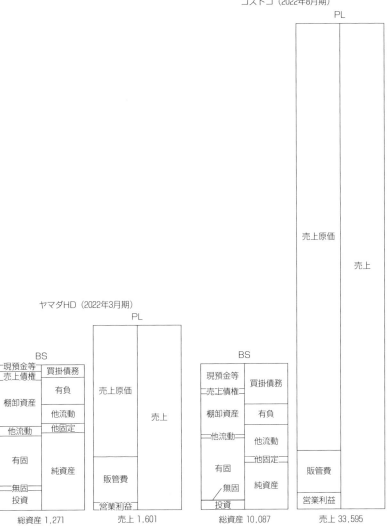

〈図表4-5〉 ヤマダ電機とコストコのBSとPL

（BSで規模調整、単位：十億円）

いるが、一方のヤマダ電機は一部土地も保有している。ヤマダ電機の投資その他は、投資有価証券および土地や店舗の賃借に伴う敷金・保証金が多くを占めている。

　負債をみると、コストコの買掛債務が大きく見える。しかし、コストコのほうが売上原価が大きいので、仕入債務回転期間で比較すると、両社ともに30日程度となっている。M&Aを積極的に行っているヤマダ電機の有利子負債が大きく、負債で資金調達を行っていることがわかる。借方にはM&Aに伴うのれんが計上されている。

●【ケース⑤】資格学校2社比較

　ここでは、公認会計士や税理士を目指す人たち向けの専門学校を取り上げる。矢野経済研究所によると、資格取得学校の市場規模は1,900億円程度と推計されており、トレンドとしては縮小傾向であったが、近年は回復基調にある。日本では、長期にわたる景気停滞によって安定志向が定着し、比較的簡単な資格や公務員を中心とする講座が活性化している。また、直近では新型コロナの影響により、テレワークや副業の拡大に伴って、WEBやプログラミングなどITスキル習得の講座や、映像編集に関する講座への関心が高まっている。

　教室通学型のTACは、公認会計士、税理士をはじめとして不動産鑑定士、社会保険労務士、証券アナリスト、情報処理技術者、米国公認会計士等の資格試験に対する受験指導を行っており、受講者数は個人・法人合わせて20万人を超える。事業内容は、個人教育事業、法人研修事業、出版事業、人材事業からなる。個人教育事業は、個人向けの通学および通信講座の受講料が収益となり、講師人件費、教材製作費、賃借料などが主な費用となる。法人研修事業は、企業や大学などに資格取得の研修を提供しているが、売上規模は個人教育事業の半分ほどにとどまる。出版事業は個人・法人事業での資格講座の教育コンテンツを活かし、さまざまな資格関連の書籍を出版している。

人材事業は、TACの100％子会社であるTACプロフェッションバンクにおいて、人材紹介・派遣事業およびインターネットによる求職・求人Webサイトの運営を展開している。TACでスキルアップした人材に対して多くのキャリアアップの機会を提供し、より有利な就職環境の支援を行っている。TACの人材ビジネスの強みは、資格取得を目指す20万人超の受講者とのコネクションである。

KIYOラーニング（KIYO）は、ITを用いて個人や企業での学習を効率化するクラウドサービスを展開している。主に個人向けのオンライン資格講座を「スタディング」事業、法人向けの社員教育クラウドサービスを「エアコース」と名付けている。「スタディング」は、スマホやタブレット、PC等で受講でき、ビジネスパーソンに人気がある資格を中心とした講座ラインナップを展開している（2023年12月現在、30講座以上）。

「スタディング」では、専用スタジオにより、テレビの情報番組のように図を多用した動画講座を制作することで、スマートフォンだけで受講でき、テキストを見なくてもわかりやすい動画講座を提供している。また、デジタル技術を活用し、コンテンツ制作、学習サービス提供、集客・販売といった一連のオペレーションを自動化・省力化することでローコストオペレーションを行い、従来の教室型資格取得スクールと比較し低価格で講座提供をしている。たとえば、2023年12月時点でスタディングの中小企業診断士ミニマムコース［2024年度試験対応］は、53,900円から受講可能となっている（TACではWeb通信講座でも20万円以上する）。

では、財務諸表をみていこう。両社の特徴として、負債の前受金が大きい。教育ビジネスは教室や教材をはじめとする初期投資が必要であるので、これをサービス提供前に受講生から先にお金で徴収する。前受金を受け取るおかげで資金繰りが楽になるのである。KIYOはTACに比べ、現預金が大きいが、KIYOはまだ上場して間もないため、IPOによる調達資金を投資に向けようと備えている状態である。KIYOはTACに比べ原価が小さいが、これは物理的な教室が必要ないことや、講師を外注しているからである。一方、

販管費は大きく、原価を抑えた分を広告に回している。教室がないため、認知度を高めるためにお金をかける必要があるのだろう。また、KIYOは買掛債務が大きいので、外注先に対して交渉力を持っているのかもしれない。無形固定資産には、Eラーニングのためのソフトウェアが含まれている。

　一方のTACは原価が重い。講師人件費、教室の賃借料・減価償却費などが含まれている。また、BS投資その他が大きく、教室の差入保証金や多角化による関連会社投資の影響と考えられる。TACの売上債権はKIYOよりもはるかに大きい。これは、単価が高いため、分割払いを認めている可能性や、出版・人材派遣などのBtoBビジネスを展開していることが影響しているのかもしれない。また、両社ともに棚卸資産が存在しているが、KIYOは各講座ごとのコンテンツ資産、TACは出版事業にかかる棚卸資産が計上さ

〈図表4−6〉TACとKIYOのBSとPL

(BSで規模調整、単位：百万円)

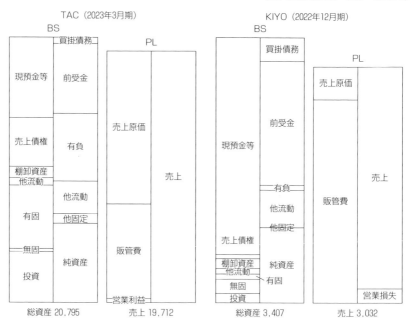

れている。

●【ケース⑥】任天堂時系列PL

　〈図表4-7〉は家庭用ゲームのハードおよびソフトを製造・販売する任天堂の財務諸表である。BSをみると、現預金が資産の半分以上を占める超キャッシュリッチ企業である。貸方をみると無借金かつ利益剰余金が巨額であり、過去積み上げてきた利益を現預金としてため込んできたことがわかる。基本、ゲーム機の製造は、中国やベトナムなどに製造委託しているため、有形固定資産も小さい。いわゆる製造工場を持たないファブレス企業である。PLをみても営業利益率が30％を超える超高収益企業であるが、近年の任天

〈図表4-7〉任天堂のBSとPL（2023年3月期）

（単位：十億円）

〈図表 4 - 8 〉 任天堂時系列 PL 推移

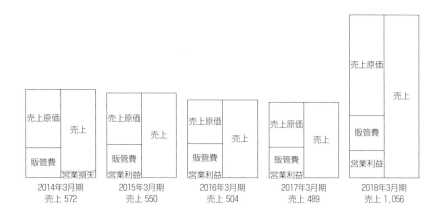

2014年3月期	2015年3月期	2016年3月期	2017年3月期	2018年3月期
売上 572	売上 550	売上 504	売上 489	売上 1,056

堂の好業績は2017年発売の Nintendo Switch（Switch）の影響が大きい。

　財務諸表は時系列で比較することにより、ビジネス環境の変化や企業の戦略の変化を読み解くことができる。〈図表 4 - 8 〉は、任天堂の2014年 3 月期から2023年 3 月期までの PL を並べたものである。Switch のヒットにより、2018年に売上高が 2 倍以上に急増していることがわかる。その後、コロナの巣ごもり需要もあり、2022年 3 月期の売上高は Switch 販売前の約3.5倍、営業利益は約20倍にまで急拡大した。かつての任天堂社長山内溥氏が「娯楽の世界は天国か地獄」と語ったとされるが、業績の乱高下はまさにそれを物語っている。

　興味深いのが、2014年からの利益率の推移である。2014年以降、売上高が下がっているのにもかかわらず、営業損失から営業利益に転じていることがわかる。通常、販管費は人件費などを含み固定費的な性格を持つため、売上

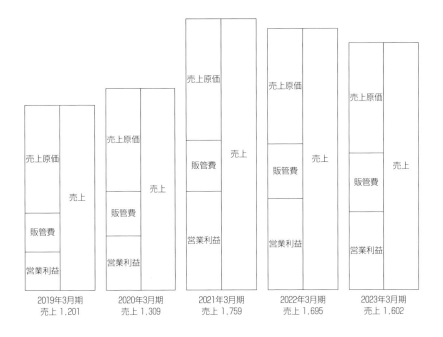

2019年3月期	2020年3月期	2021年3月期	2022年3月期	2023年3月期
売上 1,201	売上 1,309	売上 1,759	売上 1,695	売上 1,602

が減少するとリストラなどをしない限り、損失が拡大する場合が多い。任天堂は、欧州で若干リストラをしたことはあるものの、基本、業績が悪くてもリストラや研究開発費の削減はあまり行わない会社である。PLをみても、販管費は大きく減少していない。では、売上高が下がって利益が増加する原因は、原価率が下がる以外にない。実はこの時期、主力ハードのWiiUおよび3DSの販売台数が年々下がる一方、ソフトの売上本数が堅調に推移していたのである。ハードは単価が高いが利益率は低く、ソフトの利益率は高いといわれる。これは、ハードでユーザーの囲い込みができるため、その後ソフトで回収するというビジネス、いわゆる替え刃(ジレット)モデルが成り立つからである。

〈図表4-9〉 2016年ゲームソフト販売額ランキング

順位	機種	タイトル	メーカー	発売日	年間売上本数 (百万本)
1	3 DS	ポケットモンスター　サン・ムーン	ポケモン	11月18日	324.6
2	3 DS	妖怪ウォッチ3　スシ／テンプラ	レベルファイブ	7月16日	139.7
3	PS4	ファイナルファンタジー XV(PS4)	スクウェア・エニックス	11月29日	86
4	3 DS	スーパーマリオメーカー for ニンテンドー 3 DS	任天堂	12月1日	74.3
5	3 DS	ドラゴンクエストモンスターズ　ジョーカー3	スクウェア・エニックス	3月24日	62.3
6	3 DS	妖怪三国志	レベルファイブ	4月2日	56.3
7	3 DS	妖怪ウォッチ3　スキヤキ	レベルファイブ	12月15日	51
8	3 DS	星のカービィ　ロボボプラネット	任天堂	4月28日	48
9	WiiU	スプラトゥーン	任天堂	2015/ 5 /28	39.8
10	PSV	Minecraft：PlayStation Vita Edition	ソニー	2015/ 3 /19	39.8

http://gcompass.sp.land.to/rank/2016.html

　〈図表4-9〉は、2016年のソフト販売ランキングを示している。トップ10
のうち、8タイトルが任天堂ハード向けのソフトであることがわかる。次に、
〈図表4-10〉は、総売上高に占めるハードの売上比率と粗利率を四半期ごと
にとったものである。これをみると、ハード売上比率と粗利率が逆相関関係
を示していることがわかる。つまり、Switchの発売前、単価の高いハード
が売れずにトップライン（売上高）が下がったが、利益率の高いソフトが粗
利率を押し上げていたということである。

　その後、2018年以降のPL変化を見ると、さらに粗利率が向上しているこ
とがわかる。さまざまな要因がありそうだが、コロナの影響で巣ごもり消費
が活発となるとともに、ダウンロード販売やサブスクのNintendo Switch
Online会員が急増した[9]。ソフトはパッケージ販売よりもダウンロード販売
のほうがはるかに利益率が高い。パッケージングにかかる費用、卸・小売業
者に支払う費用がダウンロード販売ではかからないからである。また、任天
堂はマリオをはじめとする強力なIPを保有している。スマホゲーム、テー
マパーク、映画などの分野で自社IPを積極活用することも、粗利率の向上
に貢献する。

　9　デジタル売上高比率は、2017年3月の15.3％から2023年9月には50.2％にまで上昇
　　した。また、Nintendo Switch Online会員数は、2019年2月の800万人から2023年9
　　月には3,800万人に増加している。

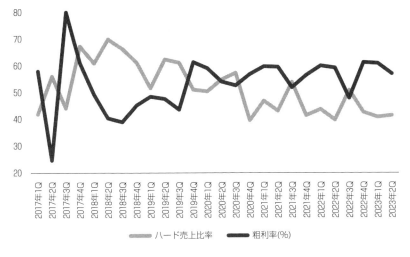

〈図表 4 -10〉 ハード売上比率と粗利率の四半期推移

ハード売上比率　　　粗利率(%)

（任天堂決算説明会資料より筆者作成）

●【ケース⑦】LINE ヤフー時系列 BS

　時系列 BS の変化として、LINE ヤフーを取り上げる。LINE ヤフーは1996
年 1 月に米国の Yahoo Corporation およびソフトバンクの合弁で誕生した。
インターネットの情報検索サービスからスタートし、1999年には BtoC の
Yahoo! ショッピング、CtoC の Yahoo! オークションなどのサービスを開始し、
2000年には 1 日当たりの総アクセス数が 1 億 PV を突破、2004年には10億
PV を突破するなど、まさに日本でのインターネットの普及を象徴するサイ
トに育った。

　〈図表 4 -11〉は2012年 3 月期における LINE ヤフーの財務諸表である。IT
業であるため、現金を除けば BS は軽い。貸方には利益剰余金、過去に積み
上げてきた利益が BS 借方の現預金として貯まっている。ビジネス遂行上、
必要なサーバーや PC などは有形固定資産に計上されているが、大きな建物

〈図表 4 -11〉 LINE ヤフーの BS と PL（2012年 3 月期）

（単位：百万円）

BS

買掛債務
有利子負債
その他流動負債
現預金等
売上債権
純資産
その他流動資産
有形固定資産
無形固定資産
投資その他

総資産 562,021

PL

売上原価
販管費
営業利益
売上高

売上高 302,088

や土地などは必要ないため、こちらも小さい。一方、広告は BtoB であるため、広告主に対する売上債権が 2 カ月近く計上されている。また、余剰資金を投資に回すため、投資有価証券もある程度存在している。この年、その他流動資産が大きく計上されているが、これは BB モバイル株式売却にかかる未収入金である。

　PL は、セグメント情報をみると広告を中心としたメディア事業と EC を中心としたコマース事業が売上の多くを占める。その売上を上げるためのコストはとても小さく、粗利率は約90％、販管費比率は35％、営業利益率は約55％近い。なお、販管費には米国 Yahoo に対するロイヤルティが計上されている。

　業績面では順風満帆だった LINE ヤフーであったが、2012年 4 月、16年間社長を務めた井上雅博氏から宮坂学氏に社長が交代することになった。宮坂

氏は当時44歳という若さでの社長就任である。社長交代の理由は、井上氏のスピード感の欠如やリスク回避志向にあったといわれている[10]。財務諸表をみるとわかるように、LINEヤフーは稼ぎ出す安定的なキャッシュを積極的に活用することができていなかった。社長に就任した宮坂氏は、「爆速経営」を打ち出し、社内の承認ステップを簡素化、失敗を恐れずに「まずはやる」という文化を浸透させていった[11]。折しも、宮坂氏の社長時代は日本でのスマホ普及期と重なることになり、LINEヤフーもPC向けからスマホ向けサービスの転換を余儀なくされた時代だった。

10　日経ビジネス2012年9月17日号。
11　https://internet.watch.impress.co.jp/docs/event/adtech2012/570166.html

〈図表 4-12〉 LINE ヤフーのセグメント売上高・利益・利益率の推移

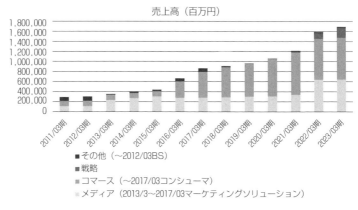

売上高（百万円）

- その他（～2012/03BS）
- 戦略
- コマース（～2017/03 コンシューマ）
- メディア（2013/3～2017/03 マーケティングソリューション）

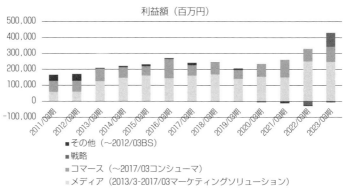

利益額（百万円）

- その他（～2012/03BS）
- 戦略
- コマース（～2017/03 コンシューマ）
- メディア（2013/3-2017/03 マーケティングソリューション）

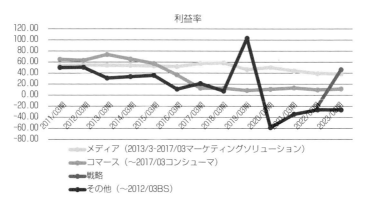

利益率

- メディア（2013/3-2017/03 マーケティングソリューション）
- コマース（～2017/03 コンシューマ）
- 戦略
- その他（～2012/03BS）

セグメント情報をみると、LINEヤフーのドル箱だったメディア事業の売上高は成長しているが利益率は微減しており、コマース事業に関しては売上高は横ばいで利益額が微減、利益率は大幅に低下していることがわかる。BtoCでは楽天やアマゾン、CtoCではメルカリが大きく伸ばし、ヤフーは苦戦を強いられることになった。今から振り返ると、当時の宮坂氏の危機感は正しかったといえる。

　宮坂体制でヤフーは次々に攻めの経営を打ち出し、アスクル、ブックオフへの出資、一休の買収などを積極的に進めていく。〈図表4-13〉をみると、2016年3月期にアスクルや一休の連結子会社化でのれんが大きくなっている。また、2017年8月にはジャパンネット銀行（現PayPay銀行）を連結子会社化することを発表、2018年3月期のBSは債権債務が膨れ上がり、総資産回転率が大幅に低下している。その後、2018年に社長が川邊健太郎氏に交代することになるが、積極的な買収は続いていく。2019年11月にファッションECサイトZOZO TOWNを運営するZOZOを子会社化（のれん及び無形資産7,644億円増加）、2021年3月にLINEを子会社化（のれん及び無形資産18,164億円増加）、2022年10月にはPayPayを子会社化した（のれん及び無形資産3,168億円増加）。LINEヤフーはIFRSを採用しているため、のれん部分は減損しない限りBSに計上され続ける。

〈図表4-13〉LINEヤフーのBS推移

（単位：十億円）

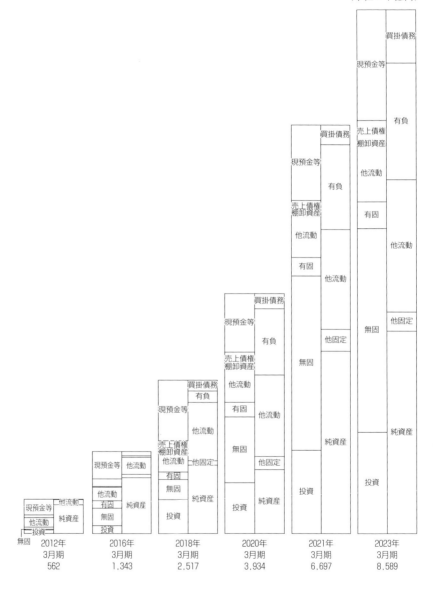

	2012年 3月期 562	2016年 3月期 1,343	2018年 3月期 2,517	2020年 3月期 3,934	2021年 3月期 6,697	2023年 3月期 8,589

●【ケース⑧】 モデルナ時系列 BS、PL

　日本では、2023年5月に新型コロナウイルス感染症が5類に移行し、長かったコロナ禍から解放されつつある。デジタル庁のワクチン接種記録システム（VRS）によると、2023年12月24日時点、全国のワクチン接種状況は1回目接種数が全人口の78.31％（約9,820万回）、3回目接種数が69.11％となっている[12]。このワクチンをファイザーとモデルナが独占的に供給した。日本では、コロナワクチンを機にモデルナの名前をはじめて聞いた人がほとんどだろう。しかし、モデルナはコロナ前からその技術力に定評があり、2018年にIPO（新規株式公開）をしている。ここでは、モデルナの時系列BSとPLを分析することにより、コロナ前後のモデルナの財務諸表の変化を読み解こう。

　モデルナは共同創業者のデリック・ロッシ氏らによって2010年に創業した新しい企業である。モデルナのコロナワクチン開発には、メッセンジャーRNA（mRNA）という技術が欠かせない。人の細胞内ではDNAの遺伝情報をもとにタンパク質が生産され、タンパク質が生命に必要な活動を行っている。mRNAは、ウイルスの遺伝情報をコピーし、その遺伝情報に従ってタンパク質をつくるように指示する。

　従来の生ワクチンや不活性化ワクチンは、弱った病原体を体内に入れ、免疫を行う細胞に記憶をさせることで免疫機能を向上させようとするものなので、病原体ごとにワクチンに適したワクチン用抗原を選定・製造し、大規模な工場で鶏卵を利用し培養するという工程が必要だった。病原体の培養だけでも6カ月も時間がかかってしまうので、ワクチン開発には10年単位の時間が必要となる。

　一方、mRNAを用いたワクチンは、弱った病原体ではなくウイルスの情報そのものであるmRNAを体内に入れることで免疫を獲得する。つまり、

12　https://info.vrs.digital.go.jp/dashboard/

ウイルスのDNAを解析しそのウイルスのmRNAを注射するだけなので、従来のワクチンに比べるとワクチンに適した抗原を選定したり、病原体を培養する必要がないため大幅な時間短縮となる。このmRNAのおかげで、コロナワクチンの早期開発・供給に成功したのがモデルナなのである。

　まずはモデルナの時系列PLをみていこう。コロナワクチン販売前の2020年まで、ほとんど売上は上がっていない。2018年に株式上場し、バイオテックのIPOでは史上最高となる企業価値76億ドル（約1兆円）の企業となった。2020年のPLをみると、売上高を大きく上回る研究開発費が計上されているが、おそらくこれがコロナワクチン開発にかかる研究開発費だろう。では、この研究開発資金はどこから捻出されたのだろうか。BSをみると2019年から2020年にかけてその他流動負債が急増している。これは繰延収益が増えたためであるが、この繰延収益についてモデルナの年次報告書（Form 10-K）で次のような記載がある（筆者の翻訳による）。

　　当社はCOVID-19ワクチンの供給に関して、米国内外の複数の政府機関と供給契約を締結しています。……当社はCOVID-19ワクチンの供給に対する契約一時金を受領する権利を有し、当初は繰延収益として計上されています。2020年12月31日現在、当社は米国政府およびその他の政府機関との供給契約に関連して約38億ドルの繰延収益を計上しており、これらは収益認識基準が満たされた時点で収益として認識される予定です。

　つまり、モデルナはワクチンの開発・供給を条件に政府機関から多額の契約一時金を受け取っているが、まだワクチン供給前のものについては繰延収益（契約負債）に計上し、供給時に売上計上される。この繰延収益は、ワクチンの本格的な供給が始まった2021年に売上高に切り替わる。ワクチン供給が開始された2021年の原価率はわずか15％弱、営業利益率は約75％と驚異的な数字となった。一方、翌年の2022年は売上高がさらに伸びているものの、

原価率が30％弱にまで急上昇している。この要因は、ワクチン需要が2022年後半から急速に縮小したことで在庫評価損が膨らみ、それが売上原価を押し上げたことによる[13]。その後もコロナワクチンの不振は続き、2023年4～6月期決算は13億8,000万ドル（約1,970億円）の赤字に転落する。モデルナは、2023年の売上高を少なくとも60億ドルと予想しており、2022年の189億ドルから3分の1以下に減少する。

　医薬品が特許切れになり、ジェネリック参入によって売上が激減するパテントクリフは製薬企業にとっての宿命であるが、特許に守られる期間が長いため、M&Aや新薬の研究開発などの準備ができる。コロナワクチンの場合、非常に短い時間に全世界の人々に供給され売上が急上昇し、その後需要が急速に落ち込んだため、この売上減少を短期間でカバーするのは難しい。とくに、コロナワクチン一本足のモデルナは、その変動を真正面から受け止めることになってしまった。モデルナの将来は、コロナワクチン特需で稼ぎ出した100億ドル近い現金をいかに有効活用できるかにかかっている。

13　日本経済新聞2023年2月24日夕刊。

〈図表 4 -14〉 モデルナの時系列 BS と PL

（単位：百万ドル）

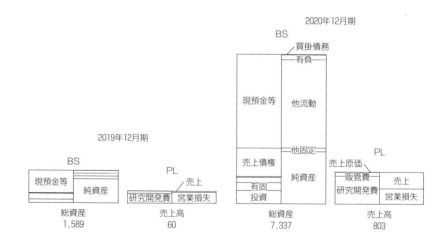

2020年12月期

BS

買掛債務

有負

現預金等 　他流動

他固定

売上債権 　純資産

有固
投資

総資産
7,337

PL

売上原価

販管費
研究開発費 　売上

営業損失

売上高
803

2019年12月期

BS

現預金等 　純資産

総資産
1,589

PL

売上

研究開発費 　営業損失

売上高
60

2022年12月期

BS

買掛債務

有負

他流動

他固定

現預金等

売上債権

棚卸資産

他流動

有固

純資産

投資

PL

売上原価

販管費

研究開発費

売上

営業利益

総資産
25,858

売上高
19,263

2021年12月期

BS

買掛債務

有負

他流動

他固定

現預金等

売上債権

棚卸資産

他流動

有固

投資

純資産

PL

売上原価

販管費

研究開発費

売上

営業利益

総資産
24,669

売上高
18,471

●【ケース⑨】 メーカーの事業ポートフォリオ変化

　ここでは、ソニーグループ（ソニー）、パナソニックホールディングス（パナソニック）、Appleのメーカー 3 社の長期にわたるセグメント情報から、各社がどのように事業ポートフォリオを変化させ、その変化によって企業業績がどのように変化したかを分析する。

〈図表 4 -15〉ソニー、パナソニック、AppleのBSとPL

(BSで規模調整、単位：十億円)

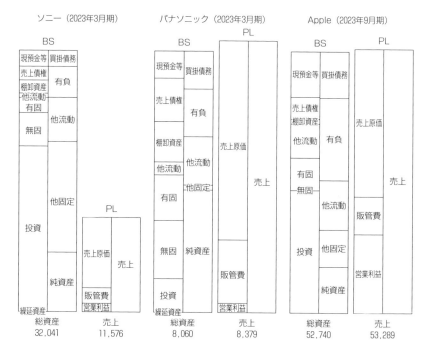

　まずは 3 社の直近の財務諸表を分析しよう。〈図表4 -15〉は、各社のBSとPLをBSに合わせて規模調整したものである。総資産回転率をみると、ソ

ニー以外は1を超えている。先のLINEヤフーと同様、ソニーは金融事業を行っているせいで、金融関連事業の債権債務が膨らんでいる。パナソニックとAppleを比較すると、メーカーとしての両社の違いがわかりやすい。Appleの売上債権と棚卸資産の合計がパナソニックよりもはるかに小さい。Appleは在庫をほとんど持たず、CCC[14]がマイナスとなっている。Appleは投資部分が大きいが、これは主に市場性のある有価証券（marketable securities）への投資で、お金が余っていることがわかる。

もう1つAppleで特徴的なのが、その他流動資産の中にあるサプライヤー向けの債権である。これは、iPhoneなどを実際に作っている鴻海をはじめとするEMSに対するもので、Appleが仕入れた部品をEMSに売るかたちをとっている。このようにすることで、Appleが大量に部品を仕入れることでき、価格メリットを享受できる。Appleの年次報告書（Form 10-K）によると、このサプライヤー向けの取引で生じる売上は売上高には反映させず、最終製品の販売時に部品の売却益を売上原価から引く会計処理をしているとのことである。また、Appleが工場を持たないファブレスであることは有名であるが、2010年以降有形固定資産が大きく増加している。設備投資の中身は工作機械・製造装置に対するもので、委託先の工場に自社で購入した設備を設置していることがわかる。Appleはさらに米国における投資を5年間で4,300億ドル（約46兆円）に引き上げるとしており、その内容は社屋の建設・拡張、物流・生産拠点に対するものだという[15]。今後、Appleの有形固定資産はさらに大きくなることが予想される。

一方、パナソニックは無形固定資産（のれん）が大きくなっていることがわかる。2021年、米国のサプライチェーン・ソフトウェア大手のブルーヨンダーを総額71億ドル（約7,700億円）で買収した際にのれんが膨らんだ。パ

---

14 CCCとはキャッシュ・コンバージョン・サイクルの略称で、「棚卸資産回転期間＋売上債権回転期間－仕入債務回転期間」で計算される。CCCは、企業が仕入を行って現金を支出してから最終的に入金されるまでの日数を表し、日数が短いほど資金効率がよいと判断される。

15 https://www.nikkei.com/article/DGXZQOGN26BVF0W1A420C200000/

ナソニックにとって、2011年に三洋電機を約8,000億円で買収して以来の巨額買収である。ブルーヨンダーは、AIを活用してサプライチェーン・マネジメント（SCM）を可視化・自律化することに強みを持っている。後述するように、少しずつBtoBに軸足を移してきたパナソニックは、新たなBtoB向けのソリューションに活路を見出そうとしている。

　次に、各社の長期にわたるセグメント情報から、ここ10数年でどのような事業ポートフォリオの変化があったのかを分析してみよう。ソニーのようにさまざまな事業に多角化をしている企業は、単にBSとPLをみるだけで分析することは難しい。セグメントごとの売上・利益・利益率などを調べることで、企業がどの事業に注力しその成果は出ているのか、これからどこに向かおうとしているのかを読み解くことができる。

　ソニーとパナソニックの時価総額を比較すると、10年前パナソニックのほうがソニーを上回っていた。2015年2月にソニーが再びパナソニックの時価総額を逆転し、2023年12月現在、ソニーの時価総額は約16.9兆円、パナソニックが約3.4兆円と5倍ほども引き離されている。いったい、この十数年間にどのような変化があったのだろうか。

　2社のセグメント情報の推移をみてみよう。〈図表4-16〉はソニーとパナソニックの2010年から2023年にわたるセグメント売上（外部向け）とセグメント利益を図示したものである[16]。ソニーのセグメント別売上をみると、エレキ事業（エンタテイメント・テクノロジー＆サービス）が主力であることがわかる。ところが、主力のエレキ事業が2015年3月期まで赤字となっている。一方のパナソニックは、家電を含む「くらし」セグメントの売上が2012年3月期に減少しその後停滞している[17]。この頃がまさに、上述したソニー

16　2社ともに年によってセグメント区分が変化しているため、有価証券報告書をみながらそれぞれの事業がどのセグメントに入っているか分類した。しかし、事業によってセグメント区分が難しいものもあったため、過去のセグメント区分における売上・利益に関しては若干筆者の恣意性が入っていることをご容赦いただきたい。

17　パナソニックは2022年3月期からセグメント区分を変更し、アプライアンス（家電）とライフソリューションズ（住設）を合わせて「くらし」セグメントとしている。

とパナソニックが時価総額で争っていた時期である。

　ソニーは2015年以降、ゲーム事業（ゲーム＆ネットワークサービス）が利益を稼ぎ出し、その後売上・利益ともに主力事業といえるまでに育っている。ゲーム事業は10％前後の利益率を稼ぎ出す。金融事業はずっと安定的に売上と利益を稼ぎ、利益率も15％程度と安定している。音楽事業とイメージングは総売上に占める割合は相対的に小さいものの、利益率はそれぞれ19％、16％と高く、利益では大きく貢献するようになった。エレキも売上高は減少しているものの、テレビやデジカメを高付加価値製品に特化することにより、利益率は7〜9％と過去の3〜5％から上昇している。

　一方のパナソニックは、「オートモーティブ」「コネクト」「インダストリー」「エナジー」などのBtoB領域の売上を伸ばしてきたが、あいかわらず「くらし」（家電）セグメントが売上の多くを占めており、利益率も3〜5％と低い。その他のセグメントも、インダストリーが7％程度の利益率となっている以外は、総じて利益率が5％を切っている。エナジー事業は2022年において利益率10％と好調だったが、2023年は車載向け電池の原材料高を価格転嫁できずに大幅減益となった。ソニーと比較すると、エレキなどの低付加価値事業からの脱却が進んでおらず、多角化したエレキ以外の事業もエレキに次ぐ柱には育っていない状況である。この十数年で外部環境が急速に変化するなか、その変化に対応できた企業とそうでない企業の優勝劣敗が株式市場に反映されている。

　次にAppleのセグメントを時系列で分析する。公表資料では、セグメント別の利益は開示されていないため、セグメント別の売上（指数）を時系列で図示している（〈図表4-17〉）。Appleの時価総額は、2010年5月終値ベースで2,213億ドル（19兆9,000億円）となり、マイクロソフトを抜いてIT業界首位となった（全体の時価総額首位はエクソンモービル）。この年は、iPhoneがヒットし、iPadがはじめて発売されたときであった。13年が経った2023年6月30日、Appleの時価総額はなんと3兆ドル（約430兆円）を突破した。

　ここ最近、Apple製品の価格が軒並み上昇し、PCやスマホの機能も頭打

〈図表 4 -16〉 ソニー、パナソニックのセグメント別売上とセグメント別利益

〈ソニー〉

セグメント別売上（外部）

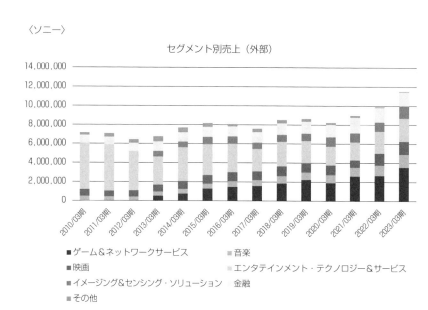

- ■ゲーム＆ネットワークサービス
- ■音楽
- ■映画
- ■エンタテインメント・テクノロジー＆サービス
- ■イメージング＆センシング・ソリューション
- 金融
- ■その他

セグメント別利益

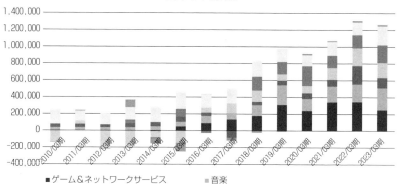

- ■ゲーム＆ネットワークサービス
- ■音楽
- ■映画
- ■エンタテインメント・テクノロジー＆サービス
- ■イメージング＆センシング・ソリューション
- 金融
- ■その他

〈パナソニック〉

セグメント別売上高（外部）

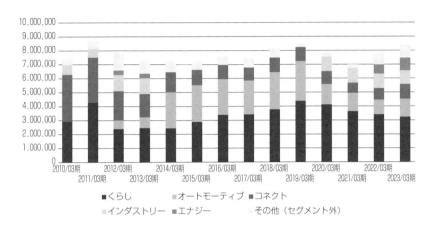

セグメント別利益

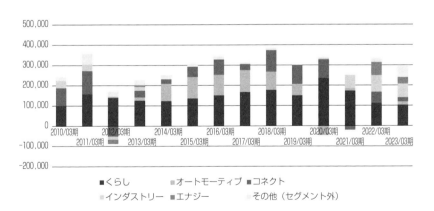

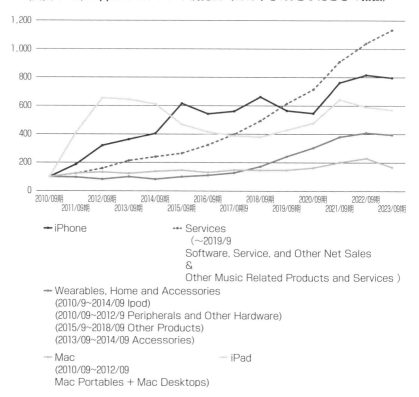

〈図表4-17〉Appleのセグメント別売上（2010年を100としたときの指数）

ちとなっていることから、買替えのサイクルが遅くなっているという[18]。ハードが売れないなかでも安定した利益を稼ぎ出しているのは、他の事業が伸びているからである。〈図表4-17〉では、2010年の売上高を100としたときのその後の売上高を指数で表示している[19]。iPhone、Mac、iPad等は売上が鈍化しているが、それを補って成長しているのがサービス事業（Services）とウェアラブル関連事業（Wearables, Home and Accessories）である。そ

---

18 https://www.itmedia.co.jp/business/articles/2208/12/news134.html
19 AppleはiPhoneの売上高が圧倒的に多いため、各製品の変化がわかりやすいように指数表示にした。

〈図表 4 -18〉Apple の製品・サービス別の粗利率

〈図表 4 -18〉Apple の製品・サービス別の粗利率

Gross Margin

Products and Services gross margin and gross margin percentage for 2023, 2022 and 2021 were as follows（dollars in millions）:

	2023	2022	2021
Gross margin:			
Products	$ 108,803	$ 114,728	$ 105,126
Services	60,345	56,054	47,710
Total gross margin	$ 169,148	$ 170,782	$ 152,836
Gross margin percentage:			
Products	36.5%	36.3%	35.3%
Services	70.8%	71.7%	69.7%
Total gross margin percentage	44.1%	43.3%	41.8%

（Apple, Inc. FORM 10-K）

れぞれのセグメントの利益率はわからないが、プロダクトとサービスに大別した場合の粗利率は〈図表 4 -18〉のように開示されており、プロダクトの粗利率が36.5％であるのに対して、サービスの粗利率は70.8％となっている。サービス売上の増加に伴い、Apple全体の粗利率も2010年の39.4％から2023年の44.1％まで上昇している。

　Appleのビジネスモデルは、先の任天堂とはまったく逆である。ハードを安くしてソフトで回収する替え刃モデルの任天堂に対し、Appleはハードを高くソフト（iOSやiTunesなど）を無料にする「逆替え刃モデル」という戦略をとった。ハードとソフト、コアと周辺機器など複数の製品がある場合、どちらで（あるいは両方で）稼ぐかの選択肢は１つではない。どちらの製品をより高く設定するかは、製品の競争力、市場の競争環境などによる。iPhoneやiPadが初めて登場したとき、競合といえる製品はなかったが、ソフトはサードパーティとのあいだで競争となる。その後、スマホやタブレットの競合製品が増えてくると、Appleはプロフィット・プールをハードから

ソフトにシフトしていった。〈図表4-18〉の製品とサービス別の粗利率の開示は2018年までしか遡れないが、iPhoneの粗利率は推定62％から38％に低下したという[20]。

　3社の10年以上にわたる長期間のセグメント分析をしてきた。強い企業は外部環境の変化に合わせてプロフィット・プールを変化させてきたことがわかる。この変化を可能にするのは、企業が持っている強みをしっかりと把握することと、意思決定のスピードではないだろうか。VUCA（Volatility：変動性、Uncertainty：不確実性、Complexity：複雑性、Ambiguity：曖昧性）といわれ、変化の激しい時代である。今後の企業成長には、事業ポートフォリオの変革がますます大切になってくるだろう。

●【ケース⑩】新型コロナウイルスの影響と財務諸表

　ここでは、新型コロナの影響を大きく受けた業界から航空会社とテーマパークを取り上げ、その影響を比較する。同じように売上高が大きく減ったが、利益や負債増加（倒産リスク）に与える影響は各社各様だった。その変化から何が読み解けるだろうか。

航空会社

　航空輸送市場は、インバウンド旅行客が増えたことなどにより、2019年にかけて緩やかな成長トレンドであった。国土交通省「航空輸送統計年報」によると、日本の航空輸送の国内線と国際線の旅客数合計は2019年度において1億2,300万人にのぼったが、2020年のコロナ禍で急激に事業環境が悪化した。この業界の事業構造は、航空機を購入またはリースする資本集約的産業であると同時に、パイロット・客室乗務員・整備士などの専門的スキルを持った従業員を雇用する労働集約的産業でもある。すなわち、航空会社の費用

20　Oberholzer-Gee, F. (2021). *Better, simpler strategy: A value-based guide to exceptional performance.* Harvard Business Press.

構造は燃料費、着陸料など運航により発生する変動費と、航空機の機材費、パイロット、客室乗務員、整備士などの人件費など運航に必要な固定費などから構成されるが、固定費の割合が高く、売上の減少に弱いPL構造になっている。

　まず、コロナの影響をほとんど受けていない2020年3月期のANAおよびJALのBSを見てほしい（〈図表4-19〉）。2社ともに有形固定資産（航空機関連資産）が大きく、その資金調達のための有利子負債が計上されている。ところが、有利子負債の大きさを比べると、ANAのほうがJALよりもはるかに大きいことがわかる。経営破綻をしたJALは、国土交通省によって投資や路線の開設を抑制され、収益性を重視する経営を余儀なくされた。たとえば、国際線においては他航空会社とのコードシェア（共同運航）を増やしてリスクの低い戦略をとった。他方、ANAはインバウンドの拡大を背景に、一気に事業拡大に舵を切っていた。従業員数は2020年3月期までの8年間で約4割、機材数は3割強増やした結果、ANAの売上高は2019年3月期までの7年で46％増加した（JALの売上高は23％増）。

　コロナ禍で2021年の航空旅客数は国内線で前年比△6％、国際線では△68％（国土交通省『航空輸送統計』）となり両社ともに売上が7割近くも減少したが、売上原価に占める固定費割合が高いため、売上が減少しても費用が減らず、大きな営業損失を計上した。ANAの2021年3月期BSを見ると、有利子負債が増え、現預金が手厚くなっているが、これは売上高が減少したために費用を賄うことができず、手許の現預金を厚くして人件費をはじめとする固定費に充当したとみられる。JALもPLを見ると同様の影響を受けているが、BSを見ると相対的に有利子負債が小さく、財務的にまだ借入れの余地が大きそうである。

〈図表 4 –19〉 ANA と JAL のコロナ前後の財務諸表

（単位：十億円）

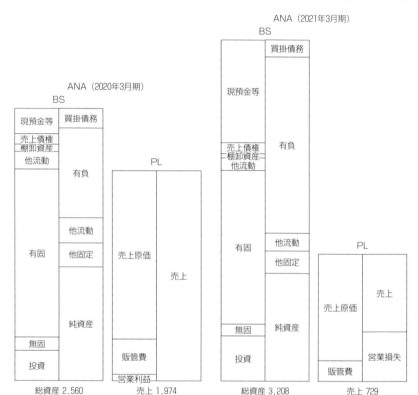

※JALは2020年3月期からIFRSを採用しており、売上原価と販管費の区分がなくなったため、すべて売上原価として作図している。

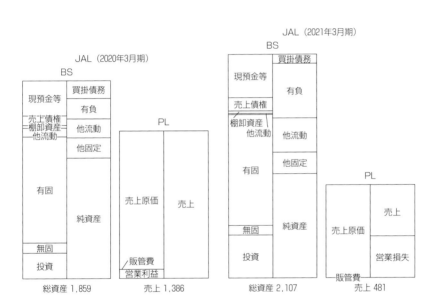

JAL（2020年3月期）

BS

現預金等	買掛債務
売上債権	有負
棚卸資産	
他流動	他流動
	他固定
有固	純資産
無固	
投資	

総資産 1,859

PL

売上原価	売上
販管費	
営業利益	

売上 1,386

JAL（2021年3月期）

BS

現預金等	買掛債務
	有負
売上債権	
棚卸資産	他流動
他流動	
有固	他固定
	純資産
無固	
投資	

総資産 2,107

PL

売上原価	売上
	営業損失
販管費	

売上 481

テーマパーク

　先の航空会社との比較をしながら、日本を代表するテーマパークである東京ディズニーリゾートを運営するオリエンタルランドの決算書を分析する。テーマパークも航空会社と同じく、費用に占める固定費の割合が高い業界である。2020年のコロナの影響により、売上高は約6割減となった。

〈図表4-20〉オリエンタルランドのコロナ前後の財務諸表

（単位：十億円）

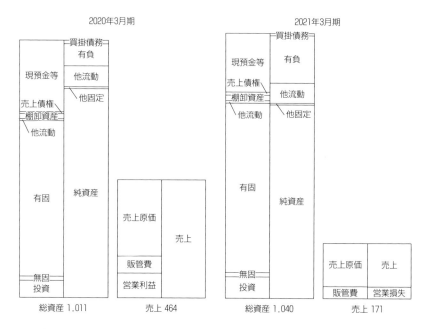

　まず、コロナ前2020年3月期のオリエンタルランドの財務諸表を見ると、多額の純資産（利益剰余金）が計上されていることから、過去から順調に利益を積み重ねてきていることがわかる。テーマパークなので、アトラクションやホテルなど、巨額の有形固定資産を抱えているが、有利子負債は少ない。これは、テーマパークがBtoCのビジネスであり、比較的資金繰りがよいこ

とと、オリエンタルランドの収益力の高さによって、自己資金を中心に設備投資を行ってきたからである。

　2021年3月期のPLを見ると、売上高は半分以下に減っているが、航空会社のケースと異なり、営業損失の大きさは小さいように見える。これは、売上高の減少とともに、売上原価が減少しているからである。では、オリエンタルランドの売上原価の中身は一体どのような費目が含まれるのだろうか。大きい項目を列挙すると、物販の商品原価、飲食の食材費、人件費、ディズニーに支払うロイヤルティ、アトラクションの減価償却費などである。上記の費目の性質を考えると、そのほとんどが変動費となっていることがわかる。商品原価、食材費が変動費であることはわかりやすい。ロイヤルティは売上高に応じて契約が結ばれるため、これも変動費となる。また、通常の企業では人件費は固定費的性質が強いが、テーマパークのキャストはほぼアルバイトで運営されているため、オリエンタルランドの場合ある程度変動費として考えることができる。他方、アトラクションの減価償却費は固定費となる。〈図表4-21〉は、オリエンタルランドの原価明細から各費目の売上高対比をグラフ化したものである。

〈図表 4 -21〉オリエンタルランドの売上原価費目別比率

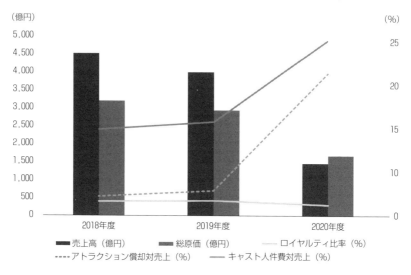

（億円）

5,000			(%)
4,500			25
4,000			
3,500			20
3,000			
2,500			15
2,000			
1,500			10
1,000			
500			5
0			0

2018年度　　　　2019年度　　　　2020年度

■ 売上高（億円）　　■ 総原価（億円）　　── ロイヤルティ比率（%）
---- アトラクション償却対売上（%）　　── キャスト人件費対売上（%）

　ロイヤルティ比率は売上が減少してもほとんど変化しないのに対し、アトラクションの償却費割合は売上上昇とともに大きく上昇している（8％→21.4%）。キャスト人件費についても上昇しているが、償却費割合ほどの上昇ではない（16％→25.2%）。つまり、オリエンタルランドは主要費用の項目を変動費化することによって、危機（売上減少）に強い財務体質を築いている。

━━ コラム ━━ Excelで比例縮尺財務諸表を作ってみよう‥‥‥‥‥‥‥‥

　本章では、いくつかの比例縮尺財務諸表のパターンを見てきた。細かい数字が並ぶ実際の財務諸表を見て、挫折してしまった人も多いだろう。もちろん、時と場合によっては、そういった細かい数字と睨み合うことが必要になるときもあるかもしれない。しかし、ほとんどのビジネスマンにとって大事なことは、財務諸表をざっくりと捉えることである。比例縮尺財務諸表の大

きな数字に注目するだけで、どれだけ多くの仮説が立てられるか、ということが重要なのである。

では、どのように比例縮尺財務諸表を作成していけばよいのだろう。以前筆者は、方眼紙と定規を用意し、各数字の構成比からアナログで図を描いていた。ところが最近は、Excelなどの便利なツールによって、簡単で正確な比例縮尺財務諸表を作ることができる。本コラムではその一例を紹介しよう。

まずは手元に、決算書（連結BSおよび連結PL）を用意する。有価証券報告書や決算短信は、金融庁のEDINET[21]というサイトや企業のウェブサイトのIR情報からダウンロードできる。

次に、Excelを立ち上げてまずは以下のような表を作ってみよう（数字はパナソニックホールディングスの2023年3月期のデータ（IFRS）である。

（単位：百万円）。

	A	B	C	D	E	F	G
1	項目	借方	貸方		借方	貸方	
2	売上					8,378,942	
3	売上原価				6,117,494		
4	販管費				1,972,878		
5	営業利益				288,570		
6							
7	現預金等	819,499					
8	売上債権	1,336,412					
9	棚卸資産	1,288,751					
10	その他流動資産	358,223					
11	有形固定資産	1,411,209					
12	無形固定資産	1,796,236					
13	投資その他	1,049,197					
14	買掛債務		1,156,909				
15	有利子負債		1,457,107				
16	その他流動負債		1,497,385				
17	その他固定負債		158,168				
18	純資産		3,789,958				
19							
20							

最初に重要なことは、どのような項目でまとめるかである。

PLについては、上記のように貸方に売上高（営業収益）、借方に売上原価

（営業原価）、販管費、営業利益をもってくるのが基本である。営業利益よりもさらに下にある利益（当期純利益など）まで書いてもよいが、あまりに細かくなるケースが多いため、ほとんどの場合営業利益までで十分である。たとえば、本章で紹介したモデルナのように、研究開発費など注目したい項目があれば費用の細目別に分類して作図することもできる。

次にBSに関して、最も大雑把な方法は、流動資産・固定資産……と分類していくものであるが、これはあまりおすすめしない。流動比率のような財務健全性の指標はあまり役に立たないし、やはりその内訳を見たいからである。ちなみに、現預金には売買目的有価証券（流動資産内の有価証券）を含めてしまったほうが、実体を捉えやすいだろう。また、負債の部も、流動・固定で分けることはおすすめしない。長短借入金・社債・リース債務などを一括りにして、「有利子負債」という項目にしてしまおう。

もちろん、これは最も基本的な分類方法であるため、企業によっては勘定科目が異なっている場合もある。あるいは、有形固定資産内の建物や土地を細かく見たい場合や無形固定資産内ののれんの大きさを見たい場合など、そのときどきによって使い分けをすることが望ましい。

では、図の作成に戻ろう。積み上げ式のグラフを作成するため、借方・貸方の順番に記入する。BSを左側、PLを右側に書きたいので、BSの借方・貸方、PLの借方・貸方の順に列ごとに記入する。

次に図のように範囲（A2：F18）を指定して、「挿入」⇒「縦棒グラフの挿入」⇒「2-D積み上げ縦棒」を選択する。すると、各項目を金額別に並べたグラフが作成されるので、これを修正していく。

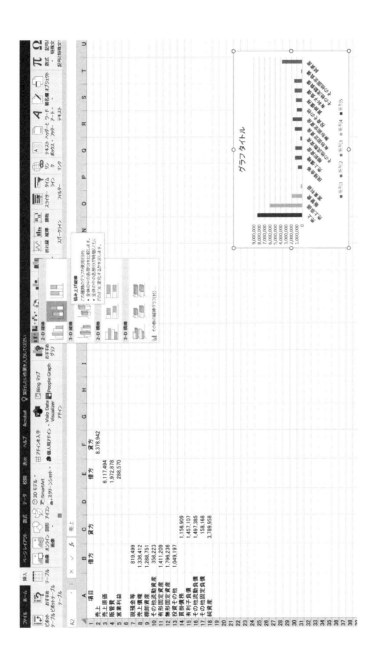

まずは、グラフエリアを右クリックして、「データの選択」をクリックする。そして、行/列の切り替えをクリックして、行/列を入れ替えると以下のようにグラフが変化する。

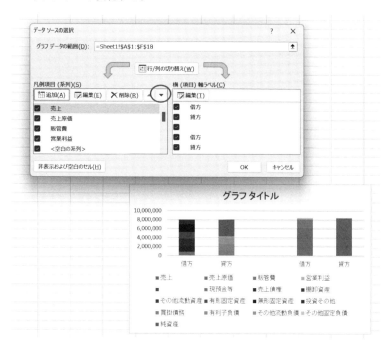

　一応この段階で積み上げグラフができるが、BS、PLの並びがバラバラであるため、このまま「データソースの選択」画面の矢印（上図の丸印部分）をクリックすることによって、順番を入れ替える。

　好みにもよるが、スッキリした図を作りたいのであれば、凡例や横（項目）軸を削除する。そしてグラフのタイトルを入れたものが、以下の図である。

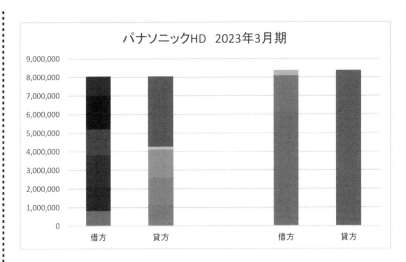

あとは好みに合わせて、微調整をする。借方と貸方の間を埋めたいため、棒グラフの任意の部分を右クリックし、「データ系列の書式設定」を選択すると、「要素の間隔」という項目が右側にあらわれる（上の図では、デフォルトで150％になっている）。これを０％に調整することで、以下のようになる。

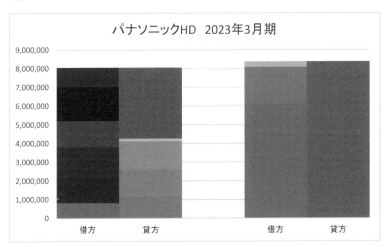

凡例を削除してしまったため、このままだと項目がわからない。そこで、棒グラフを右クリックし、「データラベルの追加」を選択すると、各ボックスに金額が表示されるはずである。これをすべてのボックスで行う（色が見にくければ、テキストの色を変更する）。

　すべての数字が表示されたら、今度はその数字を右クリックし、「データラベルの書式設定」を選択すると、右側にチェックボックスがあらわれるので、「系列名」にチェックをつける（下図を参照）。

　系列名にチェックをつけると、「現預金等, 819,499」のように系列名と値がカンマで結ばれる。これは見にくいため、値のチェックをはずして系列名だけを表示させるか、「ラベルオプション」の下にある「区切り文字」というところで、「改行」を選択すると、項目と値が別の行に表示される。

　以上の作業を行った結果、以下のような比例縮尺財務諸表を作成することができる。以下の図は、一部系列名のみの表示、一部系列名および値の表示をしているが、左側の目盛で大体の金額がわかるため、系列名のみでもかまわない。

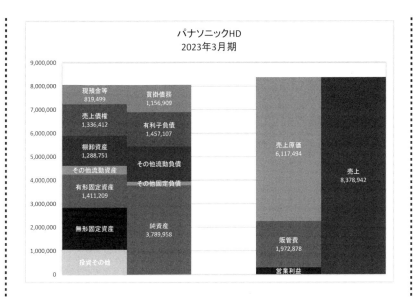

パナソニックHD
2023年3月期

現預金等 819,499
買掛債務 1,156,909
売上債権 1,336,412
有利子負債 1,457,107
棚卸資産 1,288,751
その他流動資産
その他流動負債
有形固定資産 1,411,209
その他固定負債
無形固定資産
純資産 3,789,958
投資その他
売上原価 6,117,494
売上 8,378,942
販管費 1,972,878
営業利益

　ここからさらに、競合他社比較や２期間比較をする場合は、セルを一列あ
け、一列ごとにBS借方・貸方、PL借方・貸方の数字を記入して、データの
選択範囲をのばすだけである。

　最初の１つを作成するときは時間がかかるが、一度フォーマットを作って
しまえば、あとは数字を入れ替えるだけで他社の比例縮尺図がすぐに作成で
きるはずである。

第5章

財務諸表で意思決定
ベンチャー投資の決断

　今日、M&Aは資本参加やアライアンスを含めて、日常茶飯事になった。こんな場面では、デューディリジェンス（出資・買収のための監査）を前提とするとしても、財務諸表で基本スタンスを意思決定することが多い。

　1期間の情報だけしかないときは、各項目の残高の大小を手がかりにして、頭の中で全体像を組み立てていかざるを得ない。これが2期間比較の財務情報になると、それぞれの項目の変化を読み取ることができる。したがってベクトルでいえば、量の大小だけでなく、方向性をつかむことができる。

　次のケースは、あるベンチャー・キャピタルに持ち込まれた投資案件について、投資すべきか否か、決断を迫るものである。皆さんが本物のベンチャー・キャピタリストになったつもりで、意思決定していただきたい。

　ケース・メソッドは「経営者の立場で意思決定する」のが、基本ルールである。経営者やトップクラスの管理職でもない限り、「意思決定」の経験を持っている人はあまり多くないに違いない。そういう人に「決断を！」といっても、実感することは難しいかもしれない。ケース・メソッドは、その企業の経営を任されたという想定のもとで行われる擬似的な訓練である。ここでは「意思決定しきる」ことが求められる。

　経営者の仕事は、悩ましい経営問題について意思決定することである。日本の経営者の中には、ずるずると意思決定を延ばし、場当たり的な成り行き経営をしている人がいないでもない。しかし、それでは本来の経営者は務まらない。少なくともここでは経営者になったつもりで、ぜひ「意思決定しきって」ほしい。

経営の意思決定は、必ずしも「Yes」か「No」だけが選択肢ではない。ホンダの元社長・河島喜好さんは「経営の選択肢は4つある」と言った。それは次の4つである。

- 「Yes」
- 「No」
- 「Yesでもあり、Noでもある」
- 「Yesでもなく、Noでもない」

意思決定の前提となる計画の条件は、すべて確実に見通せるというものではない。前提条件となる不確定要素がどちらに転ぶかで、意思決定はガラリと変わりうる。また少し時間が経てば、前提自体も変わってしまう。だから時間の進行とともに、一部の前提要素について動向を見定めながら、その動向如何で臨機応変に意思決定を変えることもあるのである。

したがって、簡単にいってしまえば「Yes」、「No」、「条件付Yes」、「条件付No」の4つの選択肢がありうる。次のケースについて、この4つの選択肢の中から選んで決定してほしい。もちろん「条件付」の場合は、その条件を明らかにしてほしい。

●【ケース】ベンチャー・キャピタル　ネットワーク・リンク

山本倫太郎氏は、大学院のMBAコースで2年間経営学を勉強し、今年の3月に無事卒業した。大学院では過労でぶっ倒れそうになったほど、ハードな勉強をこなした。それだけにMBAの卒業証書は、彼にとって感慨深くズシリと重く感じられた。

山本氏は日本でベンチャー企業を育てたいと熱望し、卒業後は自らベンチャー・キャピタルを興したいと考えていた。彼の猛勉強ぶりと起業の構想はある教員を通じて、大学院OBの戸高氏の知るところとなった。戸高氏は自ら会社を起業し、最近株式の公開に成功し、数百億円のキャピタル・ゲインを得た"時の人"だった。

戸高氏は山本氏の構想を聞いて、起業の協力を申し出てくれた。こうして山本氏の小さなベンチャー・キャピタルであるネットワーク・リンクが誕生した。資本金1,000万円、投資ファンド2億円でのスタートだった。

　会社を興してまもなく、友人を介して出資案件が持ち込まれた。それはセルラー・ソリューションズ（SS社）という創業3年ほどのソフト会社だった。SS社の進藤社長は大手のソフト会社をスピンアウトしたシステム・エンジニア出身の人物だった。進藤氏はいち早くスマートフォンの可能性に注目し、しかもスマートフォンを利用した企業向けのマーケティング情報シス

〈資料1〉　　　　　　　　　　　　　貸借対照表

セルラー・ソリューションズ　　　　　　　　　　　　（単位：百万円　太字は合計）

科　　　目	20X0年3月期	20X1年3月期	科　　　目	20X0年3月期	20X1年3月期
《資産の部》			《負債の部》		
1．流動資産	**83**	**227**	**1．流動負債**	**91**	**405**
現　預　金	4	19	買掛金未払金	26	71
受　取　手　形	37	114	短　期　借　入　金	40	229
売　掛　金	13	29	割　引　手　形	8	85
仕　掛　品	23	45	未　払　税　金	9	7
そ　の　他	6	20	そ　の　他	8	13
2．固定資産	**65**	**353**	**2．固定負債**	**30**	**122**
2.1有形固定資産	**45**	**323**	長　期　借　入　金	30	122
建　　物	0	102	〈負債合計〉	**121**	**527**
什　器　備　品	40	61			
車　両　運　搬　具	5	20	《純資産の部》		
土　　地	0	140	1．資本金	20	50
2.2投資等	**20**	**30**	2．利益剰余金	7	3
子　会　社　株　式	0	30	〈純資産合計〉	**27**	**53**
投資有価証券	20	0			
《資産合計》	**148**	**580**	《負債・純資産合計》	**148**	**580**

<資料2＞　　　　　　　　損益計算書

セルラー・ソリューションズ　　　　（単位：百万円　太字は合計）

科　　目	20X0年3月期	20X1年3月期
1.売上高	**150**	**320**
2.売上原価	72	164
期首仕掛品	19	23
当期費用：人件費	39	103
外注費	25	50
諸経費	12	33
期末仕掛品	−23	−45
〈売上総利益〉	**78**	**156**
3.販売費一般管理費	**56**	**148**
人　件　費	13	40
交　際　費	5	19
減価償却費	5	8
旅費交通費	3	14
広告宣伝費	16	23
地代家賃	10	28
そ　の　他	4	16
〈営業利益〉	**22**	**8**
4.営業外収益	5	7
5.営業外費用	**9**	**23**
支払利息割引料	5	22
雑　損　失	4	1
〈経常利益〉	**18**	**−8**
6.特別利益(投資有価証券売却益)	—	21
7.特別損失	—	5
〈税引前当期純利益〉	**18**	**8**
法人税等	9	10
〈当期純利益〉	**9**	**−2**

テムの提案を強みにしているとのことだった。その技術力は顧客から高い評価を受けているというふれこみだった。

　山本氏のもとにSS社の財務データが届けられた。それをじっくりと分析した上で、2〜3日中にSS社の社長のプレゼンテーションを聞くことになる手はずだった。その席では疑問点を質した上で、相手に自分の意思決定を即座に伝える必要があった。ベンチャー投資はスピードが大切なのであり、時間を延ばすことは双方ともチャンスを失うことにつながるのである。

　山本氏はMBAコースで勉強したことを思い出しながら、財務諸表を眺め始めた。投資の可否について、YesかNoかの基本的な立場はあらかじめ決めておきたいと思っていた。条件付で投資決定する場合は、プレゼンテーションの場で相手にその条件内容を明快に伝えなければならないと考えていた。

● 成長戦略の指標が示すもの

　財務諸表が2期間になって、情報量が多くなったからといって、慌てる必要はない。これも大局的な動きを頭の中に入れてから、詳細な分析にアプローチしていけば、そんなに難しい問題ではない。

　さてSS社の財務諸表を一瞥すると、20X1年で経常赤字になっている。こういう財務諸表をみて、「赤字企業に投資なんかできっこない！」と言うようだったら、あなたにはベンチャー・キャピタリストの資格はない！

　あなたが「資金繰りが悪化しているので、非常に危険であり、投資すべきでない」と言うのだったら、銀行マンには向いているかもしれないが、ベンチャー投資家としては失格である！

　なぜかといえば、ベンチャーではそれが普通だからである。ひと頃のネット・ベンチャーやバイオ・ベンチャーは、軒並み赤字である。またベンチャーはいつも資金が足りない。資金が足りないから、ベンチャー・キャピタルに出資を求めてきているのである。それを断っていたら、ベンチャー・キャ

ピタル業にはならない。

　多くのベンチャーがどうして赤字なのかといえば、それは先行投資している
るからである。将来に向けてビジネス・モデルを築き上げるために、積極的
に投資しているからである。人材を確保して、教育し、設備投資を行い、販
売促進をし、対外PR活動を積極的に進める。これらはすべて先行投資とな
る。資金が足りないのは当然である。「成長」とは、イコール先行投資、積
極的な資金投入なのである。投資がうまくいけば、売上や利益は後でついて
くる。それがベンチャー企業の自然な姿である。したがって赤字や資金不足
で否定的な判断をしてはならない、ということになる。

　ではベンチャー投資にあたって、どのようなポイントをどのように評価し
ていけばいいのだろうか？

　その分析のために、まず BS と PL それぞれの変化を、例によって比例縮

<図表 5 − 1 > SS 社 BS の比例縮尺図

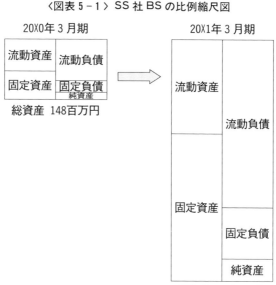

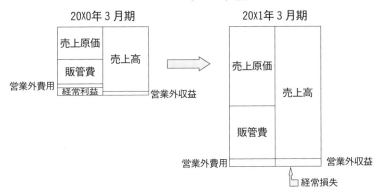

〈図表 5 - 2〉 SS 社 PL の比例縮尺図

（ただし経常損益までしか表示していない）

尺で表してみよう（〈図表 5 - 1〉〈図表 5 - 2〉参照）。

　BS と PL の変化を俯瞰してみると、損益計算書の伸びも著しいが、それ以上にバランスシートの膨張が急激なことがわかる。しかも流動資産より固定資産の伸びが大きく、また資金は流動負債にウェイトを置いて、調達していることがわかる。

　売上と費用の関係では、大幅な増収をしているものの、売上原価や販管費、営業外費用がいずれも伸びていて、経常利益が損失に陥っている。

　こうした趨勢を頭に入れた上で、財務諸表のディテールに目を移していこう。まず伸びや変化率の大きい項目をBSとPLから拾い出してみよう。

〈PL〉

- 売上高の上昇
- 粗利率（売上総利益率）の悪化
- 販管費率、営業外費用率の悪化

〈BS〉

- 売上債権
- 仕掛品
- 固定資産

- 投資有価証券の売却
- 子会社株式の取得
- 買掛金、未払金
- 短期借入金および割引手形

さて、これらの項目の変化から読み取れる推論を書き出してみよう。

〈売上高の上昇、粗利率（売上総利益率）の悪化〉

売上高が150百万円→320百万円と、絶対額が少ないとはいえ2倍以上に伸びている。「スマートフォンを利用したマーケティング・システム」のニーズが高いことを示しているのだろう。

しかし粗利率が52％→49％と下がっている。「大幅増収・減益」になっている。一般に増収減益が起こるとき、次のような相反する両面の事態が推測できる。

1つは前向きな場合である。

それはSS社が盛り上がる顧客ニーズを感じて、積極的に先行投資をしている場合である。ソフト会社が成功する要因は優秀な人材の確保、さらに優秀な外注企業先を編成することである。また人材を積極的に顧客のもとに送って、たとえ目先の売上にはならなくても教育機会を豊富に設けることで、人材育成を進めなければならない。こうした先行投資にはもちろんお金がかかる。売上が伸びていても、一方で先行投資をすればするほど、減益になる。企業が「成長戦略」をとると、増収減益になることが多い。この減益は、経営者が確信犯的にやっていることが多い。

もう1つは後向きな事態が発生している場合である。

「顧客に技術力が評価されている」という話だが、顧客との力関係が弱く、プロジェクトごとの単価がたたかれているのかもしれない。また受注が増えているものの、仕事の効率は悪化しているのかもしれない。経営者が営業マン・タイプの人だと、受注するのはうまいが、採算まで頭が回らずに、後になって赤字受注だったなんていうこともある。つまりいくら売上を上げても、

計数管理能力や効率的にチームをマネージする能力が低いと会社は成長しない。増収減益は経営者のマネジメント能力を素直に表現している、という事態も十分ありうる。

　同じことが他の指標からもいえる。SS社の財務諸表が発信しているのは、確信に満ちた成長戦略展開を表すシグナルなのか、それとも経営者のマネジメント能力の低さを示すシグナルなのか。

　この両方とも考えられるのである。

◯ 企業評価のポイント

　続けて、他の数値の裏側を推測してみよう。

〈販管費率、営業外費用率の悪化〉

　売上に対する販管費率は37％→46％、営業外費用率は6％→7％（とくに支払利息の比率は3％→7％）と悪化している。販管費の中身を見てみると、次のような支出が増えているのが読み取れる。

人件費：ソフト開発部門の人材（売上原価の中の人件費）だけでなく、販売部門または管理部門の人材も増えている？　あるいは役員を増員したのか？

交際費：5百万円→19百万円と増えた。得意先との交際だろうか？　社長の営業スタイルなのだろうか？　なぜ交際費をかける必要があるのか？　それとも銀座のステイタス性に惹かれた社長の飲み代か？

交通費：顧客との折衝が増えているのだろうか？　顧客が広域分布しているのか？　それとも残業のタクシー代？

広告費：広告するような業態だろうか？　人材募集の広告費ならばありえる？　人材集めに難儀しているのかもしれない？

地代家賃：管理部門の人材が増えているので、本社スペースを広げたのだろうか？　または営業所を拡大したのか？

支払利息割引料：4倍以上に増えている。もっとも長短借入金合計が78百万円→436百万円と5.6倍に増えているので、来期はもっと増えることが予想される。

いずれにしても、すべての項目にわたって、支出が増えている。相当積極果敢な経営者か、あるいは野放図な経営者のどちらかである。

〈売上債権の増加〉

売上債権総額で50百万円→143百万円と、これも大幅に増えている。売上高は150百万円（平均月商12.5百万円）→320百万円（同26.7百万円）なので、期末の売上債権額を月商で割ると、4カ月（20X0年）→5.4カ月（20X1年）となる。この月数（または365日で割って、平均日商を出し、日数換算にすることもある）を「売上債権回転期間」という。ほぼ取引条件の回収サイトを表している。つまり顧客から売上代金を回収する条件が、悪くなっていることになる。

回収サイトが悪化するのは、顧客に対して交渉力が弱い場合である。支払条件面で、先方に相当譲歩しないと受注できないようなときに長期化する。

逆に、積極的な販売促進を仕掛けるとき、わざと回収条件を緩めることがある。顧客に対して過去に実績がないときや、新製品を扱ってもらうようなときに、「支払いは製品を使ってもらってからで結構です」と条件を緩めて、顧客を呼び込む営業政策をとったようなとき、指標は悪化する。

前者のように「交渉力が弱い」とみるのは、後向きの見方である。後者は前向きの見方である。しかし、いずれにしても成長を積極的に仕掛けるときに回収サイトが長期化するようだと、成長すればするほど資金が一層必要になる。いわゆる資金多消費型の展開にならざるを得ない。

〈固定資産の急増〉

SS社は、土地建物を購入している。本社ないし開発スペース拡張のためだろうか？　それとも社宅や厚生施設かもしれない。

ここで1つ問題なのは、3億円近い固定資産投資を長期借入金でなく、短期借入金主体で資金調達していることである。固定資産購入の資金は、長期で返済していくのが普通である。したがって長期資金でまかなうのがノーマルな姿である。ただし資金調達の都合で、一時的に短期資金でまかなうことはありうる。

　いずれにしても、固定資産投資にも積極果敢であることがうかがわれる。

〈投資有価証券の売却と子会社株式の取得〉

　投資有価証券を売却して、21百万円のキャピタル・ゲインを得ていることがPLの特別利益から読み取れる。貴重な含み資産だが、資金が足りなかったのだろう。また経常赤字なので、その黒字転換を狙ったものだろう。

　子会社株式が新しく登場している。子会社を設立したのだろうか？　それとも小さな企業を買収したのだろうか？　あるいはどこかの企業とジョイント・ベンチャーを作ったのだろうか？

　この目的は何だろうか？　多角的な事業展開を狙ったものか？　企業買収や提携をしてまで、もっと大きな成長を狙っているのだろうか？

　このように財務諸表を眺めてきて、本題に戻ると、結局SS社をどう判断したらいいのだろうか？　ネットワーク・リンクの山本さんはこの企業に投資をすべきなのだろうか？

　一般的に投資判断を含めて、企業を評価するのは次の2面からであると考えられる。

　1つは、環境要因に関する評価である。その企業が基盤を置いている市場は魅力があるか、今後の成長性はどうか、競争状況はどうなっているか、競争を勝ち抜く競争力優位の要素は何か……etc、といった環境側の側面である。

　2つ目は、企業側のマネジメント力に関する評価である。経営者は高いマネジメント能力を持っているか、市場ニーズのスイート・スポットをつかん

でいるか、戦略は正しいか、豊富な人的ネットワークを持っているか、技術に明るいか、営業や管理に明るいか、人材や資金の管理能力があるか、スタッフの層は厚いか……etc、といった企業側の側面である。

この2つの側面を総合的に判断して、企業評価が行われると考えられる（〈図表5-3〉参照）。

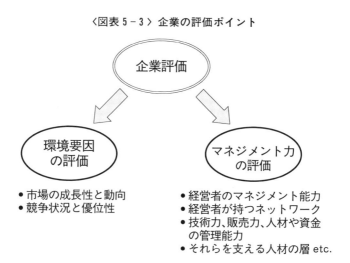

〈図表5-3〉企業の評価ポイント

企業評価

環境要因
の評価

・市場の成長性と動向
・競争状況と優位性

マネジメント力
の評価

・経営者のマネジメント能力
・経営者が持つネットワーク
・技術力、販売力、人材や資金
　の管理能力
・それらを支える人材の層 etc.

企業を取り巻く「環境要因の評価」については、経営者と会ったときに質問するか、別の専門家や情報ルートでカバーしなければならない。ここでは財務諸表を中心に読み取れるものということになるので、一方の「企業のマネジメント力の評価」が主体となる。

セルラー・ソリューションズの財務諸表を見て、そこから経営者のマネジメント能力や経営スタイルをどう読み取るかがポイントである。

● 経営スタイルを読み取る

前述したように、ベンチャー投資の場合「赤字を出しているからいけない」とはいえない。「積極投資」とは、確信犯で赤字をわざと出すことでも

ある。同様に、「資金が逼迫しているからダメ」という主張も当を得ていない。成長と資金逼迫は、同じコインの裏表である。

SS社については、評価が分かれるであろう。それは当然である。わが校でよく出てくるセリフの1つだが、「経営に正解はない！」。

経営にはその時点や場面で、それぞれの経営者が考え抜いた「最適解」が存在する。しかし、それが正解であるかはわからない。時代を経て歴史的に振り返っても、正解であるという保証は得られない。企業を大きく成長させた経営者の判断が正しかったかどうかは、永遠にわからない。もし別の経営者が経営していれば、その企業はもっと成長できたかもしれないのである。

したがって経営の議論は、そのとき最善と考えられる最適解をともに考え抜いていくプロセスなのである。意思決定が分かれるのは、経営判断に人間の価値観が入るからである。たとえば積極展開を是と見るか、否ととるかは、人の価値観で分かれる。SS社の行き方をどう評価するかは、評価者の価値観が入る。それは当然である。したがって、ここでは筆者の見方を述べることにしよう。それを叩き台にした批判や反論は大歓迎である。

スマートフォンは多様なビジネス・チャンスを持っている。これからまだ開かれるマーケットであることは間違いない。こういう成長市場では、積極的に新市場を切り開いて一番乗りを果たすようでないと、地歩を築くことはできない。いち早く成長分野を見つけて、そこに集中投資し、コア・コンピタンスとなる技術やノウハウを蓄積し、追随する競合他社に先行するようでないと成長できない。しかし一方で、技術の変化が極端に早い市場でもある。したがって代替技術が出現して、いつひっくり返されるかわからない。また大手企業が参入してきて、いつ競争状況が様変わりするかわからない。つまり積極果敢に先行する一方で、針路変更できる身軽さが必要なのである。積極性とは裏腹に、転進可能な手堅い備えをしておかなければならない。

SS社の経営者は、かなり積極的な人だと考えられる。その点はベンチャーの社長らしい資質を持っていると考えられる。この「イケイケ」的性格がないと、ベンチャーは面白い展開ができない。

しかし「身軽さ、手堅さ」ではどうだろうか？

　「顧客からの技術力評価」を最重点にして、そこにコア・コンピタンスを築くなら、その点に全力で投資すべきではないだろうか？　企業は手持ちの経営資源がいつも不足しているものである。ましてベンチャーは「ナイナイづくし」の企業である。「ヒトない、カネない、設備ない、技術足りない、経験ない」というのが、ベンチャーの平均的姿である。であるならば、ますます、少ない資源をコア・コンピタンスに集中すべきである。

　マイクロソフトのビル・ゲイツは、「ケチ」で有名な人だった。普段の足は、日本車を使っている。公用の出張では、飛行機のエコノミー席で行く。インテルの創業者の1人アンドリュー・グローブも、出張はエコノミー・クラスだった。こうした人たちは、しかし一方で研究開発費にはお金を惜しまなかった。こういうメリハリが、企業を成長させるには大切なのである。

　SS社の経営者は、人材投資はいいとしても、交際費にも広告費にも、固定資産投資にも、子会社投資、そして売上債権投資等など、すべて広く投資している。こういうメリハリを欠いた行き方は、「総花経営」とでもいうべきものである。筆者が想像する1つの実態像は次のようなものである。

　『SS社の経営者は、技術出身だが、おそらくおおらかな人であろう。技術的な顧客対応ができるので、顧客からの信頼も厚く営業力があり、売上を上げる力がある。しかし管理については素人である。部下から「これが必要です」と言われれば、即座にOKを出してしまうような、野放図な人物ではないか。

　スタッフや周囲の人々は、社長にいろいろ要求してくるはずである。

　「得意先が仕事をくれたのだから、売掛回収はまあどうでもいいでしょう？」

　「人を採用しないと仕事ができません。どんどん採りましょう」

　「給料を上げないと人がやめてしまいます。すぐに上げてください」

　「広告費をかけなければ人は集まりませんよ」

「交際費がないと営業できません。認めてください」

「残業した時ぐらいタクシー代を出してくれないと、やってられませんよ」

「スペースが足りません。本社ビルをそろそろ建ててもいい頃でしょう? 取引先が買い取ってほしい物件があると言っています。不動産は今が買い時ですよ」

「取引先から新事業プランを持ちかけられました。多角的に事業展開しましょう。社長!」……etc.

こういうスタッフの申し出に、ハイハイとすぐにハンコを押してしまうような経営者であることが想像できる。こういうお人よし(?)の経営者だと、この先いくらの資金が必要になるか、末恐ろしい』

　ベンチャーはいくら資金があっても足りない。そこに加えて、資金多消費型の総花経営をするようだと、起業家としては決定的に能力不足である。コア・コンピタンスには大盤振る舞いしても、他の部分は徹底して資金を節約し、コストを節約するのが、ベンチャー経営の秘訣である。

　まして資金提供を申し込んできたのは、投資ファンドわずか2億円のネットワーク・リンク社である。SS社のような資金多消費型のベンチャーに乗っていたら、いくら資金があってもアッという間に底をつく。付き合いきれるわけがない。本来、ネットワーク・リンク社のようなベンチャー・キャピタルに話を持ってくるような会社でもなければ、山本さんが手を出せる企業ではないだろう。

　ただ企業を評価するとき、冷たい見方をするのは適当ではないと思う。企業はいつ大化けするかわからない。SS社の経営者は、マーケットを切り開く能力はあるので、管理能力さえ備われば、企業がいい方向で予想を超えて伸びることがある。たとえば優秀な財務管理責任者が1人、補佐についただけで、経営がビシッと締まり、様変わりして成長するというケースがある。

　ホンダの創業者・本田宗一郎さんは、藤沢武夫さんという優秀な経営管理

者と出会ったおかげで、ホンダを成長軌道に乗せることができた。本田さんは技術の天才だったが、分不相応な大型設備投資をして、会社をつぶしそうになったこともある人である。自分にはお金の管理を含めて、経営管理ができないということを知っていた。だから藤沢さんに任せた。そのおかげでホンダはつぶれずに、世界に雄飛した。

　SS社への投資の可否についても、同じことがいえる。SS社の社長がこういう管理者を受け入れる人間的なキャパシティを持っていれば、話が変わる。山本さんが自分のネットワーク人材の中に、SS社の財務管理者になれるような人材がいれば、その人を財務担当役員に紹介できる。総花経営を止めてもらい、広く有能な管理人材を引き入れるという条件付で、投資することは可能である。山本さんが経営を側面からサポートするという案を、SS社に提案することもできる。

　筆者ならば、基本的にはNoだが、条件付Yesもありうる、という答えを出すだろう。実際にプレゼンテーションを受けるときに、筆者が知りたいことは、市場の魅力度や戦略の妥当性のほかに、次の1点に尽きる。

　「社長はメリハリ管理の大切さを理解できるだろうか？　プロの管理者のアドバイスを受け入れ、彼にマネジメントを任せ、キチンと実行に移せるだけの人間的なキャパシティがあるだろうか？」

　経営分析を扱った本では、「経営指標が悪い→即ダメ」という一元論的判断が多いように見受けられる。経営というものがわかっていない経理屋さんが言いそうなセリフである。経営の複雑さが理解できないと、表面的な判断しかできない。それは仕方がない。

　企業は人間によって運営される。意思決定するのは経営者であり、現場で判断しているのは従業員である。だから経営を評価するためには、人間理解が欠かせない。企業を評価することは、経営に携わっている人間を評価することにほかならない。

　人間は奥深い。わからないことが多い。長所もあれば、短所もある。また

時間とともに人間は変わりうる。短所も何らかのきっかけで、いつ長所に変わるかわからない。SS社の短所も、わずかな補完で強みに変わるかもしれない。結局それは人間次第である。人間というファクターを見落として、的確な企業評価はありえない。

財務諸表を通して見ているのは、実は数字の裏側に広がる人間行動の理解なのである。

コラム アグレッシブ経営と経営者の説得力…テスラとアマゾン[1]

この章では、ベンチャー企業のアグレッシブな経営スタイルの事例を取り上げたが、シリコンバレーのスタートアップはもっと極端な積極経営が多い。

例えば第1章で取り上げた「マグニフィセント7」は、おおむね初期の急成長過程で先行投資を繰り返し、赤字を積み増した。それにもかかわらず資金調達に成功し続け、今日の隆盛をつかみ取った企業群である。

テスラは2004年に設立され、2010年6月末に株式上場したが、〈図表5-4〉は上場直前の2010年1～6月半期決算のBS・PLである。この頃テスラはやっとロードスターを売り出し、量産車モデルSの開発を進めていた時期である（出荷開始は2012年半ば）。

製品ラインはまだ数のさばけないロードスターしかなく、量産車開発のために研究開発費を使い、また製造設備に先行投資する必要があるので、当然赤字が積み上がっていた。累積欠損金も3.3億ドル（当時のレートで約330億円）に達しているのがわかる。当然、資産より負債が大幅に大きい「債務超過」の状態にあり、倒産寸前といって過言ではない。

成長が期待できるとはいえ、こんな実績数値でなぜ上場に成功したのだろうか。しかもテスラが単年度黒字を果たすのは、2013年のことなのだ。

それはひとえにテスラCEOイーロン・マスクの説得力にあったといって

---

1 テスラとアマゾンのエピソードは慶應ビジネススクール・ケース『イーロン・マスク…テスラ、スペースX、疾走し続ける夢』、および『アマゾン.comⅡ…エブリシング・ストアからエブリシング・カンパニーへ』（いずれも山根節・牟田陽子共著）より。

〈図表5-4〉テスラ上場直前の財務諸表

(2010年1〜6月決算。テスラ2010年10-Qより筆者作成。単位：百万ドル)

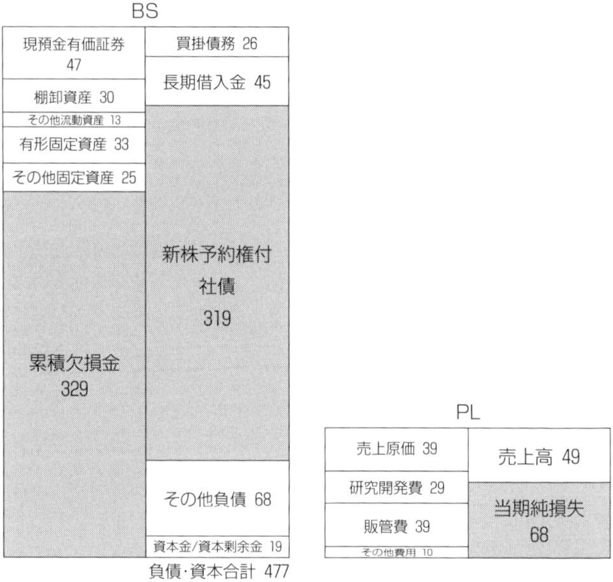

BS

現預金有価証券 47	買掛債務 26
棚卸資産 30	長期借入金 45
その他流動資産 13	
有形固定資産 33	
その他固定資産 25	
累積欠損金 329	新株予約権付社債 319
	その他負債 68
	資本金/資本剰余金 19

負債・資本合計 477

PL

売上原価 39	売上高 49
研究開発費 29	当期純損失 68
販管費 39	
その他費用 10	

いいだろう。

　実は、マスクはテスラよりやや早く、宇宙開発ベンチャーのスペースXを設立し、ロケット打ち上げを進めていた。スペースXの設立は2002年。マスクはそれ以前に成功させた金融ベンチャーを売却し、その売却資金をスペースX創業に注ぎ込んだ。

　しかしスペースXのロケット打ち上げは、3回失敗する。もう一度失敗すると会社は破綻すると誰もが思った中で、2008年に4回目の打ち上げに成功する。何と会社設立からわずか6年で、技術的に極めて難しいロケット開発に成功したのだ。

　この成功によって、同年末に米航空宇宙局（NASA）から大型契約を受注し、前受金を獲得した。この前受金が、資金破綻スレスレだったスペースXとテスラを救った。まさに薄氷を踏む展開を、生き抜いてきたのだ。

宇宙開発は米国人の夢である。アポロ計画に始まった米国の宇宙開発は、しかし冷戦の終結とともにNASAの予算も頭打ちとなり、民生移転の流れとなっていた。そこに南アフリカからの移民であるマスクが、米国人の夢を背負って登場した。

　もう1つのアメリカ人の夢が自動車である。アメリカはかつて自動車大国だったが、日本の攻勢の前に転落の一途だった。そこに革新的なEV（電気自動車）で逆転の望みを抱かせてくれたのが、マスクである。テスラの上場は1956年のフォード以来のことだったのだ。

　「（ロケットを成功させた）マスクならやり遂げてくれるはず！」

　人々がこう思っても不思議ではない。マスクは乱立する情報ビジネスだけのベンチャーと異なり、アメリカのかつての栄光だったロケットと自動車という"モノづくり"を蘇らせた。だから米国の投資家だけでなく、政府やテクノロジー人材さえも熱狂し、テスラやスペースXを応援したのだ。

　マスクはこのことを感じ取って、アップルのスティーブ・ジョブズのやり方をそっくり学んでいる。ジョブズは新製品発表会を熱狂的なショーにまで演出した人物で、"IT業界のロックスター"と呼ばれた人である。マスクも同じように、製品発表の場や投資家説明会などで積極的にメディアに登場し、革新的なテクノロジーを披露し、企業理念を語り、夢を膨らませた。

　テスラとスペースXは、経営理念を共有している。それは「人類を救う＝化石燃料の時代を終わらせ、人類を多惑星に播種する」という壮大なものである。

　ベンチャーは理想、夢、革新、未来といった構想が売り物である。そして起業家は、こうしたソフト的な要素を人々にPRできる説得力があるかどうか、が問われるのだ。日本の経営者や政治家にありがちな「退屈な横並びビジョン」「原稿棒読みの口ベタ」といった構想力、表現力では成功は覚束ないといえよう。

　アマゾン創業者ジェフ・ベゾスも同様である。

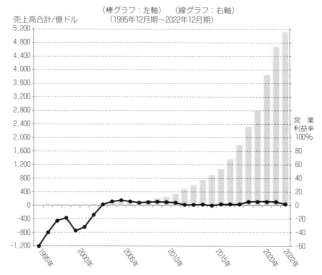

〈図表5-5〉アマゾン売上推移＆営業利益率推移

（棒グラフ：左軸）　（線グラフ：右軸）
（1995年12月期～2022年12月期）

〈図表5-5〉は、アマゾンの創業から近年までの売上高と営業利益率の推移を表している。

　アマゾンがサイトをオープンしたのは1995年7月であり、株式上場を1997年に果たしている。しかしグラフを見てわかるように、創業以来初めて単年度黒字を計上したのは2002年であり、2004年度までは債務超過の状態だった。

　ベゾスは「インターネットでメーカーと消費者をつなぎ、世界に向けてあらゆる商品を販売する」という構想で創業し、Amazon.comを「エブリシング・ストア」とうたった。いずれすべての商品やサービスを扱う計画だったが、最初からすべてを取り扱うのは無理なので、書籍から始めた。

　アマゾンのミッションは「顧客第一主義」であり、これはベゾスの堅い信念である。

　「われわれは正真正銘、顧客第一ですし、正真正銘、長期的です。また創意工夫を重視しています。ほとんどの会社は顧客ではなく、ライバルのこと

〈図表5-6〉アマゾン比例縮尺財務諸表

(2022年12月期、単位：百万ドル)

BS

現預金有価証券 70,026	買掛債務 79,600
棚卸資産 34,405	未払費用他 62,566
売上債権他 42,360	前受収益 13,227
有形固定資産 252,838 (前年比16.9%増)	有利子負債 140,118 (前年比20.4%増)
	その他長期負債
	資本 146,043
のれん 20,288	
その他資産	

総資産 462,675百万ドル(同10%増)

PL

売上原価 288,831	売上高 220,004 (前年比0.9%減)
	MP手数料収入 117,716 (同13.9%増)
フルフィルメント 84,299 (前年比12.2%増)	AWS 80,096 (同28.8%増)
研究開発費 73,213 (同30.6%増)	
その他費用 70,362	その他収益 96,167

当期純損失 2,733

収益計 513,983百万ドル(同6.4%増)

(注) PL中の「フルフィルメント」は物流費を指す。「MP」はマーケット
プレイス、「AWS」はクラウドサービスのこと。

を気にし、2～3年で得られるリターンを目指し、2～3年でうまくいかな
ければ、他のことを始めます。新しいことを発明するより、誰かの発明をマ
ネするほうを好みます。われわれは違うのです」

　書籍の売上は毎月数十％という急激な伸びを示し、商品アイテムをどんど
ん増やしていったので、オフィスや倉庫がすぐ手狭になった。また物流セン
ターに果敢に投資し、サーバーなど設備導入を続けたので、羽が生えたよう
に資金は足りなくなっていった。

　幹部ポストも増え、ヘッドハントも駆使した。またM&Aも積極的に行っ

た。さらに物流技術や情報システム開発、そして書籍の電子端末やスマート・スピーカー等々の製品開発にもアグレッシブに取り組んだ。したがって研究開発費はものすごい勢いで増えていった。

だから経理部門はいつも青い顔をしていた。先行投資がこれだけ続けば、どうあがいても赤字と資金不足の予想にしかならなかったのである。〈図表5-5〉で、未だに営業利益率が低空飛行なのは、そのためである。今も変わらず先行投資を続けているのだ。

ちなみに2022年度の研究開発費は総額732億ドル（この年は当期純損失27億ドルだったにもかかわらず）。日本円にして何と10.2兆円（140円／ドル換算）であり、ダントツ世界一の金額である。世界第2位のグーグルが395億ドル、日本一のトヨタ1.2兆円と比較しても、その突出ぶりがわかるであろう（〈図表5-6〉アマゾン財務諸表参照）。

ベゾスの構想の中では、アマゾンの現状はまだ創業ステージに過ぎないに違いない。やりたいことがまだまだたくさんあり、先行投資はこれからもずっと続くことになる。

しかし一方で、ベゾスは無駄な支出を費やすことはなかった。

創業以来、人材募集では資金を節約するために、報酬として自社株の提供をうたった。日常業務の中で「倹約につぐ倹約」を奨励した。たとえば幹部が移動する時、飛行機はエコノミークラス、什器類もなるべく自製している。このあたりがベゾスのメリハリといえる。実のある未来のためなら投資は惜しまないが、無駄な支出は1セントたりとも許さない、という姿勢は今も変わっていない。

こうした投資への姿勢は、ベンチャー・キャピタリストたちから好感された。

シリコンバレーの有力ベンチャー・キャピタルのトップだったJ.ドーアは、会って「一瞬でジェフと仕事がしたい」と思った、と語っている。そしてドーアは、自社の若手を社外取締役に派遣すると申し出たが、ベゾスはドーア自身の就任を強く要請した。この口うるさい著名キャピタリストの出資と役員就任が、その後のアマゾンの信用を担保することになっていくのである。

だからこそ利益率は低空飛行でも、アマゾンは時価総額ランキングでトップクラスを維持し続けている。

　ベゾスのステークホルダーに対する説得力をめぐるエピソードは多々あるが、極めつけは「株主への手紙」であろう。

　次に掲げたのは、株式上場後に初めてアニュアル・レポートに添付した「1997年株主への手紙」の抜粋である[2]。ベゾスの姿勢がここに明らかだ。

〈株主の皆様へ〉

　アマゾン.comは1997年に多くのマイルストーンを超えることができました。

　しかし、これはインターネットとアマゾンにとって、「Day 1」（創業日）にすぎません。今日、eコマースはお客様のお金と貴重な時間を節約しています。

　そして近い将来、パーソナライゼーションを通じて、eコマースはまさにお客様の発見の機会をどんどん拡げていきます。

　われわれは引き続き顧客に集中していきます。われわれは短期利益重視のウォールストリートの反応ではなく、長期的な市場リーダーシップを目指して投資判断を下していきます。われわれのビジネスモデルの潜在力を最大化するのは規模であることを踏まえて、成長を優先させていきます。

　われわれは、成功と失敗から学びます。会計上の利益を美しく見せることより、将来のキャッシュフローの現在価値を最大化することを優先します。われわれの果敢な長期投資が合理的かどうかをあなた方に評価してもらうため、われわれの戦略思考プロセスを競争上許される限りあなたと共有します。

〈社員の皆さん〉

　この1年間の成功は、社員の皆さんのハードワークのおかげです。私はこのチームの一員であることに大きな誇りを持っています。ここで働くのは決して容易ではありません。しかしわれわれは顧客にとって重要な何か、ある

2　https://www.sec.gov/Archives/edgar/data/1018724/000119312516530910/d168744dex991.htm より筆者が意訳。

いはわれわれの孫たちに語り継ぐことのできる重要な何かを新たに構築するために働いています。

　アマゾンの仕事とは、「孫たちに語り継ぐ重要な何か」を構築することだ、とベゾスは言う。だからその目的を完遂するため「今も創業ステージにすぎない」のだ。

　ベゾスはこれまで毎年ずっと、株主への手紙を送り続けてきた。後継者に譲った今も、アマゾンCEOは毎年の手紙の後に、必ず上に掲げた「1997年の手紙」を添える。

　経営は、ステークホルダーに対する経営者の構想力と説得力にかかっている。そんなシンプルな経営原則をわからせてくれるエピソードではなかろうか。

第6章

連結財務諸表を読む
企業グループの実力

◯ 連結財務諸表の制度化

　日本では、伝統的に、個々の会社の個別財務諸表を重視する傾向があり、企業グループ全体の財務を示す連結財務諸表への注目はそれほどではなかった。戦後に確立されたディスクロージャー制度では、当初、連結財務諸表は必要とされず、会社単位の財務諸表のみ公開されていた。

　昭和40年代に、押込販売など、子会社を使った粉飾決算の問題が頻発したことから、連結財務諸表の制度が導入されることになった。1975年（昭和50年）、企業会計審議会は「連結財務諸表の制度化に関する意見書」を発表し、1977年（昭和52年）から連結財務諸表の作成が義務化されることになる。

　それ以後も、連結財務諸表制度の拡充は続く。従来、有価証券報告書の添付書類であった連結財務諸表が有価証券報告書本体へ組み入れられたり、連結によってわかりにくくなった複数事業部門の状況を示すためにセグメント情報が開示されるようになり、さらにはセグメント情報が監査の対象になるなど、少しずつ発展してきた。

◯ 連結財務諸表を中心に

　しかしながら、日本では、20世紀を通じて、企業の財務諸表といえば、個々の会社の個別財務諸表であり、連結財務諸表は参考資料という扱いであ

った。一方、諸外国では、財務諸表といえば、連結財務諸表が基本である。製造活動、販売活動など、重要な事業活動が子会社を通じて行われることも多く、子会社も含めた全体の状況を見なければ、企業活動の様子がよくわからないからである。個別財務諸表はそもそも公開されないことも多い。

　しかし、21世紀に入る直前、日本もついに連結財務諸表を主とし、個々の会社の個別財務諸表を従とするように改められることになる。企業会計審議会は、1997年（平成9年）「連結財務諸表制度の見直しに関する意見書」を公表した。この意見書では、従来の個別財務情報中心のディスクロージャー制度から、連結財務情報を中心としたディスクロージャー制度への転換を提案した。この提案には、連結財務諸表のディスクロージャーを充実させることが含まれていた。

　さらに、議決権の所有割合だけでなく、ほかの要素も考慮した支配力基準を導入し、連結の範囲を拡大することが決定された。また、連結財務諸表の作成手続きを整備し、「連結財務諸表原則」を改訂した。これらの改訂は、国内外の投資者が日本の証券市場に参加しやすくすること、投資家が自己責任で適切な投資判断を下せるようにすること、企業が自社の実態に即した適切な経営判断を行えるようにすることを目的としていた。また、国際的に遜色のない連結財務諸表中心のディスクロージャー制度の構築を目指していた。その結果として、2000年3月期より、連結財務諸表を中心としたディスクロージャー制度に切り替わった。

◉ レジェンド問題

　会社法の枠に縛られ、保守的であまり変わらなかった日本の会計基準の現代化が進んだ理由としては外国からの圧力があった。資金の国際的な移動が普通に行われるようになり、外国人投資家が日本の株式市場で活発に取引をするようになると、日本の会計基準の特殊性が外国から批判されるようになる。

1997年秋、日本の金融機関の破綻を受けて、ファイナンシャル・タイムズは「不思議の国の会計（Wonderland Accounting）」という記事を掲載し、日本の監査制度を批判した。1998年5月、世界銀行とIMFは大手会計事務所の代表と会って、アジア諸国のメンバー・ファームが現地の会計基準で作成された財務諸表にサインすることの問題点を指摘する[1]。

　これを受け、大手会計事務所はアジア諸国のメンバー・ファームに対し、英語の監査報告書に、その財務諸表がその国ローカルの会計基準で作成されたものであることを明記するよう求めるようになった。監査報告書と財務諸表の注記に「我が国以外の国または法域で公正妥当と認められた会計原則に従って作成されたものではない」という、いわゆる「レジェンド文言」が挿入されるようになったのである。

　この「レジェンド文言」は、日本の会計基準の後進性を示す屈辱的なものと理解された。以後、日本の会計基準やディスクロージャー制度を国際水準と比較して遜色ないものに作り替えようとする努力が始まる。連結財務諸表を中心としたディスクロージャー制度はこうした努力の一環であった。会計基準設定機関が、民間団体の企業会計基準委員会へと切り替わったあと、精力的に企業会計基準が設定されていく。ディスクロージャー制度の拡充が進み、これが定着したのを受けて、2004年3月期決算から「レジェンド文言」は削除されている。

● 純粋持株会社解禁

　日本は戦前、持株会社を頂点とする財閥と呼ばれる企業集団の存在が過度の経済力の集中につながったとされ、戦後、GHQによって財閥は解体される。財閥が復活することを抑制するために、独占禁止法9条は、純粋持株会

1　ここでの記述は、次のサイトによる。日本公認会計士協会『我が国のIFRSの取り組み』、第3章「国際財務報告基準（IFRS）への収斂の我が国の対応」、https://jicpa.or.jp/specialized_field/ifrs/education/chapter03/、2023年12月5日閲覧。

社を禁止してきた。

　そのため、自社でも事業を営んでいる事業持株会社を中心とした企業集団が形成され、事業活動の主要部分は親会社で行われてきていた。これが、日本で伝統的に個別財務諸表が重要視されてきた理由の1つである。

　しかし、1980年代以降、企業の事業活動を機動的に再編し、事業を売却したり買収したりするためには、純粋持株会社が役に立つという機運が高まってきた。

　こうした機運を受けて、1997年、純粋持株会社が解禁され、それ以後、「○○ホールディングス」という名前の持株会社の下に事業会社をぶら下げる企業集団が増えてくる。持株会社は、企業全体の事業ポートフォリオのマネジメントや企業外部からの資金調達などのいわゆるコーポレート戦略を担当し、事業活動の中核は子会社を中心に行うという連結経営のスタイルが定着してくる。

　こうした連結経営の企業の親会社の個別財務諸表の情報量は乏しい。三菱UFJ銀行や三菱UFJ信託銀行などが連結されていない三菱UFJフィナンシャル・グループの2023年3月期の個別BSの資産総額は約23兆円である一方、連結BSの資産総額は約387兆円である。セブン−イレブン・ジャパンやイトーヨーカ堂が連結されていないセブン＆アイ・ホールディングスの2023年2月期の個別BSの総資産は約2.6兆円なのに対し、連結BSの資産総額は約10.6兆円である。主要な事業会社が連結されていない持株会社の財務諸表に関心を寄せる人は多くない。

　また、子会社で働く従業員の意識の面でも大きな変化があった。主要な事業活動が親会社で行われているグループのなかでは、親会社が主流で子会社が傍流という考えが残るところも少なくない。子会社の経営陣が親会社から派遣されることもある。しかしながら、主要な事業活動が子会社で行われているグループでは、主要な事業会社の従業員は持株会社の子会社で働いているという意識は少ないだろう。

　このような連結経営のスタイルの変化を考えるなら、個別財務諸表を中心

としたディスクロージャー制度から、連結財務諸表を中心としたディスクロージャー制度へ移行するのは自然なことである。

◯ 連結財務諸表と固有の項目

　日本基準の場合、連結財務諸表は次の5つによって構成され、有価証券報告書に掲載される。
- 連結貸借対照表
- 連結損益計算書
- 連結包括利益計算書
- 連結株主資本等変動計算書
- 連結キャッシュ・フロー計算書
- 連結附属明細表

（連結損益計算書と連結包括利益計算書はまとめて1つの計算書にすることもできる。これを連結損益及び包括利益計算書という。）

　連結財務諸表でのみ出てくる項目には次のようなものがある。

〈連結財務諸表固有の項目〉

BS項目……………
- 非支配株主持分
- 為替換算調整勘定

PL項目……………
- 親会社株主に帰属する当期純利益
- 非支配株主に帰属する当期純利益
- 持分法による投資損益

　このほか、のれんは、会社を合併したときに個別BSでも計上されることがあるが、典型的には連結BSで計上される項目である。合併まではしなくても、企業を買収することはよくある。

● 子会社と関連会社

　連結財務諸表は、企業集団を報告単位として、親会社が作成する。ここで、親会社とは、他の企業の株主総会や取締役会などの意思決定機関を支配している企業をいい、子会社とは、親会社に意思決定機関を支配されている企業をいう。子会社が意思決定機関を支配している企業（俗にいう「孫会社」）も間接的に親会社に意思決定機関を支配されているので子会社である。また、親会社と子会社が合わせて意思決定機関を支配している企業も子会社である。たとえば、親会社がある企業の議決権の30％を所有しており、子会社もその企業の議決権の30％を所有していれば、親子合わせて議決権の60％を所有することになり、その企業の株主総会は親会社に支配されているので子会社となる。

　ある企業の意思決定機関を支配しているというのは、次のような場合をいう[2]。

⑴　議決権の過半数（50％超）を所有している場合

⑵　議決権の40％以上50％以下を所有しており、

　⒜　自社の意向で行使できる議決権と合わせて、その企業の議決権の過半数を占めている場合、または、

　⒝　その企業の意思決定機関を支配していることが推測される事実が存在する場合

⑶　自社の意向で行使できる議決権と合わせて、その企業の議決権の過半数を占めており、その企業の意思決定機関を支配していることが推測される事実が存在する場合

2　わかりやすく書き換えているので、正確な内容を知りたい読者は企業会計基準第22号「連結財務諸表に関する会計基準」を見よ。

基本的に子会社は連結する。ただし、支配が一時的であると認められる企業や、連結すると利害関係者の判断を著しく誤らせるおそれのある企業は連結されない。子会社のうち連結する子会社をとくに連結子会社といい、連結しない子会社を非連結子会社という。

　関連会社とは、企業とその子会社が、出資、人事、資金、技術、取引等の関係を通じて、子会社以外の他の企業の方針の決定に対して重要な影響を与えることができるとき、その子会社以外の企業をいう。ここで、子会社以外の他の企業の方針の決定に対して重要な影響を与えることができるというのは、次のような場合をいう[3]。

(1)　子会社以外の他の企業の議決権の20％以上を所有している場合
(2)　子会社以外の他の企業の議決権の15％以上20％未満を所有しており、その企業の方針の決定に対して重要な影響を与えることができることが推測される事実が存在する場合
(3)　自社の意向で行使できる議決権と合わせて、その企業の議決権の20％以上を占めており、その企業の方針の決定に対して重要な影響を与えることができることが推測される事実が存在する場合

　このように細かい判断基準はあるが、大雑把にいえば、議決権の過半数を実質的に所有していれば子会社であり、議決権の20％以上、50％以下を実質的に所有していれば関連会社である。議決権の所有割合が境界に近い場合は、実質を見て子会社か関連会社かどちらでもないかを判断するということである。

3　わかりやすく書き換えているので、正確な内容を知りたい読者は企業会計基準第16号「持分法に関する会計基準」を見よ。

〈図表6-1〉関係会社

また、関連会社と紛らわしい専門用語に関係会社というものがある。関係会社というのは、子会社と親会社と関連会社と自社を関連会社としている会社のことである。子会社は関係会社の一種であり、親会社も関係会社の一種であり、関連会社も関係会社の一種であり、自社を関連会社としている会社も関係会社の一種である。このなかでは、自社を関連会社としている会社だけ短い呼び方がないので、子会社でも親会社でも関連会社でもない関係会社という意味で「その他の関係会社」という。デンソーやSUBARUはトヨタ自動車の関連会社なので、トヨタ自動車はデンソーやSUBARUの「その他の関係会社」である。

このように関連会社という言葉はかなりテクニカルに定義されている。しかし、一般のビジネス界では、「わが社と関連がある会社」というくらいの曖昧なニュアンスで関連会社ということが多い。そこで、一般向けには関連会社という言葉を避けたほうが誤解が生じにくい。

あとで説明するように、関連会社の株式には、持分法という方法が適用される。そこで関連会社とほぼ同じ意味で持分法適用会社ということがある（厳密には、非連結子会社に対しても持分法が適用されるので、持分法適用会社のほうが関連会社よりも少し広い）。持分法適用会社とまでいえば、一般の人にも何か特殊な定義のある言葉だということが伝わるので誤解を招きにくい。

● 非支配株主持分とのれん

　子会社を連結する方法には2通りのものがある。比例連結と全部連結である。

　〈図表6-2〉の例で考える。P社は、S社の議決権の80％を所有している。S社が1,500百万円（15億円）の資産を保有していたとしよう。このとき、連結BSに追加する資産は(1)1,200百万円、(2)1,500百万円のいずれが妥当であろうか。

　P社はS社の議決権を80％しか所有していないのだから、資産1,500百万円のうち、1,200百万円がP社に「帰属」する。しかし、P社はS社を支配しているのだから、資産1,500百万円はすべてP社が「支配」している。

　連結財務諸表に、親会社に「帰属」する部分のみを反映させる方法を比例連結といい、親会社が「支配」する部分すべてを反映させる方法を全部連結という。具体的には、子会社の財務諸表に議決権割合を掛けてから連結するのが比例連結であり、子会社の財務諸表をそのまま連結するのが全部連結である。現在は、IFRS、米国基準、日本基準すべて、全部連結である。

　親会社の持株比率が100％でない状況で、子会社を全部連結すると、貸借が合わない（右と左の合計額が一致しない）ことになる。親会社に帰属しない資産・負債まで連結するので、純資産のうち親会社株主に帰属しない部分が埋められないで残ってしまう。これは、親会社株主以外の子会社株主に帰属する部分である。親会社株主は子会社を支配しているので、親会社株主以外の子会社株主は子会社を支配していない。そこで、親会社株主以外の子会社株主のことを非支配株主といい、非支配株主の持分のことを非支配株主持分（非支配持分）という。

〈図表6-2〉 資本連結

P社がS社株式の80%を8億円で買収（単位：百万円）

S社時価評価前BS

資産	1,200	負債	600
		資本金	500
		利益剰余金	100
計	1,200	計	1,200

S社時価評価後BS

資産	1,500	負債	600
		資本金	500
		利益剰余金	100
		評価差額	300
計	1,500	計	1,500

P社BS

資産	3,200	負債	1,000
S社株式	800	資本金	2,000
		利益剰余金	1,000
計	4,000	計	4,000

合算してS社株式と
S社の純資産を消去

連結BS

資産	4,700	負債	1,600
のれん	80	資本金	2,000
		利益剰余金	1,000
		非支配株主持分	180
計	4,780	計	4,780

ふたたび〈図表6‐2〉の例で考えよう。P社がS社株式の80%保有している状況で、S社の純資産が900百万円であれば、P社株主に帰属するS社純資産は900×80%＝720百万円である。S社の純資産のうち、900－720＝180百万円は非支配株主に帰属する部分である。これを非支配株主持分とする。

　一般に、親会社株主に帰属する子会社純資産と親会社が所有する子会社株式の取得原価（取得価格）が等しいとは限らない。〈図表6‐2〉の例では、P社が800百万円でS社株式の80%を取得している。したがって、800－900×80%＝80百万円だけ差額が出る。

　これは、時価評価したBSの純資産の自社帰属分の価値（モノとしての価値）を超えた金額で買収したことを意味する。企業を買収するとき、その企業のモノとしての価値を超えた対価を支払うのは、いくつかの理由がある。

　まず、企業の価値は、その企業のモノとしての価値よりも大きいのが普通である。ある企業を、その企業のモノとしての価値よりも安く買収できれば、買収直後にその企業を解体してモノとして売り払えばすぐに利益を得ることができる。そういうチャンスがあればそれに気がついた人が誰かやるに違いない。誰もやらないということは、誰も気がついていないか、その企業の価値がその企業のモノとしての価値より高いからに違いない。

　また、買収するときの株価は、買収前の株価よりも高い価格が提示されることが多い。現在の株価は、その企業に対する評価が一番低かった株主が実際に株式を売った価格である。議決権の過半数を得ようとすれば、一番低く評価している株主の評価ではなく、評価の低い順に並べたとき、ちょうど真ん中にくる株主の評価を少し上回る価格を提示しなければならない。これが買収プレミアムである。

　プレミアムを支払ってまで買収しようとするのは、シナジー（相乗効果）を期待するからである。その会社の技術力と自社の営業力が組み合わされれば新しい市場が拡がってより大きなキャッシュ・フローが得られるに違いないと期待して買収しているのかもしれない。

　このような理由で、買収の対価は、買収される企業のモノとしての価値を

超えることになる。この買収の対価と買収される企業のモノとしての価値の差額のことをのれんという。その企業が生み出すキャッシュ・フローの正味現在価値と、買収する企業と一緒になることによって増加するキャッシュ・フローの現在価値がその源泉である。人によっては「超過収益力」と呼んだりする。

　ただ、のれんは、将来、キャッシュ・フローが増えるだろうという期待を反映しているだけで、その背後に裏付けとなる資産が何もないことは強調されていい。のれんが純資産より大きければ、その企業は実質債務超過である。裏付けとなる資産が何もなければ、買収時にすべて損失としたり、純資産と相殺することも考えられる（IFRS採用前の英国基準ではそうしていた）。

　それでは、影響が大きいということでのれんを資産計上する場合にも、のれんを償却するかどうかという問題が残る。現在、日本基準では20年以内に償却することになっている。米国基準やIFRSでは償却しないが、価値が減っていないかどうかを調べるため、毎期、減損テストを実施し、価値が減っていれば減損損失を計上する。

　のれんの計上の仕方には、⑴購入のれん方式と⑵全部のれん方式の２つの方法がある。購入のれん方式というのは、親会社に帰属するのれん（購入のれん）だけを資産計上する方法である。〈図表6-2〉のケースでは、(1,000-900)×80％＝80百万円が購入のれんである。全部のれん方式は、購入のれんに加えて、非支配株主持分に帰属するのれんも合わせた全部のれんを資産計上する方法である。〈図表6-2〉のケースでは、1,000-900＝100百万円が全部のれんである。非支配株主持分に帰属するのれん20百万円は非支配株主持分に加える。

　日本基準は、購入のれん方式、IFRSは購入のれん方式と全部のれん方式の選択式、米国基準は全部のれん方式である。

● 内部取引の消去と未実現利益の消去

連結財務諸表は、親会社に支配されている企業集団をあたかも1つの企業のように見立てて作成するものなので、企業集団内部の取引は消去し、債権債務関係も相殺しなければならない。たとえば、子会社から仕入れた商品を親会社が外部に販売したとすると、親会社が子会社から商品を仕入れたときに子会社に売上が計上され、親会社が外部に販売したときにもう一度売上が計上される。同じように売上原価も二重計上になる。企業集団内部の資金の貸し借りや、それに伴う利息の受け払い、売掛金・買掛金などの債権債務も相殺しておかないといけない。結果として、連結財務諸表に残るのは、企業集団外部との取引高や債権債務だけになる。

また、親会社が外部に販売するつもりで子会社から仕入れた商品がまだ販売されずに親会社の在庫として残っている場合、親会社の棚卸資産に子会社の利益が含まれている。しかし、企業集団内部で商品が移動しただけで、この利益は連結会計上は未実現である。連結会計上、未実現利益は全額消去する。

ただし、消去した未実現利益を親会社株主だけに負担させるのか、非支配株主にも負担させるのかは、取引によって異なる。親会社から子会社への売却取引をダウン・ストリームといい、子会社から親会社への売却取引をアップ・ストリームという。ダウン・ストリームの未実現利益は、親会社株主だけに負担させるのに対し、アップ・ストリームの未実現利益は、親会社株主と非支配株主で持分比率に応じて負担する。

このように連結財務諸表の作成手続きは単純だが、実務上は、関係会社が数百社にのぼることもあり、極めて煩雑な処理が必要となる場合も多い。また、子会社から製造設備を購入した場合など、固定資産に含まれる未実現利益を消去し、減価償却に応じて徐々に実現させていくなど、長期間にわたる処理が必要となる場合もある。

⬤ 外貨建財務諸表の換算

支店や子会社、関連会社が外国にあり、外貨建ての財務諸表を作成している場合、これをどのように日本円建てに換算するかという問題がある。

BS項目の中には、土地のように購入時の価格で計上されているものがある。外貨建BS上は金額が変わっていないのに、換算レートが変わると円建ての金額が変わってしまう。そこで、評価額が付された時点の為替レートで換算しようという考え方がある。これをテンポラル法という。在外支店の外貨建財務諸表にはテンポラル法が適用される。テンポラル法を厳格に適用すると、在外支店が、あたかもずっと日本円で帳簿を付けていたのと同じ結果になる（PL項目に対しては期中平均レートを使うこともできる）。

しかし、テンポラル法を適用すると、外貨建PLでは利益（損失）が出ているのに、日本円換算後に損失（利益）が出てしまうケースが出てくる。これを換算のパラドクスという。在外支店の外貨建財務諸表については、換算のパラドクスが起きる余地がある。

〈図表 6 - 3〉 在外子会社の外貨建財務諸表の換算レート

PL項目	
原則	期中平均レート
例外	決算時レート
BS項目	
資産・負債	決算時レート
純資産	取得時レート

一方、在外子会社・関連会社の外貨建財務諸表の換算にあたっては換算のパラドクスが生じないようになっている。資産と負債は決算時のレートで換

算し、純資産項目は親会社が取得したときの為替レートで換算する。PL項目は、期中平均レートか決算日レートで換算する。結果として生じる換算差額は、為替換算調整勘定に入れる（非支配株主持分分は非支配株主持分に入れる）。

　PLが期中平均レートまたは決算日レートで換算されるので、利益は利益に、損失は損失に換算されるため、換算のパラドクスは生じない。ただし、増収が減収になったり、減収が増収になったりすることはある。また、増益が減益になったり、減益が増益になったりすることもある。

　急激な円安になると、グローバルに活動する日本企業の業績が好調になることがある。もちろん、円安により日本製品の価格競争力が増して業績が好転するという面もあるが、たんに在外子会社の利益が円換算後に増えるからという面もある。

◉ 関連会社と持分法

　連結子会社は全部連結される。企業集団の内部取引は消去されるものの、企業集団外部に対する売上高は、持株比率が50.00001％であったとしても、100％連結売上高に計上される。一度、連結当期純利益が計算されてから、親会社株主に帰属する当期純利益と非支配株主に帰属する当期純利益に振り分けられる。

　これに対して、非連結子会社と関連会社の外部売上高はビタ一文、連結売上高に算入されない。しかし、非連結子会社と関連会社の当期純利益のうち、連結財務諸表作成会社の株主に帰属する当期純利益は「持分法による投資利益」として営業外収益に計上されるとともに、非連結子会社株式や関連会社株式の金額が「持分法による投資利益」の額だけ評価増しされる。損失が出た場合は「持分法による投資損失」が営業外費用に計上され、同額だけ関係する株式の評価が切り下げられる。これが持分法である。持分法が適用される非連結子会社株式や関連会社株式のことを持分法適用会社という。

〈図表6-4〉持分法

持分法適用前連結BS

資産	800	負債	500
A社株式	200	純資産	500
計	1,000	計	1,000

A社PL

収益	300
費用	200
当期純利益	100

持分法を適用

持分法適用後連結BS

資産	800	負債	500
A社株式	220	純資産	520
計	1,020	計	1,020

連結PL

売上高	…
売上原価	…
販売費及び一般管理費	…
営業利益	…
持分法による投資利益	20
…	…

　たとえば、20％出資している関連会社が100百万円（1億円）の当期純利益を上げた場合、損益計算書に「持分法による投資利益20百万円（＝100百万円×20％）」を計上し、同時に関連会社株式の評価額を20百万円プラスする。図解すると、〈図表6-4〉のようになる。

　また、利益を加算した後にその関連会社から配当金を受け取ったときは、その金額分だけ評価を引き下げる。株式取得に際して、のれんが発生する場合もある。そのときはのれんの償却費を毎年、関連会社株式から減額する処理も行われる。

　正式な表現ではないが、持分法は俗に「一行連結」（one-line consolidation）と呼ばれる。売上高などの収益や売上原価などの費用はまったく連結されないが、連結財務諸表作成会社の株主に帰属する関連会社等の利益が「持分法による投資利益」の一行で連結業績に算入されるからである。結果として、親会社株主に帰属する当期純利益に与える影響は、連結された場合と同じに

なる。

●【ケース】メルカリの連結・単独財務諸表

　次頁の〈図表6-5〉、〈図表6-6〉に掲げるのは、2023年（令和5年）6月期のメルカリの連結財務諸表および単独財務諸表である。2つの資料を比較しながら、メルカリの事業展開や経営体質について、評価・分析しなさい。

メルカリというフリマ・アプリ

　メルカリの主力事業は、フリマ・アプリである。フリマというのは、フリー・マーケット（flea market）、つまり蚤の市のことで、消費者が持っているモノを中古品として別の消費者と売買する消費者間売買市場（いわゆるCtoCマーケット）である。

　2013年7月2日のサービス開始以来、メルカリはテレビCMなどの効果もあって、急速に普及していった。2014年10月に販売金額の10％の販売手数料の導入に踏み切ったが、その後の成長も鈍化していない。

　これほどまでに急激な成長が可能になったのは、フリマ・アプリの作り込みによるところが大きい[4]。2013年2月に会社を設立してからフリマ・アプリ「メルカリ」をリリースする2013年7月まで、ひたすらアプリの作り込みを行い、とにかく使いやすいサービスを設計することに費やしたという。ユーザー登録も簡略化されており、購入も出品もできるだけ簡単になるようにデザインされている。商品を出品するためには、商品の写真をスマホで撮ってアップし、自動で出てくるジャンルやサイズ、金額を指定するだけでよい。「3分で簡単出品」とされている。

　リリース後も、ユーザーの行動を精査して、不都合な点を見つけてただちに対応し、地道な改善を進めてきた。その改善点は操作に迷いそうなところ

4　以下、「第47回ビジネスなるほどゼミ　2年半で2300万人メルカリ急成長の謎　スマホ向けフリマで圧勝できた理由」、『日経TRENDY』2016年3月号、74-75頁より。

でガイドへ飛べる、一度中断したあと再開しても入力途中のデータが保存されているといった細かいものばかりだという。こうした地道な作り込みがユーザー・エクスペリエンスを改善し、メルカリの普及につながった。

メルカリの海外進出と競合

メルカリの創業者の山田進太郎氏は「世界で使われるサービスを目指す」といっている。そもそも、事業分野として、スマホ向けフリマ・アプリを選んだ理由が「世界を見ても同様のサービスがなかったから」とのことである。海外で生まれたサービスを日本に持ってくるのではなく、日本初のサービスならば世界でも勝負できる。

メルカリは、2014年9月に米国でサービスを開始した。はじめは、利用者獲得のため販売手数料を無料としていたが、2016年10月には販売額の10%という日本と同率の販売手数料の徴収を始めた。

2021年6月期第4四半期、メルカリの米国事業（メルカリUS）は、内部取引調整後の調整後営業利益で4.5百万ドルの利益を上げ、はじめて四半期利益を黒字とした。しかし、その後も営業損失が続いている。

メルペイとメルコイン

メルカリは、2017年11月に設立した子会社メルペイを通じて金融事業に進出する。スマホ向けにウォレット（電子財布）の機能を提供し、資産運用をはじめとする各種サービスを利用できるようにする。ほかのアプリに遷移するのではなく、メルカリの世界の中でさまざまな機能が簡単に使えるようにするという。これは中国の「アリペイ」や「ウィーチャットペイ」に近い。決済機能だけでなく、メルカリの売買データをある種の信用情報として使い、ほかのサービスとの連携を目指すという。

メルカリは、フリマ・アプリ「メルカリ」で商品を売って得た資金を現金化する際に手数料を課すことで、その資金を「メルカリ」で商品を買うように促している。売上金を現金化する場合、200円の振込手数料が徴収される。

メルカリは、売買高の10%に手数料を課しているため、ユーザーが商品を売って得た資金がメルカリ経済圏のなかに留まって、何度も売買取引に充当されると利益が増える仕組みである。

これに対してメルペイは、フリマ・アプリで得た資金を街中の実店舗で使えるようにする。「メルカリ」での売上金については、電子マネーのようなチャージ（入金）手続きがいらない点に強みがある。

2023年春より、メルカリはフリマ・アプリ内で暗号資産（仮想通貨）を購入できるようにする。金融子会社のメルコインがシステムを開発した。ターゲットとなる顧客層は、はじめて暗号資産を購入する初心者である。すでにメルカリに登録してある情報を使うことで、暗号資産を購入するためのハードルをできるだけ下げることにした。はじめはよく知られたビットコインを取り扱う。

当初は、メルカリでの取引の決済に暗号資産を使うことはできなかったが、2024年2月15日、メルカリでの決済にも利用できるようになった。暗号資産の利用が増えれば、メルカリはクレジットカード会社に支払う手数料を節約することができる。

しかしながら、暗号資産価格の騰落は激しく、一般ユーザーにハイリスクの資産を保有させることになる[5]。

メルカリの連結子会社

2023年6月期の有価証券報告書によると、メルカリの関係会社は連結子会社しかない。メルカリを子会社とする会社も、関連会社とする会社もなく、メルカリには関連会社もない。

メルカリにとって重要な子会社のMercari, Inc.は、米国におけるフリマ・アプリ "Mercari" を企画・開発・運営する会社である。株式会社メルペイは、決済事業「メルペイ」を企画・開発・運営する会社である。株式会社ソ

---

5 「メルカリ、フリマアプリに追加仮想通貨買える機能、両刃の剣」、『日経ビジネス』2022年11月28日号、87頁。

ウゾウは、Eコマースプラットフォーム「メルカリShops」の企画・開発・運営を担当している。株式会社メルコインは、暗号資産やブロックチェーンに関するサービスの企画・開発・運営する会社である。Mercari Software Technologies India Private Limitedは、インドのベンガルール市にあるインターネットサービス開発の会社である。これら5つの連結子会社に対するメルカリの持株比率はいずれも100%であって、非支配株主は存在しない。

　このほかに持株比率が71.2%の連結子会社、株式会社鹿島アントラーズ・エフ・シーがある。プロサッカー球団鹿島アントラーズを運営する会社である。

BS、PLの連単比較

〈図表6-5〉 メルカリの連結財務諸表 (2023年6月期) (単位：億円)

〈図表6-6〉 メルカリの単独財務諸表 (2023年6月期)（単位：億円）

個別BS

	未払金等　142
現金等 1,014	有利子負債 784
売上債権　191	純資産 556
関係会社株式 319	
(83)	(125)

総資産　1,607

個別PL

売上原価　150	
販売費及び 一般管理費 595	売上高 1,017
営業利益 273	

　メルカリの連結財務諸表は、一見するとインフラ系と見間違えるほどBS
が大きく、PLが小さい。総資産4,153億円に対して、売上高1,721億円である。
これはメルペイを連結していることが大きい。メルペイは電子マネーによる
決済サービスなので、ある種の金融機関である。銀行であれば預金に相当す
る預り金がかなりあるため、BSが大きい。その一方で、メルペイが事業を
開始する前は、メルカリの連結も単体もBSは大きくは違わなかった。つま
り、連結グループにおける親会社メルカリのウェイトが圧倒的であった。

　1987年に、米国のSFAS 94号が出るまで、異業種の子会社は連結しない
のが普通だった[6]。ここで異業種の子会社というのは、多くの場合、金融子
会社と不動産子会社である。いずれも、大きなBSと小さなPLを特徴とする。
とくに金融子会社は極めて大きなBSと極めて小さなPLを持つので、これを
連結すると、連結財務諸表の外観が大きな影響を受ける。米国基準、IFRS、
日本基準とも、現在は、原則として異業種子会社も連結することになってい

6　FASB, Statement of Financial Accounting Standards No. 94: Consolidation of All
　Majority-Owned Subsidiaries, FASB, October 1987.

るので、異業種子会社、とくに金融子会社を連結した財務諸表の分析には注意が必要である。メルペイを連結するメルカリのほかに、トヨタファイナンスを連結するトヨタ自動車や、楽天カード、楽天銀行、楽天証券などを連結する楽天グループなどが例である[7]。

〈図表6-7〉Mercari, Inc.と株式会社メルカリの要約情報

Mercari,Inc.

売上高	44,440百万円
経常損失	8,473百万円
当期純損失	8,661百万円
純資産額	9,172百万円
総資産額	26,506百万円

株式会社メルペイ

売上高	31,195百万円
経常利益	3,041百万円
当期純利益	6,422百万円
純資産額	16,744百万円
総資産額	273,756百万円

　メルカリの米国事業を担当するMercari, Inc.とメルペイ事業を担当する株式会社メルペイは、外部への売上高が連結売上高に占める割合が10%を超えており、〈図表6-7〉に示す追加情報が開示されている。これによって、この2社のBS、PLの大きさはわかる。やはり、メルペイの総資産が2,738億円と突出して大きく、これに対して売上高が312億円と小さい。一方、Mercari, Inc.は総資産265億円、売上高444億円とかなりPLが大きい。

　メルカリの個別財務諸表を見ると、総資産1,607億円に対して、売上高1,017億円と、PLの比率が若干高くなっている。総資産回転率（売上高／総資産）が、連結の0.41から、0.63と若干しか上がらない理由は、現金等1,014億円の存在である。総資産の63.1%はキャッシュなのだ。

　メルカリ本体（親会社）がキャッシュ・リッチになる理由は、メルカリのビジネス・モデルにある。メルカリは個人間の中古品売買のプラットフォームを運営して、売買代金の10%をプラットフォーム・フィーとして受け取っ

7　トヨタ自動車は、決算短信においては、自動車等セグメントと金融セグメントを区分した連結財務諸表を公表している。

ている。フリマ・アプリのメルカリ上で売買される商品は出品者が所有する
ものなので、メルカリは在庫リスクを取っていない。結果として、メルカリ
の個別BS上、棚卸資産はごくわずか（11百万円）しかない。

　一方、売掛金、未収入金などの売上債権は191億円に留まり、そのかなり
の部分を買掛金、未払金、未払費用など142億円がカバーしている。実際に
は、メルペイ利用者の場合、メルカリの売上金が自動的にメルペイにチャー
ジされるため、その部分も含めれば、運転資本はかなり小さいはずである。
場合によってはマイナスかもしれない。

　決済用の現預金、売上債権、棚卸資産から買入債務などの事業負債を引い
た運転資本は、通常、売上の伸びとともに膨らんでいく。急成長する企業が、
順当に利益が出ているのに資金が不足しがちになる理由は、売上の伸びに応
じて運転資本の額が膨らみ、手許資金でまかないきれなくなるからである。
この点、メルカリのように運転資本が小さい、またはマイナスの企業の場合、
成長とともにキャッシュが膨らんでいく。

　また、メルカリは上場時にも資金調達し、さらに有利子負債でも資金調達
している。もともと、フリマ・アプリ1事業の企業であったため、フィン
テックや米国事業など、収益の柱を複数化するため、投資原資が必要だったの
かもしれない。

BS・PLの連結と個別の差分

　親会社メルカリが運営するフリマ・アプリ「メルカリ」の国内事業以外の
新規事業・国外事業のBS・PLを見るために、メルカリの連結BS、PLと個
別BS、PLの差分を取ってみよう。

〈図表 6 - 8〉メルカリの連結と個別の差分（2023年 6 月）

（単位：億円）

差分BS

現金等 948	預り金 1,626
売上債権 1,030	有利子負債 791
差入保証金 616	関係会社株式　319
（142）	

(2736)

差分PL

| 売上原価 427 | 売上高 704 |
| 販売費及び 一般管理費 379 | |

営業損失　102

　この連結と個別の差分が子会社だけのBS・PLとおおよそ等しいはずである（内部取引を相殺した影響は残る）。

　まず、BSの右側に関係会社株式が出てくる。これは、連結上、子会社の純資産と相殺されるものなので、実質的には子会社の純資産と考えてよい。子会社のBSでは最大項目は売上債権であり、これが1,030億円程度となっている。次いで現金等の948億円である。これもかなり大きい。

　差入保証金は、メルカリがユーザーから一時的に預かっている預り金を保全する目的で、法令に基づき供託機関に一部供託している保証金である[8]。預り金1,626億円も差入保証金616億円もメルペイに帰属する項目であろう。

　差分PLを見ると、売上高704億円、売上原価427億円で、そこからさらに379億円の販売費及び一般管理費がかかり、営業損失102億円である。これは、連結営業利益が170億円、個別営業利益が273億円と個別の営業利益のほうが約102億円大きいことに対応している（丸めの誤差がある）。株式会社メルペイが内部取引控除前で経常利益30億円、Mercari Inc.が経常損失85億円なの

8　https://about.mercari.com/ir/faq/

で、その他の子会社も、（内部取引の影響はあるにしても）それほど大規模な利益を計上していることはなさそうである。

会社はヒトだろうか、モノだろうか。

　会社とは営利社団法人である。営利というのは、利益をメンバーのあいだで分配することをいう。お寺などが収益事業で儲けても、それをメンバーの間で分配しなければ、非営利法人という扱いになる。社団というのは人の集まり、つまりグループのことである。法人というのは、本当はヒトでないことは誰もが知っているが、法律上、人間扱いする組織や財産である。

　現代法の前提として、人間だけが権利義務の主体になるという考え方がある。人間は、契約その他によって、権利を持ち義務を負うことができる。人間は、人間以外のモノを所有することができる。人間は、人間に所有されない（これは奴隷制の禁止ということである）。

　ただ、この考え方を徹底的に貫くといろいろ厄介なことが起きる。たとえば3人の人が共同事業者としてパートナーシップを結成したとしよう。重要な契約には3人連名でサインをし、不動産などを3人の名義で登記していた。あるときパートナーの1人が、事業を娘に譲りたいと言い出したとする。今度はそのパートナーの代わりに娘さんをパートナーとして、重要な契約にサインし直し、登記をやり直す。パートナーがあまり多数でなければ、この方法でうまくいく。

　しかし、パートナーが1万人になり、毎日多数のパートナーが入れ替わるとしたらどうだろうか。手続きが煩雑でいちいち対応していられなくなって不便である。

　そこで、パートナーシップを構成する個々人を権利義務の主体とするのではなく、パートナーのグループであるパートナーシップ自体を法律上、人間扱いして、契約したりモノを所有したりできるようにすると便利である。これが社団法人である。社団法人が稼いだ利益をメンバー（社員）のあいだで分配するのが営利社団法人、つまり会社である。会社のうち、社員の資格、

メンバーシップが株式という割合的単位に分割されて、売買の対象となるものを株式会社という。つまり、株式会社は、株主の集合体に法人格を与えて人間扱いしたもので、社員は株主である。通常、「社員」と呼ばれる人は会社のメンバーではなく、会社に雇われている従業員である。

　会社は、ヒトのようにモノを所有することができる一方、モノのようにヒトに所有されることもある。誰かに議決権の過半数を所有されるとほとんどの意思決定につき、その議決権所有者のいうとおりにしないといけない（議決権の3分の2以上所有されると完全にいうとおりにしないといけない）。つまり、会社はモノを所有するヒトである一方でヒトに所有されるモノでもある。ヒトとしての会社がモノとしての会社を所有する場合、所有している親会社はヒトで、所有されている子会社はモノである。

　ある会社が別の会社を買収したとき、ヒトがモノを買ったと考えれば、買われたモノの歴史は会計上考慮しなくていい。たとえば、よその会社から中古の製造設備を購入したとき、その設備が前の会社のBSにいくらで載っていて、耐用年数何年でどのような方法で減価償却されていたかは、新しくその設備を購入した会社がどのように減価償却するのかと関係ない。モノの歴史は売買によってリセットされるのである。

　この考え方に基づいて会社の買収を処理する方法をパーチェス法（取得法）という。買収される会社の資産と負債をすべて時価評価し、買収の対価との差額をのれんとして処理する方法である。株式交付があるケースでも適用されるが、本来はよその会社をキャッシュで買収したケースに相応しい。

　一方、日本では2つの会社が、お互いに対等の精神に基づいて合併するケースもある。合併にあたってキャッシュのやりとりは少なく、すべて株式交換で行われる場合もある。この場合、ヒトとしての会社がモノとしての会社を買ったというストーリーは馴染みにくい。2人のヒトがくっついて1人のヒトになったと考えるほうが自然だろう。この場合は、いずれのヒトの歴史も引き継ぐことになる。この考え方に基づいて会社の結合を処理する方法を持分プーリング法という。たんにプーリング法ということも多い。基本的に、合併前の会社のBSとPLをそのまま足し合わせればよい。

以前は、会社の合併・買収といった企業結合の会計として、パーチェス法も持分プーリング法もともに認められていた。現在は同じ親会社の子会社同士の合併など、共通支配下の企業結合や、いくつかの会社が共同で支配する企業を設立する場合には、持分プーリング法が適用されるものの、普通の企業結合に対してはパーチェス法が適用される。

　対等に近い企業結合の場合にも、相対的に大きいほうの会社が小さいほうの会社を「買収した」と考えてパーチェス法を適用する。ほとんど同じ大きさの会社の対等結合の場合、買収される側とされた会社の資産・負債はすべて時価評価される一方で、買収する側の会社とされた会社の資産・負債はすべて従前の帳簿価額を引き継ぐことになる。かなりバランスの悪い取扱いである。

　企業の結合を、ヒトがモノを買ったと考えず、ヒトとヒトが1つになると考えるならば、持分プーリング法が基本となる。キャッシュで買収した場合、買収が成立した瞬間に購入した（子会社）株式は、自己株式と同じように株主資本のマイナスになると考えるのが自然である。この場合、承継純資産と株式の対価の差額であるのれんは、買収された会社の株主に対する資本の払戻しである。のれんは資産計上ではなく、資本から控除される。

　制度上の取扱いを考えると、かなり奇抜なアイディアに見えるかもしれないが、実は国際財務報告基準（IFRS）を採用する前の英国の会計基準はのれんを資本控除としていた。

▌第7章▐

キャッシュ・フローを読む
キャッシュ・フロー計算書とリストラ計画

　2000年3月期決算から始まった日本の会計制度改革において、2つ目のポイントとなったのが「キャッシュ・フロー」である。連結財務諸表に「連結キャッシュ・フロー計算書」が加えられた。

　新しくキャッシュ・フロー計算書が必要とされるようになった理由は、PLがキャッシュ・フローから離れてしまったからである。企業が設立されてから解散するまでのすべての期間を考えると、利益の合計額と株主等以外との取引によるキャッシュ・フローの合計額は一致する。PLは、企業活動の成果を測るためにキャッシュ・フローを並べ替えて、各期間に割り当てたものである。長い期間をかけて、正確に成果を測ろうといろいろ加工を加えているうちに、PLはキャッシュ・フローからどんどん離れていってしまい、キャッシュ・フロー情報を読み取るのが難しくなった。PL上は利益が出ているのに、手元のキャッシュがなくなって黒字倒産するなどというケースもある。そこで、キャッシュ・フロー情報に特化した書類が必要とされるようになった。

　ただキャッシュ・フロー計算書がなくても、BSとPLに載っている情報をきちんと分析すれば、ある程度キャッシュ・フローについての情報が得られる。もちろん厳密にいえば、BSとキャッシュ・フロー計算書では、キャッシュの定義が違うため金額が一致しない。またキャッシュ・フロー計算書を見れば収入と支出の総額情報が得られるのに、BSとPLの分析では収入と支出の差額である純額情報しか得られないといった限界もある。

　それでも、2期間のBSとPLを分析すれば、キャッシュ・フローの流れの

概略は理解することができる。まずはこの点について見てみよう。

◯差分BSとキャッシュ・フロー

　利益とキャッシュ・フローのズレを見るためには、2期分のBSを比較検討するのが有効である。次のような2つのBSを考えよう。t期のBSとt＋1期のBSである。

〈図表7-1〉　2期分のBS

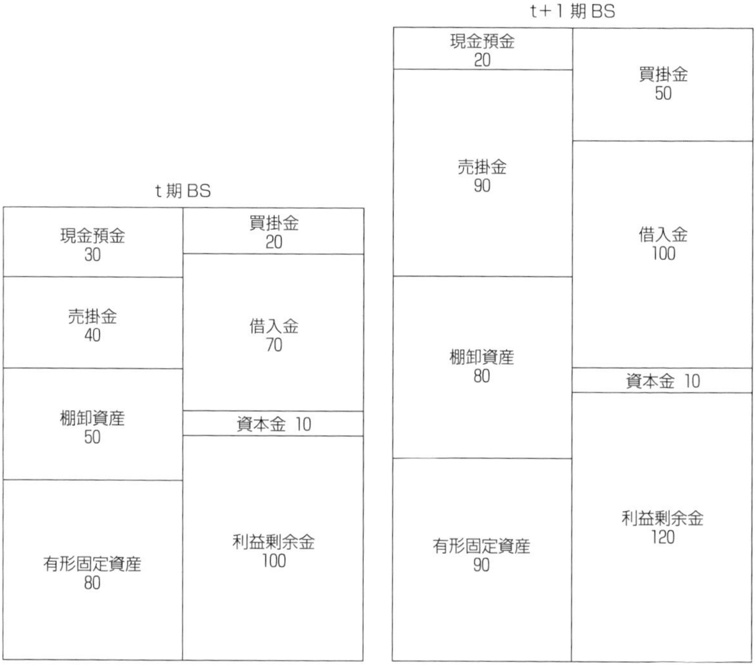

　まず、t期と比べるとt＋1期では、BSがかなり大きくなっていることがわかる。PLがないので、利益がどれくらい出ていたのかはわからないが、利益剰余金が20増えているので、少なくとも20の利益が出ていることはわか

る。利益剰余金は利益が振り替えられることによってしか増えないが、損失が出たときだけでなく配当によっても減る。

　このように、利益が20以上出ているのにもかかわらず、現金預金は10だけ減っている。つまり、損益ベースでは黒字、キャッシュ・フロー・ベースでは赤字である。その理由の1つとして、売掛金や棚卸資産などの運転資本が増えていることがすぐにわかる。ただ、買掛金も増えているので、このあたりの関係をわかりやすくするために、t＋1期のBSからt期のBSを引いた差分BSを作ってみよう。これは、昔、ドイツ会計学で運動貸借対照表と呼ばれていたものである。

〈図表7-2〉　差分BS

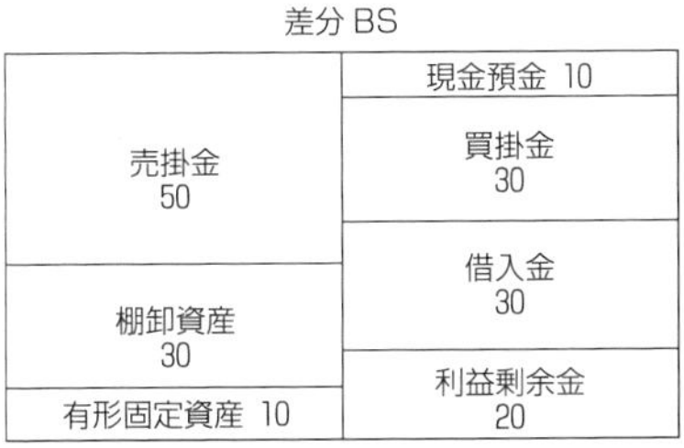

差分BS

売掛金 50	現金預金 10
	買掛金 30
棚卸資産 30	借入金 30
有形固定資産 10	利益剰余金 20

　この差分BSから見えてくるのは、現金預金10の減少がどういう要因から生じたのかについての大雑把な構図である。まず、売掛金が50増加し、棚卸資産が30増加しているといった運転資本（working capital）の増加の影響が大きい。買掛金が30増えているので、これが運転資本の増加を一部補填し、結果として50＋30－30＝50だけ運転資本が増えている。

　次に固定資産が10増えていることも現金預金減少の理由の1つである。有形固定資産は減価償却によって減少し、新規取得や更新投資によって増加する。ここでは、有形固定資産を取得した額が減価償却費よりも10だけ大きかったことがわかる。

　以上の運転資本投資50と有形固定資産純投資10の合計60の一部は、留保利益（利益剰余金）によってファイナンスされている。利益剰余金は利益によ

って増え、損失と配当によって減る。今回、利益のうち内部に留保された分は、利益剰余金の増加額20に表れている。また借入金が30増えているので、投資合計60のうちの一部は借入れによってまかなわれたこともわかる。内部留保20と借入れ30で足りない分は手元のキャッシュでまかなったので、現金預金が10だけ減っているということである。

ここで、PLを調べて（親会社株主に帰属する）当期純利益が30だとわかったとする。これで、利益30のうち、10は配当に充てられたことがわかる（資本金は変化していないので、今期に増資はない）。このほか、PLからはわからないが、減価償却費が10だったという情報が得られたとしよう。有形固定資産投資は20あったが、減価償却費によって10だけ減らされ、結果として増えた有形固定資産が10だったということである。

◉ ROE と ROA と EBIT

ここで、キャッシュ・フロー計算書の構造を説明するための下準備として、ROEとROAとEBITについて説明しておこう。

BSは左側に資産を書き、右側に負債と資本（純資産）を書いて見比べる表である。しかし考え方によっては、BSの左側には現金預金、売掛金、棚卸資産、有形固定資産など、マーケット（資本市場）から調達した資金が、どのような資産に投資されているかが示されていると考えることができる。つまりBSの左側は、資金の具体的運用形態を示している。一方、BSの右側は銀行などからの借入金や、株主が払い込んだ資本金や資本剰余金、過去の利益を配当しないで内部に留保した利益剰余金など、どのようなソース（源）でファイナンスされているかを示している。つまりBSの右側は、資金の調達源泉を示している。

このとき、BSの左側（借方）合計金額は、負債を引く前の総額の資産という意味で「総資産」と呼ばれ、BSの右側（貸方）合計金額は、資金調達源泉の全体という意味で「総資本」と呼ばれる。総資産と総資本は常に金額

が一致するので、ほとんど同じものと考えてよい。総資産がBSの借方合計額、総資本がBSの貸方合計額という気分的な違いがあるだけである。

　ここでいう総資本は、負債を含んでいる。負債は他人から借りてきた資本という意味で「他人資本」と呼ばれることがある[1]。資本は株主が自分で拠出した資本という意味で「自己資本」である。

　この自己資本を「元手」と見て、それに対するリターン（利回り）を考えるのが自己資本利益率（Return On Equity, ROE）である。具体的には、次のように計算する。

$$ROE = \frac{親会社株主に帰属する当期純利益}{自己資本}$$

　東京証券取引所が定めて、決算短信に記載されるROEの場合、分母の自己資本は期首と期末の平均をとることになっている[2]。

　一方、どんな源泉から調達したのかを問わず、すべての資本（総資本）を「元手」とみて、それに対するリターンを考えるのが総資産利益率（Return on Assets, ROA）である。資本に対する利益率ということを強調するときは総資本利益率と呼ぶこともある。具体的には、次のように計算する。

$$ROA = \frac{利益}{総資産}$$

　ROEと同じように、決算短信に記載されるROAの定義を東京証券取引所が定めている。ROAの場合、分母の総資産（総資本）は期首と期末の平均をとり、分子に経常利益を使うこととしている。

　しかし、分子の利益に経常利益を使うことには問題がある。経常利益は、

1　以前は、自治体が運営する鉄道事業などで、「借入資本」として有利子負債を資本に分類する慣行があった。太田康広「東京メトロと都営地下鉄がもし統合するとしたら」、『DIAMOND ハーバードビジネスレビュー』、2013年3月4日、http://www.dhbr.net/articles/-/1670。

2　東京証券取引所の定める「自己資本」は、純資産から非支配株主持分と新株予約権を引いたものである。この定義の問題点は、太田康広『ビジネススクールで教える経営分析』、日本経済新聞出版社、2018年2月、第4章を見よ。

営業利益に営業外収益を足し、営業外費用を引いたものである。営業外収益
や営業外費用にはいろいろなものがあるが、金額的に大きい重要なものとし
て、受取利息などの利子収益や支払利息などの利子費用が含まれている。こ
こで、とくに問題となるのは、支払利息などの利子費用である。

　次の２つのBSを見てみよう。左側の構成はまったく同じだが、右側の資
本構成が異なる。１つめは総資産がすべて自己資本でファイナンスされてい
る。これに対して、２つめは総資産のかなりの部分が借入れでまかなわれて
いる。経常利益のように利子費用を控除した後の利益は、左は10、右は４で
ある。

〈図表７-３〉 資本構成の違いと利益

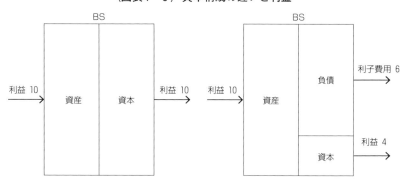

　総資産に対するリターン、総資本に対するリターンを見ようというときに、
BSの右側の資本構成が利益率に影響を与えてしまうのは望ましくない。資
本構成の影響を取り除くためには、利子費用を戻し入れた利益を分子に使っ
たほうがよい。

　また、ROEの分子は「親会社株主に帰属する当期純利益」なので、税引
後の数値である。ROAをROEと比較するなら、税引後の利益を分子とした
ほうがいいかもしれない。

$$ROA = \frac{親会社株主に帰属する当期純利益＋（１－実効税率）×利子費用}{総資産}$$

ただ、法人税の実効税率は、繰越欠損金がある場合には小さくなったりすることがあって、かなり不安定なものである。実際の実効税率を計算するより、法人税率をおよそ30％と見て、0.3と一定値に決めたほうがいい場合もある。また分母となる総資産には、投資有価証券の時価が含まれているが、当期純利益にはその評価損益が含まれていないなど、テクニカルな不整合もいくつかある。ROAだけに限らないが、いろいろ問題の多い指標だと割り切って、東京証券取引所の示すとおり、経常利益を期中平均総資産で割って、だいたいの傾向を見ると割り切るのが現実的だろう。

　しかし、単純にROAを眺めるだけではミスリードする場合がある。たとえば2023年３月期のキーエンスのROAは東京証券取引所の計算方式で20.6％とかなり高いが、実はこれでもかなりの過小評価といえないことはない。連結総資産２兆6,500億円に対して、現金預金が4,300億円、有価証券が5,100億円ある。一部の現金預金は、営業活動をするうえで支払いに充てるために必要ではあるが、連結売上高9,200億円のキーエンスが決済のために4,300億円ものキャッシュを必要としているとは考えにくい。多くは余剰資金と考えるのが妥当だろう。さらに、投資有価証券が1.2兆円あるが、そのほとんどは債券である。したがって、事業に使われている事業性の資産は約5,000億円前後と考えられるので、分母が大きくなっている分、ROAが小さめに出ている。

　企業の財政状態は、金融資産と金融負債の大小によって、ネット・キャッシュ（net cash）とネット・デット（net debt）に分けられる。上で例に挙げたキーエンスは典型的なネット・キャッシュの企業である。ここで金融資産というのは、現金、現金同等物、短期投資と有利子債権であり、金融負債は有利子負債である。金融資産が金融負債より大きい場合がネット・キャッシュで、金融資産が金融負債より小さい場合がネット・デットとなる。ここではもう少しフォーマルに、純金融資産、純金融負債といっておこう。

　金融資産以外の資産を事業資産、金融負債以外の負債を事業負債という。事業資産には棚卸資産、有形固定資産など、物理的なものだけでなく、無形

資産や売掛金などの金銭債権も含まれる。事業負債の代表例は買掛金のような買入債務である。事業資産と事業負債の差額を純事業資産という。純事業資産のリターンを見るときに「親会社株主に帰属する当期純利益」をベースとして比較する場合は、非支配株主持分や新株予約権、その他の包括利益累計額なども事業資産と相殺しておいたほうがよい。非支配株主持分に対応する部分は、「非支配株主に帰属する当期純利益」とされて、「親会社株主に帰属する当期純利益」には含まれないし、その他の包括利益累計額に含まれる部分は、「親会社株主に係る包括利益」には含まれるが、「親会社株主に帰属する当期純利益」には含まれないからである。

次に掲げる〈図表7-4〉では、金融資産と金融負債、事業資産と事業負債を相殺して、ネット・デットのケースとネット・キャッシュのケースを図解している。ネット・デットのケースでは、純事業資産が純金融負債と資本でファイナンスされていることになり、ネット・キャッシュのケースでは、資本でファイナンスされた部分が純金融資産と純事業資産に振り分けられていることになる。

この純事業資産は実務上、投下資本と呼ばれることもある。純事業資産利益率（Return on Net Operating Assets）はRNOA、投下資本利益率（Return On Invested Capital）はROICと略される[3]。細かい定義が異なる場合があるものの、RNOAとROICは本質的に同じものである。

---

3 これは、管理会計で使われる投資利益率（Return On Investment, ROI）とは異なるコンセプトである。

〈図表7-4〉純事業資産と純金融資産・負債

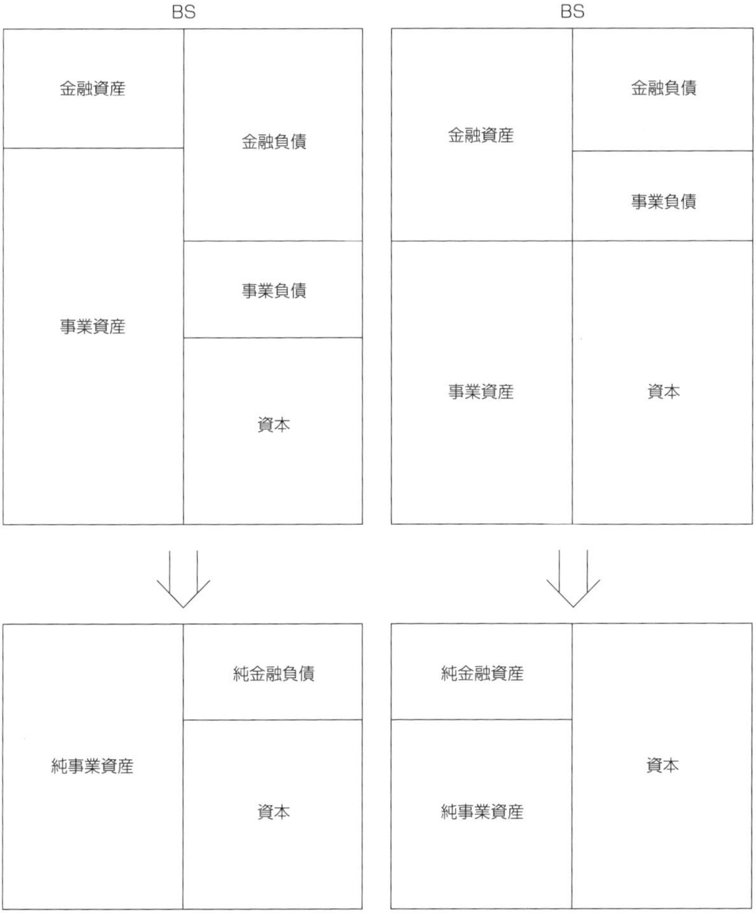

　この純事業資産に対応する利益を考える場合には、利子収益・費用の調整が必要である。税引前の利益でいうと、これがEBITに相当する。ここで、EBIT（イービット）というのは、Earnings Before Interest and Taxesの略で、税引前利益（Earnings Before Taxes, EBT）に利子費用（Interest）を戻し入れたものである。ただ、単純に利子費用を戻し入れるのでは

なく、利子費用から利子収益を控除した純利子費用を戻し入れる[4]。もちろん利子収益のほうが大きければ、純利子収益を控除することになる。

$$EBIT = EBT + （利子費用 - 利子収益）$$

EBITは税引前の数字なので、税引後で考えるときは税金分を差し引く。これをNOPAT（Net Operating Profit After Taxes、ノーパット）と呼ぶ。NOPATは、次の式で表される。

$$NOPAT = （1 - 実効税率）\times EBIT$$

NOPATのことをEBIAT（Earnings Before Interest After Taxes、エビアット）と呼ぶこともある。NOPLAT（Net Operating Profit Less Adjusted Taxes、ノープラット）といわれることもある（定義は論者により微妙に異なる）。

RNOA（ROIC）を計算するときは、税引後のEBITであるNOPATを分子に使って、

$$RNOA = ROIC = \frac{NOPAT}{NOA}$$

と計算する。

◯ 3つの活動と3つのキャッシュ・フロー

次に、キャッシュ・フロー計算書の仕組みの説明をすることにしよう。

キャッシュ・フロー計算書では、企業の活動は3つに分けられている。(1)営業活動、(2)投資活動、(3)財務活動である。営業活動というのは営業利益を稼ぐような活動のことである。投資活動は固定資産などの取得と売却である。財務活動は借入れや株式発行による資金調達とその返済のことである。BS

4　最近、EBITの代わりにEBITAを使うことがある。これは、EBITに無形資産の償却費（amortization）を戻し入れたものである。企業買収時にパーチェス法（取得法）を適用するとのれんを含めて多額の無形資産が出ることが多い。無形資産の償却をEBITに戻し入れるなら、純事業資産から無形資産を除いておくべきであろう。この場合、分子が大きくなり、分母が小さくなるのでRNOAは大きくなる。

を次の図表のように3つのエリアに分けると、それぞれの活動がどの項目と関係しているかわかりやすい。

〈図表 7 − 5 〉 BS と 3 つの活動

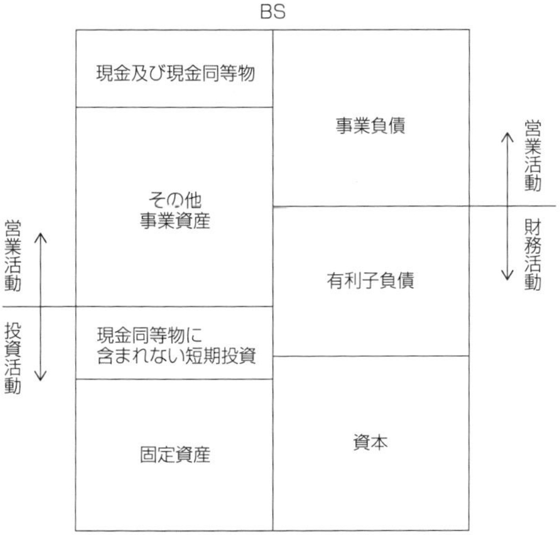

BS

現金及び現金同等物	事業負債
その他 事業資産	
	有利子負債
現金同等物に 含まれない短期投資	
固定資産	資本

左側：営業活動 / 投資活動
右側：営業活動 / 財務活動

　これらの活動から得られるキャッシュ・フローのことをそれぞれ(1)営業活動によるキャッシュ・フロー、(2)投資活動によるキャッシュ・フロー、(3)財務活動によるキャッシュ・フローという。長いので、それぞれ、(1)営業CF、(2)投資CF、(3)財務CFと省略することにする。

　まずキャッシュ・フロー計算書にいうキャッシュ（資金）とは何か、が問題になる。ここでいう資金は、「現金及び現金同等物」とされている。文字どおり、手元にある現金とすぐに引き出せる預金（要求払預金）が現金とされる。すぐに引き出せる預金というのは、たとえば当座預金、普通預金などである。一方、現金同等物は簡単に換金でき、価格があまり変動しない短期投資である。たとえば満期まで3カ月以内の定期預金や公社債投資信託などである。BS上の預金は、満期まで1年以内のものは流動資産とされるので、BS上の流動資産の現金預金であっても資金に該当しないことがある。逆に

投資信託など、有価証券に分類されるもののなかにも資金扱いされるものもある。BS上の現金預金とキャッシュ・フロー計算書の資金は範囲が違うので、金額が一致しないことがよくある。キャッシュ・フロー計算書上の資金の増減がキャッシュ・フローである。

　現金同等物に含まれない短期投資と固定資産の取得や売却などを、投資活動と呼んでいる。有形固定資産や無形固定資産の取得は投資活動とみなされ、資金支出が生じる。逆に、有形固定資産や無形固定資産の売却は、投資活動による資金収入となる。現金同等物以外の有価証券や長期保有の投資有価証券を取得すれば支出、売却すれば収入である。また誰かにおカネを貸し付ければ支出、回収すれば収入である。投資活動によるキャッシュ・フローが赤字のときは追加投資をしており、黒字のときは投資を引き上げていることになる。

　株式発行や借入れによって資金調達をしたり、調達資金を返済したりする活動が財務活動である。株式を発行すれば収入になり、自己株式を取得したり配当を支払ったりすれば支出となる。社債を発行したり、借入れをしたりすれば収入となり、社債を償還したり借入金を返済したりすれば支出となる。財務活動によるキャッシュ・フローは、資金調達が多ければ黒字になり、資金返済が多ければ赤字になる。

　3つの活動のうち、一番難しいのは営業活動である。基本的に、企業が利益を獲得する活動が営業活動になるが、保険金の受取りや損害賠償の支払いなど、投資活動や財務活動に分類されないものも営業活動に含まれる。

　このような文脈のうえでキャッシュ・フロー計算書は、3つの区分に分けて表示される。(1)営業活動によるキャッシュ・フローの区分、(2)投資活動によるキャッシュ・フローの区分、(3)財務活動によるキャッシュ・フローの区分の3つである。

◯ 直接法による営業CF

　営業CFの区分の作成の仕方には直接法と間接法がある。直接法は営業収入、原材料または商品の仕入による支出など、主な取引ごとにキャッシュ・フローを総額表示する方法である。営業収入から、原材料や商品の仕入支出を引き、さらに人件費支出などを引いて営業CFを計算していく方法なので、直観的にわかりやすく自然な方法である。ただ、現実に直接法が使われることはほとんどない。実際に直接法でキャッシュ・フロー計算書を作っている上場企業は数社程度となっている。

〈図表7-6〉 直接法による営業活動によるキャッシュ・フロー

Ⅰ営業活動によるキャッシュ・フロー	
営業収入	×××
原材料又は商品の仕入支出	△×××
人件費支出	△×××
その他の営業支出	△×××
小計	×××
利息及び配当金の受取額	×××
利息の支払額	△×××
損害賠償金の支払額	△×××
…………………	×××
法人税等の支払額	△×××
営業活動によるキャッシュ・フロー	×××

　直接法による営業CFの区分は、〈図表7-6〉のようになる。ここで重要なのは「小計」の欄である。「小計」は営業CFのうち、基本的に営業利益計算の対象となった取引によるキャッシュ・フローの合計額である。「小計」の下には、投資活動や財務活動以外の取引によるキャッシュ・フローと法人税等の支払額が書かれる。つまり「小計」は営業活動による税引前のキャッシュ・フローで、「小計」より下はその他の活動によるキャッシュ・フロー

と法人税等である。よって、本当の営業CFを計算したければ、「小計」から法人税等の支払額を引いてやればいい。ただ普通は、その他の部分はあまり大きくないので、営業CFをそのまま使っても大きな問題にはなりにくい。

〈図表7-6〉では、営業CFの区分の「小計」の下に利息や配当の受取額と利息の支払額が記載されている。ただ、これは必ず営業CFの区分に書かないといけないわけではない。受取利息・配当金と支払利息を「営業」区分に書いて、支払配当金を「財務」区分に書くか、受取利息・配当金を「投資」区分に書いて、支払利息・配当金を「財務」区分に書くかを選択できる。これをまとめると、〈図表7-7〉のようになる。

〈図表7-7〉受取利息・配当金と支払利息・配当金の分類

受取利息	営業	投資
受取配当金		
支払利息		財務
支払配当金	財務	

● 間接法による営業CF

すでに述べたように直接法で営業CFの区分を作成している企業はほとんどない。ほとんどの企業は間接法で作成している。

間接法というのは、税引前利益にいろいろ足したり引いたりして営業CFを表示する方法である。税引前利益の正式名称は、「税金等調整前当期純利益」という。これはすでに説明したEBTである。

直接法と同じように、「小計」の欄を設ける。「小計」より上は、原則として営業利益の計算に使う項目が並べられる。まず、EBTにキャッシュ・フローを伴わない費用を戻し入れる。キャッシュ・フローを伴わない費用の代表例は減価償却費やのれんの償却額、貸倒引当金の増加額などである。次に

受取利息・配当金を引き、支払利息を戻し入れる。これは純財務費用を戻し入れたということである。この段階まで調整すると、EBITに減価償却費などキャッシュ・フローを伴わない費用を足したものになっている。これをEBITDA（イービッダー、またはイービットディーエー）と呼ぶ。DAというのは、減価償却Depreciation、償却Amortization（無形資産償却）のことである。

EBITDAには、持分法損益などの営業外損益や有形固定資産売却益や損害賠償損失などの特別損益が含まれているので、これを足したり引いたりして営業利益の計算に関する部分だけに限定する。この操作をすることで、「いったんは入ってきた税引前営業キャッシュ・フロー」になる。

ただ、期末になっても、この「いったんは入ってきた税引前営業活動キャッシュ・フロー」が手元に残っているとは限らない。売掛金になっていたり、在庫になっていたりするかもしれない。そこで、運転資本にかたちを変えたキャッシュ、つまり運転資本投資を控除する。そうすると、次頁〈図表7-8〉の「小計」欄の数字になる。

　小計＝EBITDA－利息・配当金以外の営業外損益－特別損益－運転資本投資

受取利息・配当金や支払利息を営業CFの区分で処理する場合は、「小計」欄の下で、これらを加減する。また、有形固定資産の売却益など投資CFで取り扱う項目は「小計」欄より上で引いたままでいいが、投資活動でも財務活動でもないもの、たとえば損害賠償金の支払額のようなものはここで引いておく。

最後に、法人税等の支払額を引いて営業CFを計算する。

〈図表7-8〉 間接法による営業活動によるキャッシュ・フロー

I 営業活動によるキャッシュ・フロー

税金等調整前当期純利益	×××
減価償却費	×××
のれん償却額	×××
貸倒引当金の増加額	×××
受取利息及び配当金	△×××
支払利息	×××
為替差損	×××
持分法による投資利益	△×××
有形固定資産売却益	△×××
損害賠償損失	×××
売上債権の増加額	△×××
棚卸資産の減少額	×××
仕入債務の減少額	△×××
………………………	×××
小計	×××
利息及び配当金の受取額	×××
利息の支払額	△×××
損害賠償金の支払額	△×××
………………………	×××
法人税等の支払額	△×××
営業活動によるキャッシュ・フロー	×××

⬤ キャッシュ・フローの符号と企業の発展段階

　以上、キャッシュ・フロー計算書の作成方法と項目の意味を説明してきた。すでに説明したとおり、営業CFの「小計」欄より下には、利息・配当金の受取額や利息の支払額が入ることには注意が必要である。また投資CFの場合、現金同等物とされない定期預金や有価証券の取得が投資活動として扱われるので、有形固定資産の取得をイメージしていると実態とズレることがある。

こういった細かい微妙な点は残るものの、企業のキャッシュ・フローを営業CF、投資CF、財務CFの３つに分けて捉えるアプローチは有効である。とくに営業CFと投資CFの合計は、ファイナンスに依存しない（BSの右側に依存しない）企業活動によるキャッシュ・フローである。基本的には、これがフリー・キャッシュ・フローとなる[5]。

　この「営業」「投資」「財務」のキャッシュ・フロー・パターンは、企業の発展段階と密接に関わっている。もちろん例外は多々あるものの、とくにキャッシュ・フローのプラス・マイナスと企業の発展段階との、一般的な関係を整理しておこう。

〈図表7-9〉キャッシュ・フローのプラス・マイナスのパターン

	営業	投資	財務
最初期	赤	赤	黒
成長期	黒	赤	黒
成熟期	黒	赤	赤
縮小期	黒	黒	赤
衰退期	赤	黒	赤
危機	赤	赤	赤
転換期	黒	黒	黒
再生期	赤	黒	黒

　まず起業直後の最初期にあたるスタートアップは、「営業」「投資」「財務」のキャッシュ・フローは、赤字・赤字・黒字のパターンを示すことが多い。まだ本業がうまく立ち上がっていないので、営業CFは赤字であるものの、将来の可能性を信じて投資をしているので投資CFも赤字である。そしてその会社の可能性を信じて出資したり融資したりしてくれる創業者や投資家から受け入れた資金で赤字を埋めているので、財務CFは黒字である。

5　厳密にいえば、純利子費用の税効果の分だけ法人税の支払額が減っている。

次に本業がうまく軌道に乗ったとして、この段階で営業CFが赤字のまま
だと、たとえ利益が出ていても倒産しかねない。いわゆる黒字倒産である。
粉飾決算などの特殊事例を除けば、黒字倒産は運転資本投資がかさみ、成長
すればするほど資金が必要になって、資金ショートしてしまうパターンが多
い。資金ショートを避けるためには、営業活動からのキャッシュ・フローを
黒字にしておくことが重要である。大雑把にいえば、EBITDAが運転資本
投資より大きいことが重要ということである。

　この段階では、まだ成長のために先行投資をしているので投資CFは赤字
のままである。会社の将来性を買って出資・融資してくれる人がいれば、財
務CFは黒字のままだろう。「営業」「投資」「財務」のキャッシュ・フロー
が、黒字・赤字・黒字のV字パターンは、そのVの字が深ければ深いほど、
急成長中のベンチャー企業という感じがする。

　事業が安定して成熟期に入ると、「営業」「投資」「財務」のキャッシュ・
フローは、黒字・赤字・赤字のパターンになる。営業活動から安定したキャ
ッシュ・フローがあり、事業継続のための更新投資が必要とされるため、投
資CFは少額ながら赤字が続く。営業CFのうち、投資に回した額を除いた
残りがフリー・キャッシュ・フローとなる。よい投資先がない場合でも、手
元にキャッシュを残す日本企業も多いが、この低金利時代にただキャッシュ
を持っていても価値は生まれない。株主の期待を裏切る投資利益しか得られ
ないならキャッシュ留保は価値破壊行為となる。この場合、余剰資金を借入
れの返済に充てたり、株主に配当を支払ったり、自己株式の購入に充てたり
するほうがよい。このように、マーケット（資本市場）におカネを返し始め
ると財務CFは赤字となる。

　成熟期を過ぎて、その後どんなパターンを描くかは、企業によって異なっ
てくる。新しいビジネス・アイデアを得て、ふたたび成長のフェーズに入る
企業もあれば、保有資産を切り売りして投資CFが黒字になる企業もある。
また本業のビジネス・モデルが崩れて営業CFが赤字転落する企業もあろう。

　「営業」「投資」「財務」のキャッシュ・フローが、黒字・黒字・赤字のパ

ターンは、企業のビジネスが縮小を始めた兆候かもしれない。安定的にビジネスを継続していれば、更新投資によって投資CFは若干の赤字になるのが自然である。一時的な固定資産売却という可能性ももちろんあるが、更新投資による投資CFの赤字を超えて、固定資産売却が進むのであれば、企業が将来の市場が縮小すると見越している可能性がある。

「営業」「投資」「財務」のキャッシュ・フローの赤字・黒字・赤字のパターンは、企業の衰退を特徴付ける。営業CFの赤字が一時的であればよいが、継続的に営業CFが赤字であれば、それはその企業のコアのビジネス・モデルが通用しなくなっていることを意味する。固定資産を売却して資金を捻出しつつも、資本市場からの資金調達がうまくいっていない。

「営業」「投資」「財務」のキャッシュ・フローがすべて赤字のパターンは、端的に危機である。3区分すべてでキャッシュ・フローが赤字ということは、手元のキャッシュが枯渇すれば資金ショートして倒産である。よほどキャッシュが潤沢であればよいが、すべてのキャッシュ・フローが赤字の企業がキャッシュ・リッチということは考えにくい。資金調達に成功するかどうか、生き残りをかけて、時間との勝負になる。

「営業」「投資」「財務」のキャッシュ・フローがすべて黒字のパターンは、解釈が難しい。本業のビジネスがまだプラスのキャッシュ・フローを生んでいる状態で、固定資産売却を進め、同時に資本市場から資金調達しているというのは、現在のビジネスとはかなり性質の違う固定資産が必要とされるビジネスに転換しようとしている転換期にあたると考えるのが自然であろうか。

キャッシュ・フローのプラス、マイナスのパターンについては表面的に眺めるだけではなく、前年からの変化、金額の大きさ、中身についても注意し、有価証券報告書のほかの部分や新聞雑誌などのニュースから得られた情報なども合わせて、深く分析していく必要がある。

⚫【ケース】楽天グループ

楽天モバイル

　楽天（現・楽天グループ）は、2014年10月に格安スマホ事業（MVNO）を開始した。2018年1月には、楽天モバイルネットワーク株式会社（現・楽天モバイル株式会社）を設立し、同年4月、総務省より、4G（1.7GHz帯）周波数の割当てを受けて、同年12月より携帯電話基地局の建設を開始する。

　携帯電話事業では、設備投資の大部分が基地局の整備コストである。エリクソン、ノキア、ファーウェイの大手3社の設備を使うのが一般的だが、楽天モバイルは、台湾の汎用サーバに米スタートアップ、アルティオスター・ネットワークスのソフトウェアを載せて仮想化し、設備投資コストを抑えるという大胆な策に出る[6]。

　楽天モバイルは、2019年10月に自社回線を持つ移動体通信事業者（MNO）としてサービスを開始する予定だった。しかし、基地局の整備が大幅に遅れ、3度にわたる総務省の行政指導にもかかわらず、期日に間に合わなかった。2019年10月から無料サービスを開始するも大小の通信障害を引き起こしている。2020年4月からサービスを開始するも、自社回線を展開するのは、当初、東京23区と大阪府、愛知、神奈川など都市圏の一部だけであった。その他の地域、ビル、地下街では、KDDIの回線を借りてローミングする。楽天モバイルは、ローミングのデータ上限が2GBだったのをすぐに5GBに変更した[7]。

　以後、基地局の整備コストが嵩み、楽天グループは巨額の赤字を計上し続ける。2018年12月期には1,419億円あった連結当期純利益は、2019年12月期

6　高槻芳「楽天の携帯参入、正念場に　難航する通信インフラ整備」、『日経ビジネス』2019年8月5日号、14-15頁。

7　「値下げの旗手になれるか　退路なき『世界初』　第4極に活路」、『日経ビジネス』2020年4月20日号、28-31頁。

には331億円の損失となり、2020年3月期に1,158億円の損失、2021年3月期に1,358億円の損失、2022年3月期に3,759億円もの連結当期純損失となった。2022年5月には、「ぶっちゃけ、0円でずっと使われても困っちゃう」(三木谷浩史会長兼社長)と、1GB以下の利用なら月0円としていたプランの廃止を発表した[8]。以後、楽天モバイルのARPU(ユーザー1人当たりの月額料金)が改善していく。

楽天グループ2022年12月期

〈図表7-10〉は、楽天グループ2022年12月期の連結財務諸表の比例縮尺である。一見してわかるとおり、これは金融機関のBSである。楽天カード、楽天銀行、楽天証券を連結しているため、金融機関の大きなBSがほかを圧倒しており、これだけではそのほかの事業の様子がよくわからない。

---

8 西岡杏「楽天モバイル、『月0円』廃止　物価高の渦中、強まる副作用」、『日経ビジネス』2022年5月30日号、100頁。

〈図表 7 -10〉 楽天グループ2022年12月期

(単位：兆円)

　楽天グループのセグメント情報を見ると、インターネットサービス、フィンテック、モバイルの３つのセグメントに分かれている。インターネットサービスは売上高１兆859億円、利益782億円、フィンテックは、売上高6,634億円、利益987億円あるが、モバイルは売上高3,687億円で、損失が4,928億円もある。このモバイル・セグメントは、電力や北米地域のコンテンツなどが含まれるが、ほぼ楽天モバイルのPLと見ていいだろう。また、楽天グループの決算説明会の資料には、楽天モバイルのBSの概略が書かれている。これらの情報から楽天モバイルの財務諸表を推測して描いたのが〈図表7-11〉である。

〈図表7-11〉楽天モバイル2022年12月期（推測）

（単位：億円）

有形固定資産9,800億円に対して、営業費用が8,600億円もある。このほとんどが基地局設備の減価償却費とは考えられない。他社回線利用のために支払っている利用料がかなりの割合を占めていると考えられる。楽天モバイルの自社設備の割合が高まっていけば、営業費用は小さくなっていくはずである。

　また、携帯電話会社の営業費用のうち、固定費の割合はかなり高い。楽天モバイルのARPUはかなり上がってきているので、あとは回線数が損益分岐点を超えればセグメント利益が期待できる。楽天グループは、契約数が800万から1,000万件になり、さらにARPUが2,500～3,000円程度になった場合、収入が毎月のネットワーク費用と販売費及び一般管理費を合計した230億～250億円程度のコストを上回って、月次利益が出ると見込んでいる[9]。2023年12月期の第3四半期のセグメント情報では、モバイル・セグメントの損失の額が減少傾向にあることが見てとれる。

---

9 堀越功「『最強プラン』投入でも稼げず　楽天、携帯黒字化への長い道」、『日経ビジネス』2023年8月28日号、98-99頁。

楽天グループのキャッシュ・フロー

　〈図表7-12〉は、楽天モバイルが自社回線でサービスを提供し始める前の2019年12月期から、「営業」「投資」「財務」の各キャッシュ・フローを無調整でそのままグラフにしたものである。

〈図表7-12〉楽天グループのキャッシュ・フロー

(単位：億円)

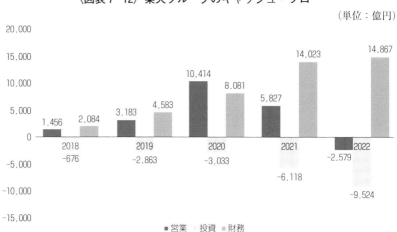

　一見してわかるとおり、基地局の整備のため、投資CFの巨額の赤字と財務CFの巨額の黒字が年々大きくなっており、深いV字型の成長企業パターンを示している。このまま基地局の整備が進めば他社回線利用料が減り、契約数が増えていけばやがて損益分岐点を超えていくことが期待できる。

　問題は、それまで手元のキャッシュが持つかどうかである。連結キャッシュ・フロー計算書によれば、楽天グループのキャッシュは、2023年9月末に4.7兆円ほどあるが、楽天銀行のキャッシュが4.2兆円近くある。銀行子会社のキャッシュを親会社が自由に使えるとは考えにくい。

　一方、楽天グループは、2024年から2年間で8,000億円を超える金額の社債の償還をしなければならない。三木谷社長は、社債償還について「さまざまなかたちで銀行の協力、コミットメントをいただいている」と述べ「まっ

たく問題ない」と自信を示したという[10]。

　楽天グループは、楽天モバイルの基地局整備の巨額投資をまかなうため、積極的なファイナンスを続けてきた。2021年3月には、日本郵政、ウォルマートなどに第三者割当増資で2,420億円を調達し、2022年11月にはみずほ証券と楽天証券ホールディングスが資本提携することで約800億円を調達している。2023年4月には楽天銀行の上場で718億円を調達し、5月には西友ホールディングスの株式を220億円で売却し、楽天グループの公募第三者割当増資で2,960億円を調達した。2023年11月には、みずほ証券が楽天証券へ追加出資し持株比率を49％まで引き上げる。これに伴い、楽天グループは、870億円調達した。

10　日向貴彦「楽天G三木谷社長、社債償還に自信—銀行がコミットメント」、Bloomberg 2023年11月9日、https://www.bloomberg.co.jp/news/articles/2023-11-09/S3Q6G8T1UM0W01、2023年12月29日閲覧。

　ここでは、キャッシュ・フロー計算書が実際にどのように役立つかを、2社の例から考えていこう。まずは、以下の財務諸表を見てほしい。

アーバンコーポレイション財務諸表 (2008年3月期)

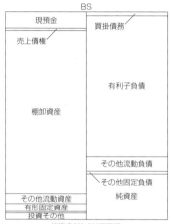

総資産602,566百万円　　　　　　　　　売上 243,685百万円

　この財務諸表から、どのようなことが読み解けるだろうか。まずはPLから、販管費を抑制しており、まずまずの営業利益を確保できていることがわかる。BS貸方を見ると、有利子負債が大きいことがわかる。この有利子負債の投資先は、借方「棚卸資産」に向かっている。つまり、多額の借金を在庫投資に回し、それを売却することで利益を稼ぐビジネスである。扱う商品としては、金額が大きく売却までに時間がかかるものと推測がつく。ちなみに、流動資産は流動負債を大きく上回り、流動比率は200％を超えている。

　ここで、流動比率というのは、流動資産と流動負債の比率である。

$$流動比率 = \frac{流動資産}{流動負債}$$

　一応の目安として、流動比率が200％を超えていると、資金ショートの確

率が低く、安全な融資先だとされている。

　この財務諸表は、広島で不動産販売業を展開していたアーバンコーポレイションのもの（2008年3月期）である。アーバンコーポレイションは、「アーバンビュー」というブランドでマンション分譲を中心に事業を展開していた。その後、老朽化したビルを買収して、改築・再開発を行った後にファンドに転売する不動産流動化事業へとシフトし、業績を大きく伸ばしていった会社である。2008年3月期の決算は好調であったはずが、同年8月に倒産（民事再生法申請）することとなってしまった。

　なぜ、このように利益をしっかりと上げている会社が倒産してしまうのだろうか。キャッシュ・フロー計算書を見ると、また違った会社の一面がわかる。2005年3月期から4年分のCFから、営業CFは4期連続でマイナスであることがわかる。営業CFは本業で稼ぎ出すキャッシュを意味するが、この場合、本業でキャッシュを稼ぎ出せていないというよりも、アグレッシブな在庫投資を行っていることを意味する。営業CFがこれほどマイナスであっても、銀行は融資をしていることから、この事業の将来性をある程度評価していたことがうかがえる。逆に、銀行からの融資が止まれば、すぐに資金繰りに行き詰まるということでもある。

　実際、サブプライムローン問題に端を発した世界的な金融市場の混乱と収縮が始まり、2007年末頃より、金融機関の不動産業界に対する融資姿勢が急変し厳格化した。その後発行した新株予約権付社債は、当初の額面総額500億円に対し、最終的な払込金額は270億円と、当初の計画を大幅に下回ることになった。この後も、反社会的勢力との関わりがあるとの風評などがあり、資金調達に支障をきたすようになり、倒産してしまう。

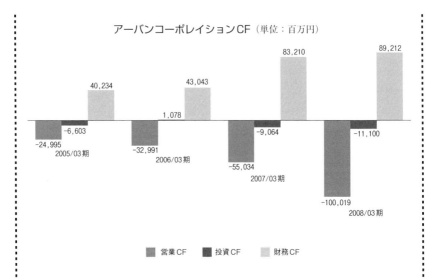

アーバンコーポレイション CF（単位：百万円）

営業CF　　投資CF　　財務CF

　次に、粉飾決算の事例を見ていこう。キャッシュ・フローは、利益と比較して「操作しにくい」数字であることを述べた。粉飾をしている会社は、実体のない利益を無理に大きく見せようとするが、キャッシュについては「あるか、ないか」がはっきりするため、操作しにくい。結果、利益とキャッシュが大きく乖離していく。

　以下の財務諸表は、半導体製造装置メーカーのエフオーアイという会社の財務諸表である（2009年12月期第3四半期累積）。PL で営業利益は上がっており、純資産も手厚い。ところがBS 売掛金がPL 売上の2倍強もある。つまり、売掛金の回収に2年以上を要することを意味しており、異常な大きさである。会社側は、売掛金残高が多額である理由について「半導体製造装置という特性上、納品から代金回収まで長期間を要する」と説明しているが、どんなに長くても3〜4カ月が妥当な範囲だろう。

エフオーアイ財務諸表 (2009年12月期第3四半期累積)

総資産32,955百万円

売上高8,563百万円

　キャッシュ・フロー計算書からも、売掛金が積み上がっているせいで、営業CF が赤字になっていることがわかる。ここから、粉飾決算の手口が、架空の取引先に対する売上の計上という古典的なものであるという想像がつく。

　同社は、2009年11月のマザーズ上場に伴う株式の公募で、同3月期の売上高が実際は約3億1,900万円だったのに、約118億5,500万円とする有価証券届出書を提出するなどした[11]。なんと、売上高の約97％を粉飾していたのである。結局、裁判で、同社の社長と専務は「粉飾率は90％超と巨額で、約52億円もの資金を集めた。投資家の信頼を著しく裏切り、証券市場の制度の根幹を揺るがし極めて悪質だ」と裁判長から指摘され、両者とも懲役3年の実刑判決を受けた。

　では、なぜこのような単純な粉飾決算を見抜けなかったのか。その粉飾手口の詳細は、次のようなものであったという[12]。

11　「エフオーアイ粉飾、実刑、地裁判決、『社長・専務、市場裏切る』」、『日本経済新聞』2012年3月1日朝刊、39頁。

12　「エフオーアイ社長逮捕へ―ウソ内容通訳、実在社名で入金、粉飾、組織ぐるみ」、『日本経済新聞』2010年9月15日夕刊、19頁。

注文書や検収書などの伝票は、実在する企業の書類を手本に作成。半導体製造装置の出荷を証明する書類や納税書も精巧に偽造していた。「どっちが本物か見分けが付かない」。出荷証明書を扱う通関業務関係者が見ても見抜けぬほど"完成度"は高かったという。ある役員は取引先の住所まで出向いて郵便物を投函（とうかん）、消印さえも偽装する慎重さだった。

　また、売上金の入金には簿外口座を利用。エフ社の口座から、国外の簿外口座へ出金。そこから、海外に実在する半導体メーカーの名義でエフ社へ入金していた。

　偽装は書類上にとどまらない。装置は本社のある相模原市の工場で実際に製造していたが、売れたはずの装置は東京都内の倉庫に運び込まれ、保管されていた。

　さらに、海外企業との架空の「取引」を信用させるため、公認会計士を海外に連れていき、偽の取引先を紹介。あらかじめ手配しておいた通訳にウソの内容を説明させていたという。

エフオーアイ CF （単位：百万円）

3,201

95

2009/12期

-3,314

■ 営業CF　■ 投資CF　▨ 財務CF

このように、粉飾決算をしている会社は、会計上の利益とCF が大きく乖離する傾向にある。何度もいうように、利益はごまかせても「キャッシュはごまかせない」のである。

第8章

利益性を把握する
間接費配賦と直接原価計算

　前章まで取り上げた会計リテラシーの能力は、主として公表会計情報の分析に関わるものであった。外部の利害関係者に向けて開示される外部報告目的の会計分野は、「財務会計」と呼ばれている。われわれは今まで、財務会計情報を分析する勉強を続けてきたわけである。実務家にとって、公表される財務会計情報を利用した経営分析能力は、最も優先度の高い会計リテラシーである。

　一方で、第7章最後のリストラ計画にまつわる議論は、企業の管理目的に入る分野である。企業内部の経営管理目的で使われる会計分野は、財務会計に対して「管理会計」と呼ばれている。

　管理会計にはさまざまな分野がある。原価計算や特殊原価調査、計画管理システムやマネジメント・コントロールなど、バラエティに富んでいる。誤解を恐れずにいえば、その多くの分野は管理会計の専門担当者に任せておけばいいものである。しかし、経営管理者たる実務家が知っておかなければならないものもある。

　この章では、「利益性を把握する」と題して、経営管理上必要な原価計算の知識を概説する。原価計算は、その名のとおり原価を計算するための方法であるが、原価をどう計算するかによって会社の利益は大きく変動する。原価計算を理解することは、会社の利益計算を理解することに他ならない。

　細かな原価計算の技法は経理担当者や原価計算担当者に任せておけばよい。しかし、会社の利益がどのように計算されているのか、そして会社の利益性（profitability）をどのように判断すべきなのかは、経営管理者が知っておく

べき知識である。この点を理解するため、本章では製造間接費の配賦計算と直接原価計算、損益分岐点分析を取り扱う。

● 原価とは？

　原価とは、何らかの目的を達成するために消費された経済的な資源を、金銭的に測定したものである。原価を把握することで、経営者は利益を計算できるようになる。利益を計算することで、経営者は資源消費が適切なものだったのかを知ることができる。

　売上がどれだけ上がっていても、売上を上回るような原価がかかっていたのでは、会社は「損」をしてしまう。売上から原価を差し引いて利益を計算することで、会社はようやく事業が健全に運営できているかを判断できるようになる。

　原価には、いくつかの分類方法がある。1つ目の分類は、原価を直接費と間接費に分ける方法である。われわれが原価について考えるとき、必ず「○○の原価」（たとえば、ラーメン1杯の原価、鉛筆1ダースの原価、ネジ1,000本の原価など）というように、特定の製品やサービスなどと紐付けて考える。このように原価と紐づけられた対象、つまり原価を把握・集計する対象のことを、原価計算対象と呼ぶ。

　原価の中には、原価計算対象ごとに具体的な金額を把握しやすいものと、把握しづらいものが混在している。たとえば、ラーメン1杯の原価を考える際、ラーメン1杯当たりにかかる麺の原価（麺1玉当たり何円？）は、比較的把握しやすいだろう。

　一方で、ラーメンをつくるためには、さまざまな調理機材が必要である。自前で購入して減価償却する場合もあれば、リースしてくる場合もあるだろう。いずれにせよ、ラーメン1杯当たり、いくら分の減価償却費やリース料がかかっているかを把握することは難しい。

　ラーメン1杯当たりの麺の金額のように、原価計算対象ごとに具体的な金

額を把握しやすい原価のことを直接費（direct cost）と呼び、ラーメン1杯当たりの調理機材のリース料のように、原価計算対象ごとに具体的な金額を把握しづらい原価のことを間接費（indirect cost）と呼ぶ。

ここで注意しなければならないのは、「把握できる／できない」ではなく、「把握しやすい／しづらい」で定義している点である。たとえば、ラーメンに載せるネギの原価を考えよう。ラーメン1杯当たりのネギ代を厳密に把握することは、グラム当たりのネギの価格とラーメン1杯当たりにネギを何グラム載せたかを厳密に把握できれば、技術的には可能だろう。しかし、ネギ代をそこまでして厳密に把握することは、多くの場合、労力に対して得られるベネフィットが見合わないのではないだろうか。

原価計算対象ごとに正確な金額を把握することにコストがかかりすぎる場合は、労力をかければ直接費として把握できるものであっても、間接費として把握するということはあり得る。したがって、同じ費目であっても、ある会社では直接費として把握しているが、別の会社では間接費として把握している、ということも当然にあり得る。

第2の分類は、原価の発生原因によって分ける方法で、形態別分類と呼ばれる。形態別分類によれば、原価は有形の物品を消費することで発生する材料費（例：ラーメンにおける麺やネギの原価）、労働力を消費することで発生する労務費（例：ラーメン店員に対する給与）、そして材料費と労務費以外の原価である経費（例：調理機材のリース料）に分けられる。

● 原価の集計

原価計算対象ごとに材料費・労務費・経費を把握・集計することで、特定の原価計算対象を製造するのにかかった原価を計算することができる。以下の計算例で考えてみよう。

計算例①：ある工場では、金属を加工して３種類の製品Ａ、Ｂ、Ｃを製造している。この工場では月次で損益管理を行っており、当月の製造・販売数量は以下のとおりであった。なお、この工場では、材料、製品ともに在庫を保有しない。製品は完成後、ただちに出荷される。

製品品種	製品Ａ	製品Ｂ	製品Ｃ
製造・販売数量（個）	15,000	10,000	5,000
販売単価（円／個）	4,100	5,000	7,500
直接材料費（円／個）	1,100	1,850	3,100
直接作業時間（時間／個）	0.2	0.3	1.2
機械作業時間（時間／個）	0.8	0.4	0.2

　この工場における直接工の賃率は１直接作業時間当たり1.8千円である。また、製造間接費は、当月総額で58,140,000円がかかった。このとき、直接作業時間を基準に間接費配賦を行い、製品Ａ、Ｂ、Ｃの製造原価を計算しなさい。

　上で説明したように、原価は直接費と間接費に分けられる。直接費は、原価計算対象ごとに具体的な金額を把握しやすい原価である。この計算例でも、直接材料費や直接労務費は、製品Ａ・Ｂ・Ｃごとに比較的容易に把握することができる。つまり、

直接材料費

Ａ：1,100円／個×15,000個＝16,500,000円

Ｂ：1,850円／個×10,000個＝18,500,000円

Ｃ：3,100円／個× 5,000個＝15,500,000円

直接労務費

Ａの直接作業時間：0.2時間／個×15,000個＝3,000時間

Bの直接作業時間：0.3時間／個×10,000個＝3,000時間

Cの直接作業時間：1.2時間／個× 5,000個＝6,000時間

よって，

A：3,000時間×1,800円／時間 ＝ 5,400,000円

B：3,000時間×1,800円／時間 ＝ 5,400,000円

C：6,000時間×1,800円／時間 ＝10,800,000円

と計算できる。原価計算対象ごとに直接費を集計する手続きを直課（cost tracing）と呼ぶ。

一方で、間接費は、原価計算対象ごとに具体的な金額を把握することが難しい。計算例では、「製品A・B・Cでまとめて58,140,000円がかかった」ということはわかるものの、A・B・Cごとの金額はわからない。そこで、間接費については、何らかの基準でそれぞれの原価計算対象に負担させる額を計算することになる。この手続きを配賦（cost allocation）と呼ぶ。

後述するが、配賦ルールは会社によってまちまちである。この設例では、「直接作業時間を基準に間接費配賦を行い」とある。したがって、直接作業時間に比例させる形で、製造間接費を製品ごとに配賦する。配賦計算をする上での基準、この設例における直接作業時間のことを配賦基準、配賦基準1単位当たりの製造間接費配賦額のことを配賦率という。配賦率を計算すると、以下のようになる。

配賦率

総直接作業時間は、3,000時間＋3,000時間＋6,000時間＝12,000時間なので、

$$\frac{58,140,000円}{12,000時間} = 4,845円／時間$$

配賦率を用いて製品ごとの製造間接費配賦額を計算すると、

製造間接費

A：3,000時間×4,845円/時間＝14,535,000円

B：3,000時間×4,845円/時間＝14,535,000円

C：6,000時間×4,845円/時間＝29,070,000円

となる。直課と配賦が完了したので、製品ごとに原価を集計しよう。

	A	B	C	全体
直接材料費	16,500,000	18,500,000	15,500,000	50,500,000
直接労務費	5,400,000	5,400,000	10,800,000	21,600,000
製造間接費	14,535,000	14,535,000	29,070,000	58,140,000
製造原価	36,435,000	38,435,000	55,370,000	130,240,000

　これで設例における原価計算の手続きは一通り完了である。ここで計算した原価は、製品A・B・Cを製造するためにかかった原価なので、製造原価（manufacturing cost）と呼ばれる。

　一方で、非製造原価（nonmanufacturing cost）と呼ばれる原価も存在する。会社は、製造した製品や、生み出したサービスを売ることで収益を得ている。製品やサービスを売るためのマーケティング活動にも費用がかかるだろう。また、製品の製造段階に入る前には、研究開発や製品のデザインを行わなければならない。これらの活動にも、費用がかかる。製造活動には関連しないこうした活動から発生する原価を非製造原価と呼ぶ。具体的には、販売費と一般管理費（あわせて営業費と呼ぶ場合もある）が該当する。

　製造原価と非製造原価をあわせた原価を総原価（full costs of the product）と呼ぶ。収益から製造原価を差し引いたものが売上総利益または粗利益であり、収益から総原価を差し引いたものが営業利益である。つまり、収益から製造活動にかかった費用を差し引いたものを粗利益と呼び、収益から、製造活動にかかった費用に加えて、収益を得るための製造以外の活動にかかった費用もすべて差し引いたものを営業利益と呼ぶ（〈図表8-1〉も参照の

こと)。

〈図表 8 - 1〉 原価と利益の構造

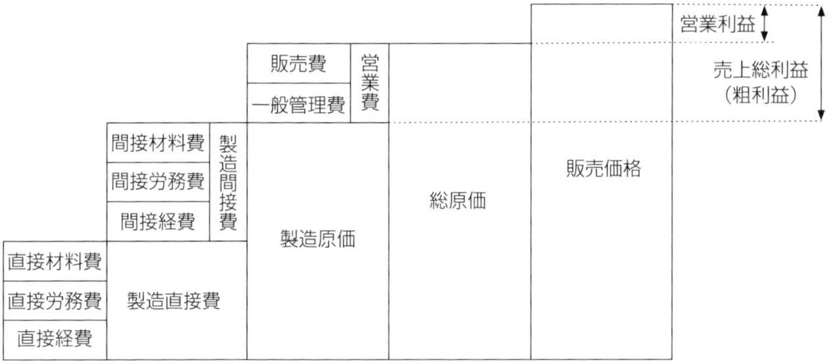

（出典：岡本清（2000）『原価計算　六訂版』国元書房15頁の図を参考に筆者作成）

● 製品原価と期間原価

上述のとおり、会社は、製造した製品を売ることで収益を得ている。製品を製造して売るという活動からどれだけ利益を獲得できたのかを知るためには、製品が完成した段階で原価をP/Lに計上するのではなく、製品が売れた段階で（対応する収益が入ってきた段階で）収益と原価を計上するのが望ましい。したがって、経営上発生した原価のうち、合理的に製品に集計できるものは、製品原価（inventoriable cost / product cost）として製品に集計される。

製品原価は、製品が売れた段階で売上原価として損益計算書に計上される。一方、製造は完了したけれどもまだ売れていない製品、つまり在庫は、棚卸資産として貸借対照表に計上される。

財務会計上は、在庫価格を適正に評価するために、製造原価の全部を製品原価に割り当てるのが合理的であると考える。つまり、「製品原価の金額＝製造原価の金額」になる。このように、製造原価のすべてを製品原価に割り

当てるような計算方法を、全部原価計算（absorption costing）と呼ぶ。先ほどの計算例は、製造原価のすべてを製品A・B・Cごとに集計したため、全部原価計算の例である。

　一方で、管理会計上、製造原価のすべてを製品原価としてしまうと、意思決定が歪められてしまう場合がある。こうした場合には、製造原価の一部だけを製品原価に割り当てる、部分原価計算（partial costing）と呼ばれる方法が採られることがある。部分原価計算の代表例は直接原価計算だが、これについては後述する。

　非製造原価など、製品ごとに集計することが合理的でない原価は、期間原価（period cost）として処理される。期間原価は、特定の製品に紐づけず、原価が発生した期間にP/Lに一括計上する。

◉ 配賦と利益計算

　以下の問題を考えよう。問題設定は計算例①と同じである。

> **計算例②**：上の計算例において、製品A・B・Cの売上総利益はいくらになるか求めなさい。

　売上総利益は、売上から売上原価を差し引いて求められる。この計算例では在庫は存在しないので、製造原価の金額＝製品原価の金額＝売上原価の金額になる。したがって、以下のように計算できる。

	A	B	C	全体
売上高	61,500,000	50,000,000	37,500,000	149,000,000
売上原価	36,435,000	38,435,000	55,370,000	130,240,000
売上総利益	25,065,000	11,565,000	△17,870,000	18,760,000
売上総利益率	40.76%	23.13%	△47.65%	12.59%

計算結果を確認すると、製品Ａ・Ｂで利益が出ている一方で、製品Ｃは売上総損失が出ていることがわかる。売上総損失が出ているような状況のことを「原価割れ」と呼ぶ。

　皆さんがこの工場の責任者だとしたら、この計算結果を見てどのように考えるだろうか。「大幅な原価割れの状況になっている製品Ｃは廃止を検討すべきだ」と考えるかもしれない。しかし、このデータだけを根拠に、製品Ｃの廃止に踏み切ってもよいだろうか。

　製品Ｃの廃止に踏み切る前に、考えるべきことが２つある。１つは「製造間接費の配賦基準は適切か？」ということ、もう１つは「固定費が悪さをしているのではないか？」ということである。

　計算例では、直接作業時間を配賦基準にすることが求められていた。しかし、実際には、配賦基準は各会社で合理的なものを選択可能である。どのような選択方法があるのか、〈図表8-2〉にまとめている。

〈図表8-2〉配賦基準の選択方法

選び方	説　明	配賦基準の例	注意点
ピーナッツバター・コスティング	いわゆる割り勘のこと。原価計算対象が３つであれば３等分して負担させる。	―	平均より多くの間接費を消費することで、その一部を他の原価計算対象に負担させることができるため、浪費のインセンティブを与えてしまう。
負担能力基準	間接費を負担する余力が大きいところに多く負担させる。	売上高、売上総利益	よく売れる製品ほど間接費の負担割合が多くなってしまうため、製品の品質向上のインセンティブが削がれてしまう。
便益基準	間接費から多く便益を受けたところに多く負担させる。	直接労務費、直接作業時間、機械作業時間	製造間接費（の発生原因）から恩恵を受けているものほど間接費の負担割合が多くなる。

因果基準	間接費の発生原因を突き止めて、それに比例して負担させる。	—	便益基準よりも精緻な間接費配賦が可能だが、かなりの手間がかかる。

　1つ目の選択方法は、ピーナツバター・コスティングである。これはいわゆる割り勘のことで、仮に原価計算対象が3つあれば製造間接費を3等分する。パンにピーナツバターを塗る際のように、各原価計算対象に製造間接費をムラなく配賦するため、こうした名前がついている。

　2つ目は、負担能力基準である。たとえば、売上高の大きな製品は、それだけコストを負担する余力があると考えられる。負担能力基準では、売上高に比例させるなどして、より間接費を負担する余力が大きいところに多く負担させる。

　3つ目は、便益基準である。たとえば、製造にたずさわっている工具の数が多い製品、あるいは製造に時間のかかる製品ほど、製造間接費の発生原因からより大きな恩恵を受けていると考えられる。便益基準では、直接労務費や直接作業時間、機械作業時間などに比例させる形で、間接費配賦額を決定する。

　4つ目は、因果基準である。この方法では、製造間接費を細かくグルーピングし（間接費のグループのことをコスト・プールと呼ぶ）、たとえば配送費は出荷回数に比例させて、品質管理活動にかかった原価は抜取検査の回数に比例させて、段取活動にかかった原価は段取時間に比例させて、……というように個々の製造間接費の項目ごとにその発生原因（コスト・ドライバー）を特定し、配賦基準とする。因果基準による配賦計算を採用した全部原価計算システムのことを、活動基準原価計算（ABC, Activity Based Costing）と呼ぶ。

　このうち、最も精緻な間接費配賦を実現できるのは、ABCである。しかし、ABCの導入にはかなり手間がかかるため、精緻に間接費配賦ができるというメリットに反して、実務への導入はあまり進んでいない。

ABCほど精緻な計算はできないものの、それなりに合理的な配賦計算ができるとして、実務で広く採用されているのは、便益基準である。ただし、便益基準のなかでも、配賦基準として直接作業時間を採用するのか、機械作業時間を採用するのか、それとも直接労務費を採用するのかは会社によってさまざまである。

　さらに、計算例では「製造間接費は、当月総額で58,140,000円がかかった」としていたように、単一のコスト・プール（シングル・プール）を想定していたが、コスト・プールをいくつに分けるのかについても、会社に裁量がある。

　便益基準や因果基準による配賦には一定の合理性を見出せる一方で、ピーナッバター・コスティングは、直観的にわかりやすい方法ではあるものの、浪費のインセンティブを生んでしまうためデメリットが大きい。また、負担能力基準についても、「売れる製品ほど製造間接費の負担が大きくなる」というルールなので、品質を改良してよりよい製品を生もうというインセンティブを削いでしまうデメリットがある。

　ふたたび計算例に戻ろう。計算例では、直接作業時間を基準に製造間接費を配賦していたため、便益基準による配賦であるといえる。便益基準を採用すること自体には、大きな問題はない。しかし、直接作業時間を配賦基準とするのはどうだろうか。

　製造間接費の総額は58,140,000円である一方で、直接材料費の総額は50,500,000円、直接労務費の総額は21,600,000円である。直接材料費や製造間接費と比較して、直接労務費の金額が小さいことがわかる。

　工具による直接作業が多い工場であれば、直接作業時間や直接労務費を基準に配賦計算を行うことに合理性を見出すことができる。しかし、この計算例の場合、直接労務費の金額が小さく、製造間接費の金額が大きいため、工具による直接作業が少なく、機械化が進んでいるのではないかと推察できる。つまり、製造活動に占める直接工の重要度はそこまで大きくなく、比較的、機械作業の重要度が大きいのではないか。

このように機械化が進んだ工場では、直接作業時間を基準にするのではなく、機械作業時間を配賦基準にすべきではないだろうか。以下の問題を考えてみよう。

計算例③：上の計算例において、製造間接費の配賦基準を機械作業時間に変更した場合、製品A・B・Cの売上総利益はいくらになるか求めなさい。

　詳細な計算手順は省略するが、以下のように計算できる。

	A	B	C	全体
売上高	61,500,000	50,000,000	37,500,000	149,000,000
売上原価	62,940,000	37,580,000	29,720,000	130,240,000
売上総利益	△1,440,000	12,420,000	7,780,000	18,760,000
売上総利益率	△2.34%	24.84%	20.75%	12.59%

　計算結果から、製品Aが売上総損失に転落した一方で、製品Cでは売上総利益が出ていることがわかる。製造間接費の配賦ルールを変えただけなので、当然製造間接費や売上原価の総額には変化はなく、したがって工場全体の売上総利益の金額や売上総利益率にも変化がない点も確認して欲しい。

　このように、配賦基準が変わるだけで、製品ごとの利益額は大きく変わってしまう。もし直接作業時間による配賦計算だけを信頼して製品Cの廃止に踏み切った場合、取り返しのつかない失敗になっていたかもしれない。

　合理的でない配賦基準を選んでしまうことのデメリットは、配賦計算、ひいては利益計算が不正確になってしまうことだけではない。配賦基準に直接作業時間が採用されている場合、あなたが製品Aの責任者だったとして、製造間接費の製品Aへの配賦額を減らすために、どのような手を打つだろうか。

おそらく、直接作業時間を減らそうとするだろう。しかし、先ほど考察したように、製造間接費の多くは機械作業から生じているのではないかと推察できる。直接作業時間を減らすことで製品Aへの配賦額は減るかもしれないが、工場全体の製造間接費のパイは小さくならない。つまり、合理的でない配賦基準を採用することで、工場全体のコストダウンには資さない、部分最適な行動を誘発してしまうのである。

◯ 製造間接費配賦の死のスパイラル

　ふたたび直接作業時間で配賦していた例に戻ろう。この計算例では、製品Cは△47.65％と大幅な原価割れを起こしていた。以下の計算例を考えよう。

計算例④：この工場の責任者であるあなたは、製品Cの廃止を検討することになった。シミュレーションの結果、製品Cを廃止した場合には、製造間接費の総額が57,420,000円に削減できることがわかった。他の設定はまったく変わらない、つまり配賦基準は直接作業時間、直接工の賃率は1.8千円で、

製品品種	製品A	製品B
製造・販売数量（個）	15,000	10,000
販売単価（円／個）	4,100	5,000
直接材料費（円／個）	1,100	1,850
直接作業時間（時間／個）	0.2	0.3
機械作業時間（時間／個）	0.8	0.4

という状況の下で、製品A・Bの売上総利益を求めなさい。

　直接費の金額は変わらないので、変わるのは配賦計算である。配賦率は、次のように求められる。

配賦率

総直接作業時間は、3,000時間 + 3,000時間 = 6,000時間なので、

$$\frac{57,420,000円}{6,000時間} = 9,570円/時間$$

よって、製造間接費の配賦額は、

製造間接費

A：3,000時間 × 9,570円/時間 = 28,710,000円

B：3,000時間 × 9,570円/時間 = 28,710,000円

と計算できる。したがって、製造原価は

	A	B	全体
直接材料費	16,500,000	18,500,000	33,100,000
直接労務費	5,400,000	5,400,000	10,800,000
製造間接費	28,710,000	28,710,000	57,420,000
製造原価	50,610,000	52,610,000	103,220,000

となる。よって、売上総利益は、

	A	B	全体
売上高	61,500,000	50,000,000	98,000,000
売上原価	50,610,000	52,610,000	103,220,000
売上総利益	10,890,000	△2,610,000	8,280,000
売上総利益率	17.71%	△5.22%	7.43%

と求められる。

　製造間接費の多くは、工場の製造設備に関する減価償却費や工場の経理ス

タッフ・事務スタッフの給与などで占められる。製品Cの製造をやめたからといって、製造設備を廃棄したり、工場の事務スタッフをクビにしたりするわけではない。したがって、製品Cの製造をやめたとしても、減価償却費や事務スタッフの給与を減らすことはできない。このように、生産量の増減とコストの増減が比例しない原価のことを固定費（fixed cost）と呼ぶ。

　採算が取れていないからといって、製品の廃止を安易に決めてしまうと、製造間接費の総額がほとんど変わらないにもかかわらず、製造間接費の配賦先は減ってしまう。その結果、残された製品は、何もしていないにもかかわらず製造間接費の配賦額が増大し、採算が悪化してしまう。

　計算例では、製品Aの売上総利益は40.76％から17.71％に下落し、製品Bは23.13％の黒字から5.22％の赤字に転落してしまう。では、売上総損失に転落した製品Bを廃止するとどうなるだろうか。製造間接費をすべて引き受けなければならなくなった製品Aが売上総損失に転落するだろう。さらには製品Aを廃止し、工場ごと撤退……と悪循環に陥ってしまうかもしれない。

　このように、製造間接費の配賦計算に惑わされて、製品の撤退→残された製品の採算悪化→採算が悪化した製品の撤退→残された製品の採算悪化→……という負のループに陥ることを、製造間接費配賦の死のスパイラル（death spiral）と呼ぶ。この状況は、配賦基準を機械作業時間に変更した場合も起こりうる。実際、機械作業時間に配賦基準を変更すると製品Aが売上総損失に陥ってしまう。製品Aを廃止するとなれば、同じような状況になるだろう。

　死のスパイラルは、製造間接費の配賦計算に固定費が混入するのが原因である。計算例②の状況では、製品A・Bが大きな利幅を上げている一方で、製品Cは深刻な原価割れの状況に陥っているように見える。しかし、配賦基準を変えるだけで、この状況は大きく変化する（計算例③）。

　直接作業時間を配賦基準にしている計算例②の状況では、製品Cが多額の間接費を負担してくれているから、製品A・Bで大きな利益を獲得できているように見えているだけなのかもしれない。それぞれの製品が会社全体の利

益にどれだけ貢献してくれているのかを、売上総利益だけで判断するのは難しい。

　なお、それぞれの製品が会社全体の利益に貢献する程度のことを利益性と呼ぶ。利益性の原語であるprofitabilityは、慣習的には「収益性」と訳されることが多い。しかし、profitabilityは、原語を見れば明らかなとおり、利益（profit）を獲得する能力を指しているのであって、収益（revenue）を獲得する能力を指しているのではない。つまり、「profitabilityが高い製品」とは、全社利益への貢献が大きい製品を指すのであって、収益（つまり売上）を獲得する能力が高い製品を指しているのではない。そこで、この章では、一般的な訳語ではないものの、用語が持つニュアンスをより正確に表現するため、「利益性」という訳語を用いる。

⬤ コスト・ビヘイビア

　死のスパイラルの原因は固定費であると述べた。生産量と発生額が比例しないような原価が固定費だった。もう少し厳密にいえば、原価発生額が、生産量や操業度とは独立に決まる場合、その原価を固定費という。具体例としては、減価償却費が挙げられる。たとえば、製造設備の減価償却費が定額法で毎年1,000万円発生しているとき、この金額は製品を何個つくろうが、工場の稼働時間がどれだけ増えようが変わることはない。このように、生産量や操業度に応じて原価の発生額がどのように変化するかをコスト・ビヘイビア（または原価態様）といい、これによって原価を分類することができる（〈図表8‐3〉）。

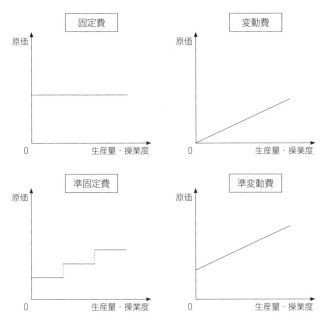

〈図表 8-3〉コスト・ビヘイビアによる原価分類

固定費

原価

0　　　　　　生産量・操業度

変動費

原価

0　　　　　　生産量・操業度

準固定費

原価

0　　　　　　生産量・操業度

準変動費

原価

0　　　　　　生産量・操業度

　固定費に対して、生産量や操業度に比例して発生額が増減するような原価を変動費（variable cost）と呼ぶ。具体例としては、直接材料費や直接工の賃金などが挙げられる。たとえば、木工家具メーカーを考えよう。イスを製造するのに、1 脚当たり 1 万円分の木材を使用する場合、イス 1 脚をつくるのに 1 万円、2 脚つくるのに 2 万円、……100脚つくるのに100万円の直接材料費がかかるはずである。

　準固定費、準変動費と呼ばれる分類も存在する。準固定費（step cost）の例として、会場使用料を考えよう。外部企業から依頼を受けて社員研修を請け負っている会社があるとする。研修を実施するためには会場となる会議室を借りなければならない。定員50人の会議室を利用して研修を実施する際、参加者が51人以上になると会場をもう 1 つ押さえる必要がある。会場使用料が会議室 1 部屋当たり20万円であるとすると、参加者が 1 ～50人であれば

20万円、51〜100人であれば40万円、というように、階段状に会場使用料が増加する。このように、階段状に増減する原価のことを準固定費と呼ぶ。

　準変動費（mixed cost）は、固定費と変動費の両方の性質を持った原価である。具体例としては、水道光熱費や通信量が挙げられる。水道光熱費は、一般に基本料部分と従量課金部分に分けられる。電気をいくら利用しようが基本料は変わらないが、従量課金部分の電気代は増大する。

　コスト・ビヘイビアによる原価分類で重要なのは、固定費と変動費の区分である。原価を固定費と変動費に分類することを固変分解と呼ぶが、固変分解の際には、厳密に分ければ準固定費・準変動費に分けられるような原価も、固定費か変動費に無理やり分類してしまうこともしばしば行われる。

● 直接原価計算

　製造原価のすべてを製品原価に割り当てるような計算方法を全部原価計算と呼んだ。製造原価は製造直接費と製造間接費から構成されるが、この中には変動費も固定費も含まれている。したがって、全部原価計算によって製品原価を計算する以上、利益計算に固定費が影響することは避けられない。

　しかし、管理会計上は、利益計算から固定費の影響を排除したい場合がある。先述した死のスパイラルは、固定費の影響で引き起こされていた。製品廃止の意思決定のように、各製品の収益性情報が重要である場合には、利益計算から固定費の影響を排除することが望ましい。

　利益計算から固定費の影響を排除するためには、直接原価計算（direct costing）を用いればよい。直接原価計算とは、製品原価として製造原価のうち変動費のみを集計する方法である。そのため、変動原価計算（variable costing）と呼ばれる場合もある。製品原価として集計されなかった固定費は、期間原価として、その期に発生した金額のすべてのP/Lに一括計上する（〈図表 8 - 4 〉）。

〈図表 8 – 4 〉 直接原価計算のイメージ

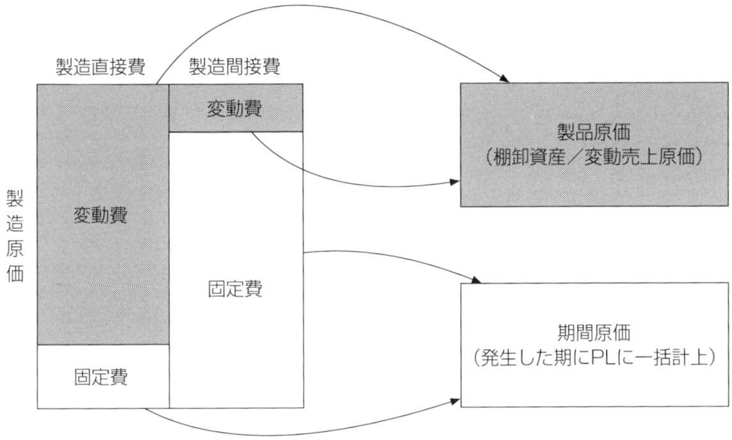

〈図表 8 – 4 〉に示しているが、間接費の中に変動費と固定費が含まれるように、直接費の中にも変動費と固定費が含まれる。直接費であるからといって、ただちに変動費であると判断するのは性急である。たとえば、直接労務費を考えよう。直接労務費は変動費だろうか、それとも固定費だろうか。日本のように解雇規制が厳しい場合、減産するからといって工員のクビが容易に切られるわけではない。配置換えするなどして、雇用が続けられる。したがって、日本のような制度環境にある場合、直接労務費は固定費だと捉えるほうが合理的だろう。このように、変動費か固定費かの区分は、会社を取り巻く制度にも影響を受ける。

直接原価計算を用いる場合、全部原価計算の場合とは利益計算の方法が異なる。〈図表 8 – 5 〉にあるとおり、直接原価計算方式の利益計算では、売上高から変動費を控除して、貢献利益（contribution margin）を計算する。変動費には、変動売上原価のほか、変動販売費も含まれる。変動売上原価は、売上に対応する金額だけ（売れた製品にかかった変動製造原価）を計上する。

〈図表 8 - 5〉 損益計算書の違い

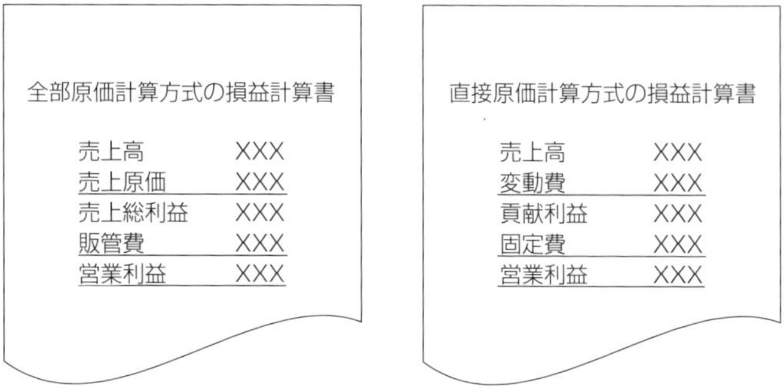

```
┌─────────────────────────┐   ┌─────────────────────────┐
│  全部原価計算方式の損益計算書 │   │  直接原価計算方式の損益計算書 │
│                         │   │                         │
│    売上高      XXX      │   │    売上高       XXX     │
│    売上原価    XXX      │   │    変動費       XXX     │
│    売上総利益  XXX      │   │    貢献利益     XXX     │
│    販管費      XXX      │   │    固定費       XXX     │
│    営業利益    XXX      │   │    営業利益     XXX     │
└─────────────────────────┘   └─────────────────────────┘
```

　変動費は、生産量や操業度に比例して増減する。生産量を増やせばより多くの材料費が必要になり、労働時間を増やせばより多くの賃金が必要になるだろう。したがって、変動費を業務活動原価（activity cost）と呼ぶ場合がある。その名のとおり、変動費は、日々の業務を行うために、必要不可欠な原価である。材料費の支払いが滞れば製造活動は維持できなくなるし、工員に賃金が支払えなくなれば生産規模を維持できなくなる。

　一方で、固定費はどうだろうか。固定費は、一定の生産・販売能力を維持するために、生産量や労働時間にはかかわりなく、一定額が発生するような原価であり、業務活動原価に対比させてキャパシティ・コスト（capacity cost）と呼ばれる。日々の業務に直結する変動費に対して、固定費が回収できなかったからといって、ただちに業務活動に支障をきたすわけではない。たとえば、ある月の減価償却費が回収できなかったからといって、ただちに工場の運営が成り立たなくなるわけではないだろう。

　したがって、売上高からまず回収の必要性が高い変動費を控除して、その残額を貢献利益と定義する。この貢献利益から、さらに固定費を回収して、それでも余っている金額が営業利益である。貢献利益の金額が大きければ大きいほど、固定費を回収する能力が高いことを意味しており、すなわち、営業利益に貢献する能力が高いことを意味している。製品ごとの利益性を把握

する際には、売上総利益よりも貢献利益のほうが役立つ場面も多い。以下の計算例を考えてみよう。基本的な設定は、計算例①と同様である。

計算例⑤：製品A・B・Cごとの利益性を把握するため、製造原価を固定費と変動費に分類して、直接原価計算によって利益計算を行うことにした。固変分解を実施したところ、直接材料費と直接労務費はすべて変動費に分類でき、製造間接費のうち12,240,000円が変動費、45,900,000円が固定費に分類できた。また、製造間接費の多くは機械作業から生じているため、変動製造間接費は機械作業時間を基準に各製品に配賦するのが望ましいこともわかった。このとき、製品A・B・Cの貢献利益を求めなさい。

変動製造間接費の配賦率は、次のように求められる。

配賦率
総機械作業時間は、12,000時間＋4,000時間＋1,000時間＝17,000時間なので、

$$\frac{12,240,000円}{17,000時間}=720円／時間$$

よって、変動製造間接費の配賦額は、次のように計算できる。

変動製造間接費
A：12,000時間×720円／時間＝8,640,000円
B：4,000時間×720円／時間＝2,880,000円
C：1,000時間×720円／時間＝720,000円

売上高、直接材料費、および直接労務費は計算例①と同様なので、貢献利益は次のように計算できる。

	A	B	C	全体
売上高	61,500,000	50,000,000	37,500,000	149,000,000
変動費	30,540,000	26,780,000	27,020,000	84,340,000
貢献利益	30,960,000	23,220,000	10,480,000	64,660,000
貢献利益率	50.34%	46.44%	27.95%	43.40%

　貢献利益率を見ることで、固定費に惑わされることなく、各製品の利益性を把握することができる。貢献利益率は製品Ａが50.34%、製品Ｂが46.44%、製品Ｃが27.95%であり、相対的に見れば製品Ｃが最も利益性が低そうではあるが、それでも25%を超える貢献利益率を上げている。ただちに撤退を検討しなければならないほどまずい状況ではなさそうである。

　製品廃止の意思決定のように、各製品の利益性に関する情報が重要である場合には、直接原価計算方式の利益計算を実施することが有用である。ここで注意を要するのは、製品Ｃが配賦された固定製造間接費を回収しきれていないのは事実である、という点である。固定費の削減は、別途検討・対応を要する。

　全部原価計算の情報を用いて製品廃止の意思決定をすることの問題は、「製品廃止の意思決定」と「固定費削減の意思決定」という種類の異なる意思決定を切り分けることができないまま、一緒に扱わなければならない点である。直接原価計算を利用することで、この２つの意思決定問題を別々の問題として切り分けて扱うことができるようになる。

⬤ 在庫を増やすと利益が増える？

　固定費が意思決定を歪める例を、もう１つ紹介しよう。次の計算例を考えてほしい。

　計算例⑥：Ａ社は、単一の製品を製造・販売している企業である。同社

における今期の売上高・原価に関するデータは以下のとおりである。単価、コストは第1期・第2期を通して変化しない。

1．販売単価：2,000円

2．製造原価：製品1個当たり変動製造原価　500円、固定製造原価 930,000円

3．販売費：製品1個当たり変動販売費　80円、固定販売費　180,000円

4．一般管理費（すべて固定費）：270,000円

5．生産・販売数量等

	第1期	第2期
期首在庫量	0個	0個
当期製造量	1,000個	1,200個
当期販売量	1,000個	1,000個
期末在庫量	0個	200個

　このとき、全部原価計算方式で、第1期・第2期の営業利益をそれぞれ求めなさい。

　まず、第1期の営業利益を考えよう。販売単価2,000円の製品が1,000個売れたので、売上高は2,000,000円である。売上原価は、製造原価のうち、売れた製品の分だけが計上される。全部原価計算のもとでは、製造原価のすべてを製品に集計するため、変動／固定の区別は関係なくすべての製造原価を集計する。したがって、変動製造原価が500円／個×1,000個＝500,000円、固定製造原価が930,000円なので、あわせて1,430,000円である。よって、売上総利益は570,000円である。

　変動販売費は、販売数量に比例して増減する。販売数量は1,000個なので、80円／個×1,000個＝80,000円。これに固定販管費を足し合わせれば、販管費が求められる。80,000円＋180,000円＋270,000円＝530,000円である。よって、

営業利益は、570,000円−530,000円＝40,000円と計算できる。

　次に、第2期の営業利益を考える。第1期と第2期で製造原価や販管費の内訳は変わらない。販売単価も販売数量も同じである。同じコストでつくれるものを、同じ個数だけ、同じ金額で売ったので、営業利益も同じになるはずだ、というのが直観的な想像だろう。しかし、そうはならない。

　売上高と販管費は変わらないので、売上原価を考えよう。まず、製造原価を計算する。第2期は1,200個製造したので、変動製造原価は500円／個×1,000個＝600,000円と計算でき、固定製造原価930,000円とあわせて1,530,000円である。売上原価に計上するのは、製造原価のうち、売れた製品の分だけなので、1,530,000円×1,000個／1,200個＝1,275,000円と求められる。在庫200個分の原価は、棚卸資産としてB/Sに計上され、販売された段階でP/Lに計上される。よって、第2期の営業利益は、2,000,000円−1,275,000円−530,000円＝195,000円である（〈図表8−6〉も参照）。

　まとめると、

	第1期	第2期
売上高	2,000,000	2,000,000
売上原価	1,430,000	1,275,000
売上総利益	570,000	725,000
販管費	530,000	530,000
営業利益	40,000	195,000

となる。「同じコスト構造を持った2,000円の製品を1,000個販売した」という事実は、第1期・第2期ともに同じであるにもかかわらず、第2期の営業利益が増えるのはなぜだろうか。

　第2期において売れ残った製品の固定費が利益計算に反映されず、一時的に貸借対照表に計上されるからである。在庫を積み増すほど一時的に利益が増えるといういびつな構造になっていることが見て取れる。このことから、全部原価計算による利益計算には、在庫積み増しのインセンティブがあるこ

〈図表 8-6〉 売上原価の計算

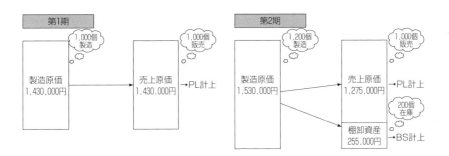

とがわかる。

　加えて、全部原価計算方式による利益計算のもとでは、前期よりも在庫が
減少した場合には過年度に発生した固定費がP/Lに計上されるため、利益が
減少する。このように、全部原価計算のもとでは、売上と利益の関係が直観
に反するものになってしまう。

　では、同じ計算例を、直接原価計算で解いてみよう。直接原価計算では、
売上高から変動費を差し引いて貢献利益を計算し、貢献利益から固定費を差
し引いて営業利益を計算した。したがって、変動費を求めると第1期・第2
期ともに（500円／個＋80円／個）×1,000個＝580,000円なので、貢献利益が
2,000,000円－580,000円＝1,420,000円と求められる。

　固定費は、固定製造原価も含めて発生した期に一括計上するので、第1
期・第2期ともに930,000円＋180,000円＋270,000円＝1,380,000円である。よ
って、営業利益は、第1期・第2期ともに1,420,000円－1,380,000円＝40,000
円と求められる。

	第 1 期	第 2 期
売上高	2,000,000	2,000,000
変動費	580,000	580,000
貢献利益	1,420,000	1,420,000
固定費	1,380,000	1,380,000
営業利益	40,000	40,000

　このことから、直接原価計算を用いれば、売上と利益が直観どおりに連動することがわかる。直接原価計算方式の利益計算を採用することで、在庫を必要以上に積み増すインセンティブを削ぐことができる。

◯ 損益分岐点分析

　固定費と変動費の知識を応用することで、損益分岐点分析を実施できる。たとえば、1個100円の製品を製造・販売している会社を考えよう。この製品を1個つくるために50円の変動費がかかり、さらに100万円の固定費がかかるとする。製品を1個だけ製造・販売した場合、この会社は100円－50円－1,000,000円＝△999,950円獲得できる。△は損失を意味するので、99万9,950円の損失をこうむることになる。

　では、2個だけ製造・販売した場合はどうか。（100円－50円）×2個－1,000,000円＝△999,900円である。50円だけ損失が解消したが、すべての損失を解消するには、まだ数多くの製品を製造・販売する必要がありそうだ。この調子で計算すると、20,000個の製品を製造・販売したときに（100円－50円）×20,000個－1,000,000円＝0円となり、すべての損失が解消する。このように、利益がゼロ円になる点のことを、損益分岐点（BEP, break-even point）と呼ぶ。売上が損失分岐点を上回れば利益を獲得でき、下回れば損失をこうむるというわけである。

　損益分岐点を図示したものが、〈図表8-7〉である。変動費線を明示的に

描くか、それとも固定費線を明示的に描くかで2種類の描き方を示しているが、いずれの描き方でも求められる損益分岐点は同じになる。売上高線と総原価線の幅が営業利益または営業損失を示している。損益分岐点より右側では売上高線が総原価線を上回っているため営業利益が出ており、左側では売上高線が総原価線を下回っているため営業損失が出ている。したがって、売上高線と総原価線がちょうど交わる点が損益分岐点である。

〈図表8-7〉損益分岐点図表

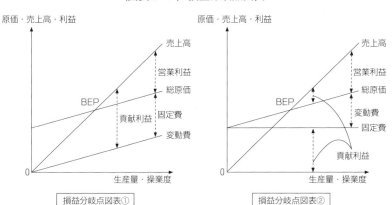

なお、〈図表8-7〉①の描き方では、売上高線と変動費線の幅が貢献利益を示している。貢献利益から固定費を回収して余っている金額が営業利益であることを直観的に理解しやすいのは、こちらの描き方だろう。

では、損益分岐点を求める公式を導出しよう。説明の便宜上、製品の販売単価をp、販売数量をq、製品1個当たりの変動費をv、固定費の総額をFとする。このとき、売上高はpq、変動費の総額はvqと表すことができる。したがって、営業利益の金額は、$pq-(vq+F)$と書ける。損益分岐点は、営業利益がゼロ円になる点のことなので、損益分岐点における販売数量q^{BEP}は、

$$pq-(vq+F)=0$$

をqについて解くことで求められる。つまり、

$$(p - v)q = F$$

より、

$$q^{BEP} = \frac{F}{p - v}$$

と求められる。p は製品 1 個当たりの売上高、つまり製品単価、v は製品 1 個当たりの変動費なので、$p - v$ は製品 1 個当たりの貢献利益を意味している。したがって、

$$損益分岐点販売数量 = \frac{固定費}{製品 1 個当たり貢献利益}$$

である。

次いで、損益分岐点における売上高 pq^{BEP} を求めよう。

$$(p - v)q = F$$

の両辺を pq で割ると、

$$1 - \frac{v}{p} = \frac{F}{pq}$$

となるので、

$$pq^{BEP} = \frac{F}{\left(1 - \dfrac{v}{p}\right)} = \frac{F}{\dfrac{p - v}{p}}$$

と求められる。$p - v$ は製品 1 個当たりの貢献利益だった。したがって、$\dfrac{p - v}{p}$ は製品 1 個当たりの貢献利益を製品単価で割ったもの、つまり、売上高貢献利益率である。よって、

$$損益分岐点売上高 = \frac{固定費}{売上高貢献利益率}$$

である。

また、目標利益を達成するために必要な販売数量や売上高が知りたい場合もあるだろう。このような場合には、目標利益の金額だけ、回収すべき固定費が増えたと考えればよい。つまり、

$$目標利益を達成するための販売数量 = \frac{固定費 + 目標利益額}{製品1個当たり貢献利益}$$

$$目標利益を達成するための売上高 = \frac{固定費 + 目標利益額}{売上高貢献利益率}$$

である。

では、求めた公式を利用して、以下の計算問題を解いてみよう。

計算例⑦：α製作所は、単一の製品を製造・販売している。同社では、現在来期の利益計画を策定している。次の資料をもとに、損益分岐点販売数量と損益分岐点売上高を求めなさい。

（資料）

1．材料、製品ともに在庫は持たない。製品は完成後ただちに出荷される。

2．来期の計画製造・販売数量：15,000個

3．予定販売単価：10,000円／個

4．原価データ：

　(ア)　変動費

　　①　材料費：製品1個当たり3,000円

　　②　労務費：直接作業時間1時間当たり1,800円

　　③　販売費：製品1個当たり500円

　(イ)　固定費：

　　①　労務費：47,500,000円

　　②　経費：12,000,000円

　　③　販売費：13,500,000円

　　④　一般管理費：8,200,000円

5．予定直接作業時間：製品1個当たり0.5時間

損益分岐点販売数量は、固定費を製品1個当たり貢献利益で割ることで求

められる。したがって、まず製品1個当たり貢献利益を求めると、製品1個当たり売上高が10,000円／個、製品1個当たり変動費が3,000円／個＋900円／個＋500円／個＝4,400円／個なので、10,000円／個－4,400円／個＝5,600円／個である。固定費は、47,500,000円＋12,000,000円＋13,500,000円＋8,200,000円＝81,200,000円なので、損益分岐点販売数量は、81,200,000円÷5,600円／個＝14,500個と求められる。損益分岐点売上高は、上の公式を用いてもよいが、単純に10,000円×14,500個＝145,000,000円とも求められる。

　損益分岐点分析の考え方を応用して、「この施策を採用したら、営業利益がいくらになるか？」という簡易なシミュレーションをすることができる。条件を変更すると営業利益額がどのように変化するかに関する分析を、感度分析と呼ぶ。以下の計算例を考えてみよう。

　計算例⑧： a 製作所では、営業利益の引上げが重大な課題になっている。営業利益を引き上げるために来期行う施策として、以下の案が提示された。各案を採用した場合の営業利益の改善額（現在の営業利益額マイナス案を採用した場合の営業利益額）を求めなさい。

(a)　販売単価を10%引き下げる。これによって、販売数量が計画よりも20%増加することが見込まれる。

(b)　自社で行っている製品の配送を運送業者に委託する。これによって、固定販売費のうち1,500,000円の人件費が節約できる。ただし、運送業者には、売上高の1%を手数料として支払う必要がある。

(c)　より安く同種の部品を購買できる業者を地方に見つけたため、スポット買いをする。これによって、材料費が計画よりも10%安く抑えられる。ただし、試作品を取り寄せたり、相手の工場を訪問したりするのに1,200,000円の追加コストがかかる。

　まず、現時点での来期の予想営業利益額を求めよう。製品1個当たり貢献利益が5,600円／個、固定費総額が81,200,000円、計画販売数量が15,000個なの

で、5,600円×15,000個−81,200,000円＝2,800,000円である。

　では、(a)案を考えよう。販売単価を10%引き下げると、9,000円／個が新たな販売単価である。これによって販売数量が20%増加するため、新たな販売数量は15,000個×120%＝18,000個である。よって、(a)案を採用した場合の営業利益は、（9,000円／個−4,400円／個）×18,000個−81,200,000円＝1,600,000円と求められる。よって、利益改善額は2,800,000円−1,600,000円＝△1,200,000円となり、(a)案を採用すると、かえって営業利益が減少してしまうことがわかる。

　(b)案はどうだろうか。配送業務を外部委託することで、固定販売費が1,500,000円節約できる。一方で、運送業者への手数料として売上高の1％を支払わなくてはならないため、変動販売費が10,000円／個×15,000個×1％＝1,500,000円増加する。したがって、固定費が150万円減って、変動費が150万円増えるため、営業利益は変化しない。

　最後に(c)案である。安価な部品を用いることで、材料費を10%節約できる。したがって、変動材料費が製品1個当たり3,000円／個×10%＝300円／個節約できる。よって、新たな製品1個当たり貢献利益は5,600円／個＋300円／個＝5,900円／個である。ただし、固定経費が1,200,000円追加でかかるため、新たな固定費は81,200,000円＋1,200,000円＝82,400,000円である。したがって、(c)案を採用した場合の営業利益は、5,900円／個×15,000個−82,400,000円＝6,100,000円と計算できる。よって、利益改善額は、6,100,000円−2,800,000円＝3,300,000円と求められる。

第9章

マネジメント・コントロールの基礎
計数管理の考え方

● 経営の標準スタイルとしてのマネコン

　「計数管理」という言葉は、一般によく使われている。従来から経営をコントロールしていくのは会計数値の役割の1つと考えられてきた。ステークホルダーに対する外部報告である財務会計とは別に、経営管理場面における会計のもう1つの役割であり、従来の学問分類では「管理会計」がこの研究分野と考えられてきた。またほとんどのビジネススクールには、管理会計より広い概念を含んだ「マネジメント・コントロール」という科目が設定されていて、重要な科目と考えられている。

　マネジメント・コントロール（以下マネコンと略称）とは、「Plan―Do―Check―Action」、「Plan―Do―See」、または「Plan―Do―Control」というマネジメント・コントロール・サイクルによって、経営管理を進めていくプロセスをいう。予算管理を思い浮かべるとわかりやすいが、経営計画を年度予算に落とし込み、企業の各部門にミッションを割り振り、統合的に経営を進める方法は世界中で広く使われている。

　米国の企業では、予算管理や計画管理が経営の中枢と考えられてきた。米ビジネススクールでもマネコンや財務管理が、経営戦略論やマーケティング論とともに重視されてきたのである。したがって米国では財務畑出身の人が社長になるケースが多く、MBA（経営学修士）資格のほかに、CPA（公認会計士）を持っている経営者が多い。

欧米企業にはほとんどの場合、「コントローラー」という職種の人がいる。日本企業でも、「主計課（部）」とか「企画課」、「予算管理課」のような部門があり、そうした部署はマネコンの事務サポート部門である。彼らは通常、数字に明るく分析力にすぐれたエリート・スタッフが配置される。

　日本で社長に選ばれる人は、従来は営業や製造、開発出身の人がほとんどだったが、1990年バブル崩壊以降は財務畑出身者が社長になるケースが増えた。この章のコラムで取り上げた東芝の例では、「チャレンジ」という言葉が予算必達を意味していたというが、日本の伝統企業でも業績コントロールは経営の要であり、「数字に強いトップ」が求められている流れは変わらない。ただし不幸にも負の側面が噴出したケースが、最近は続いている。

　コントロールという言葉は「制御」とか「統制」といったニュアンスが強い。クオリティ・コントロール（QC：品質管理手法）のように、ある標準値の範囲内に数値を制御して押さえ込むのがコントロールの意味である。

　もともとマネコンとは、作業標準をあらかじめ決め、その標準値を達成するために行われる制御活動のことを指していた。能率という考え方を取り入れ、能率標準を定め、標準値を達成するために結果をチェックし、差異が発生した場合、必要な修正行動を取る。今では別に珍しくもないこの発想が経営の中で取り入れられたのは、さほど古い話ではない。今から100年ほど前の、20世紀初頭のことである。最初に世の中に広めたのは、「テイラーリズム」で有名なフレデリック・テイラーである。

　テイラーは鉄道技師だった。米国はその当時、世界のフロンティア（未開拓地）であり、世界中から移民が集まり、盛んに鉄道が敷設され、産業革命が大きく進展しつつあった。貧しい移民たちはきわめて劣悪な条件のもとで、安い賃金でこき使われた。従業員のことを「人的資源」と呼ぶことがあるが、まさにヒトはカネやモノと同列の資源とみなされた。チャップリンの「モダンタイムス」が描いたように、ヒトはいわば消耗品にすぎなかった。

　世界からいくらでも人的資源をかき集めることが可能な時代だったので、彼らをキチンと働かせるには「ムチ」や「恐怖」が有効と考えられた。厳し

い職長が労働者を監視し、怠ける者は即座にクビにした。その頃の人間に対する見方は、「経済人モデル」であり、「人は利己的で、最小の努力で自分にとって最も都合のいい利益を得ようとする」という人間観だった。「人間は怠惰であり、強制なくしては働かない」と。

移民たちも最初は企業家たちの言いなりだった。しかし、彼らはやがて過酷な労働条件に反抗して、対抗措置を講じるようになる。その結果、サボタージュや山猫ストが頻発した。20世紀初頭の米国はこうした厄介な労働紛争で、生産性が低迷した。

鉄道建設が思ったように進まない事態に直面して、テイラーはある手法を思いつく。それはエンジニアらしいアイデアだった。「能率給」である。今ではごくありふれた手法だが、能率給制度はこのとき生まれた。テイラーは作業標準を設定し、その標準値で現場をコントロールし、標準以上に作業をこなした人には割増賃金を払う仕組みを考えた。この仕組みのおかげで、鉄道建設の生産性は飛躍的に向上した。サボタージュは収まった。

この仕組みは全米で大ヒットし、全産業に広まった。これがテイラーリズムである。

20世紀前半、米国企業が成長を遂げる中で、テイラーリズムが企業のさまざまな分野に適用されていく。たとえば製造分野では、原価計算や特殊原価調査が確立していった。製造以外の営業部門にも適用された。さらに、能率標準が多角化した各事業部門の達成標準に置き換えられて、事業部制コントロールに使われるようになる。20世紀前半は、米国企業が野放図にコングロマリット化していった時期である。テイラーリズムは、多角化企業の計画管理（予算管理）システムにバージョン・アップされ、広く使われるようになった。

こうして計画管理システムは、米国経営の標準モデルとなった。

企業の経営管理者の任務は「いかに素晴らしい計画を設定し、組織に割り当て、組織ごとの活動をチェックし、叱咤激励し、指揮するか」がモデルとなった。数字に明るい経営者が、現場組織ごとの実績数値資料を鋭くチェッ

クし、必要な指示を与え、目標をクリアした人を褒賞し、業績の悪い社員を更送する。このような組織コントロールのイメージができ上がった。

この頃、米ハーバード大学ビジネススクール教授のロバート・N・アンソニーは1965年の著書「Planning & Control Systems: A Framework for Analysis」（邦訳：高橋吉之助訳『経営管理システムの基礎』1968年）のなかで、次のように定義している。

> 「マネジメント・コントロール：
> マネジャーが組織の目的達成のために、資源を効果的かつ能率的に取得し、使用することを確保するプロセス」

計画立案のプロセスで、達成目標を立て、ヒト・カネ・モノ・情報といった資源を集め、各所属組織に配分し、目標を達成するべく統制していく。それがこの定義の意味である。

◉ そしてMBAが会社を滅ぼした!?

「Plan―Do―Check―Action」のマネコン・サイクルの中で、CEO（Chief Executive Officer）は戦略計画立案のリーダーであり、COO（Chief Operating Officer）はその計画に基づいて、全社組織をコントロールするのが役割であるとされる。中間管理職（MM：Middle Manager）はやはり割り当てられた部門計画に基づいて、任された部門組織をコントロールする。部門の現場は計画値をいかに達成するかに追われる。こういうシステムの全体像ができ上がった（〈図表9‑1〉参照）。

1960年代までに、米国は世界経済のリーダーとしての地位を確立し、「パックス・アメリカーナ」を実現する。しかし70年代に入ると、それまでのシステムが次第に問題や矛盾を噴き出し始める。

米国企業が計画管理と統制システムを経営の中心にすえ、米国ビジネススクールでマネコンが教育されればされるほど、皮肉なことに米国企業が衰退

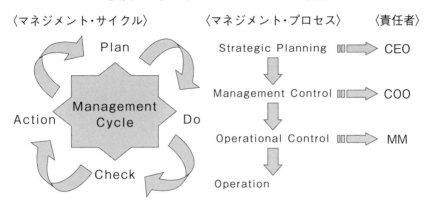

〈図表9-1〉 マネジメント・サイクルと役割

していった。ビジネススクールで会計管理を極めたMBAプラスCPAの有資格者が経営者に就任すると、企業業績が悪化し始めた。MBA経営者たちがマンハッタンにある厚い絨毯の敷かれた社長室で、実績管理資料を眺めながら、遠く離れた営業所や工場の管理職に檄を飛ばせば飛ばすほど、事態はますます悪化した。米国の主要な製造業であった繊維産業→鉄鋼業→家電・エレクトロニクス産業→自動車産業が、次々とわが日本企業との競争の前に敗れていったのである。

　1980年代に登場した『Japan as No.1』（E. ボーゲル著）に象徴される日本的経営論は、その痛烈な批判の発端となった。米国の産業界から米国の経営スタイルに対する懐疑の声が、一気に噴出したのである。

　米国の管理会計学会に対しても、批判が巻き起こった。最大の衝撃を与えたのが、ジョンソンとカプラン共著による『Relevance Lost（適合性の喪失)』（1987年）である。

　テイラーリズムの流れは、数学や工学、経済学などと結びついて、その後さまざまな定量的分析理論を輩出した。たとえば、線形計画法やゲームの理論、PERT、マネジリアル・エコノミクス（ME）、待ち行列理論等々である。ジョンソン＆カプランは、これらの数学的手法を痛烈に批判した。「現

実を過度に単純モデル化しているにもかかわらず、現実と混同している」と。数学や経済学的手法は、現実をごく単純化した変数に置き換え、その方程式を解くことによって現実の現象を説明しようとした。こうしたモデル化であたかも現実が説明できたかのように錯覚している、と攻撃したのである。現実との適合性を喪失した、机上の空論だと。

さらに続けて、こうした数学的管理会計の偏重が米国製造業を衰退させたと指弾した。日本企業に優勢を許したのは、彼らが米国と真逆の行き方をしているからではないか、と。日本の経営管理者は、管理資料の数字を見る前に現場に行って従業員とともに改善活動をしている！ そして顧客満足や品質、さらに従業員の動機付けに注力している！！

1990年前後に起きた、米国自動車メーカー・ビッグスリーの業績悪化が米国のこの論調に一層拍車をかけた。当時、「日本に学べ！」コールが一斉に起こり、日本的経営ブームがピークに達した。

今日では、日米の経済状況が逆転している。そのために、日本的経営ブームもいつの間にか消えてしまった。しかし、管理会計の分野にも「顧客満足」や「品質改善」、そして「働く人々のモチベーション」が重要である、という示唆が残った。

伊丹・加護野〔1993〕[1]は、マネコンを次のように定義している。

> 「組織の人々の動機付けを行い、しかも彼らの行動が究極的に組織目的に合致するようにまとめ上げ、引っ張っていくための仕組みやプロセス」

この定義は、アンソニーのそれとは明らかに異なっている。

会計数値は、鋭く切れるナイフである。便利な道具なのだが、使い方を間違えれば凶器となる。H.ミンツバーグの著書の邦訳は、「MBAが会社を滅ぼす」と過激なタイトルが付いている。数字の使い手であるMBAは、企

---

1 伊丹敬之・加護野忠男『ゼミナール経営学入門』日本経済新聞社、1993年、232ページ。

業経営の癌なのか。

　しかし今日、特にビッグビジネスで会計数値のコントロールなくして、経営は成り立たないはずである。では数字をどう扱えばいいのだろうか。

　次のケースは㈱星野リゾートホールディングスCEO星野佳路氏（以下、敬称略）の事例である。星野は米国コーネル大学でホテル経営のMBAを取得する。そして先代の後を継いだ同族企業でコーネル仕込みの経営術を実践する。しかしそこで挫折を経験した。

　ここから学びを得た星野は、その後リーダーシップ・スタイルを大きく変え、「リゾート運営の達人」として旅館やホテルの再生を次々と成功に導き、今日では一大リゾート・チェーンの経営をリードして好業績を上げている。

　星野の経営手法はユニークだが、予算管理について「予算は示しません」という。星野リゾートのケースは計数管理のあり方に示唆を与えてくれるだけでなく、経営とは何かを教えてくれる貴重な事例といえるのではないか。

●【ケース】星野リゾート

裏方スタッフが生んだ絶景「雲海テラス」

　北海道のアルファリゾート・トマム（現・星野リゾート・トマム）は「バブルの遺産」と呼ばれ、かつて経営破綻に追い込まれた大型スキーリゾートである。星野リゾートが運営を受託した後、ここに誕生した集客の目玉がある。それは「雲海テラス」と名付けられ、ゴンドラで登ったトマム山頂近くにあるカフェ付き展望台である。夏季の早朝、天候に恵まれれば壮大な雲海を眼下に眺めながら、テラスでコーヒーが飲める。雲海が見られる確率は最近の夏シーズンで50％前後だが、外国人観光客も含めて人気絶頂である。

　「雲海テラス」のアイデアは、ご当地の専門家やマーケティングスタッフによって生み出されたものではない。普段はそうしたアイデア開発とは無縁と思われている裏方の人たちの努力によって生まれた。そして彼らを支えた裏方に星野がいた。

2004年にトマムが破綻した後、運営受託を受けた星野が乗り込んできた。そこで働いていたスタッフたちは、初めて星野に会って面食らう。

　星野がスタッフたちに最初に語りかけた言葉は「リゾート運営の達人を目指そう」、「コンセプトを明確に定め、顧客満足度を上げよう」、「全員が自由に意見を出そう」といった言葉だったからだ。

　彼らがそれまで聞かされ続けてきたのは、「コストカットを！」や「上からの命令に忠実に」であり、指示待ちに慣れたスタッフたちにとって星野の言葉は180度ひっくり返る響きを持っていた。一見すると魅力的と映らないこともなかったが、しかし彼らは半信半疑にしかなれなかった。まして裏方の仕事をする人たち、たとえばスキー場のリフトやゴンドラの運営・保守管理をする人たちにとっては、自分とはまったく関係ないことのように聞こえた。

　星野リゾートの旅館・ホテルでは毎月、各部門の現状や課題を議論する「戦況報告会」が開かれる。星野はトマムを訪れるたびに、「自由な意見やアイデア」を求め、聞き役に回っていた。

　ある日、星野が言った。「トマムの夏の魅力を高めるために何ができるかを考えよう」

　トマムはスキーシーズンの冬場は施設稼働率が高いが、夏場は閑散としていた。そこで通年リゾート化のために、「夏期の顧客満足度」を会議のテーマに掲げたのだ。

　ある日のこと、山頂でゴンドラのメンテ作業を行っていた従業員たちが休憩を取ると、眼下に雲海が広がっていた。それは地元育ちの彼らにとっては「見慣れたいつもの風景」だった。しかし1人の従業員の頭に、星野の言葉「トマムの夏の魅力」とともに、「お客さんの喜ぶ姿」がよぎる。彼がぽつりと言った。

　「お客さんにも、この眺めを見せたいなあ。ここでコーヒーを飲んでくつろいでほしいなあ」

　何気ない一言だったが、他のスタッフにもピンとくるものがあった。「そ

れ、いい！」「トマムの魅力ってこういうことじゃないか」と次々に声が上
がった。

　雲海は早朝にしか発生しない。ゴンドラのメンテ社員が早朝の展望台をオ
ープンするには、勤務シフトを変える必要がある。しかもゴンドラ係の彼ら
に接客サービスの経験はない。レストラン部門のスタッフからコーヒーの出
し方をはじめとしてサービスの作法を教えてもらいながら、苦労しつつ工夫
を重ねた。

　一般に旅館やホテル業では、役割分担がはっきり決まっていて、クロスオ
ーバーすることはない。しかし星野リゾートでは仕事の担当を切り分けて分
業するやり方を取らない。マルチタスクといって、各自が接客から、清掃、
調理補助に至るまで、できることは何でもこなすことになっている。そして
新しい提案は、提案した人が責任者となって進めるルールである。だから言
い出したゴンドラ係が、テラスを運営することになったのだ。

　彼らの苦闘の末、やがて雲海を眺めるカフェが生まれた。星野はその展望
カフェを「雲海テラス」と名付けた。

　「雲海テラス」はトマムの新しい夏の風物詩となり、毎年何万人というお
客を集める大ヒット企画となった。トマムの2015年夏季（4〜11月初旬）の
宿泊者数は、雲海テラスを始めた2006年に比べ約75％増え、客単価も上昇し
続けている。雲海テラス10周年の2015年8月には、テラスで5つ目となる
「Cloud Walk（クラウドウォーク）」が完成した。これは斜面から突き出た
木製のウォーキング・デッキで、雲海の上を歩くような感覚を楽しむことが
できる。

　「裏方」を自認していたゴンドラ担当の社員の取り組みが、トマムばかり
か、北海道の新しい魅力を掘り起こした。星野は言う。

　「トマムのスタッフが、顧客志向になったからこそ、実現できた。その力
にはどんな専門家も勝てない」

　トマムは、「アイス・ビレッジ」などほかにも面白い企画を次々と生み出
し、「楽しめるリゾート・ランキング」上位の常連になっている。どうして

トマムは変身することができたのだろうか。

御曹司のトップダウン経営で社員大量退職

　星野佳路は1904年に創業した軽井沢の老舗・星野温泉旅館（現・星野リゾート）の長男として1960年に生まれた。星野は幼少の頃から祖父がいつも「この子が4代目です」と周囲に話していた。当然、星野は自分が家業を継ぐと思っていた。

　慶應義塾大学を卒業後に渡米して、コーネル大学ホテル経営大学院で学ぶ。コーネルは世界最高峰のホテル経営者育成のためのビジネススクールで、ホテル業のMBAに当たるMPS（Master of Professional Studies。現在はMMH = Master of Management in Hospitalityと名称が変わっている）を取得できる。ちなみに日本も含めて世界の有名ホテルの支配人やCEOはコーネルのMPS、ないしはMMHを取った人が多い。

　コーネルで星野は日本に目覚める。50人ほどいた大学院の同級生がドレスアップして集まるセレモニーで、スーツで出かけた星野に同級生の1人が不思議そうに声をかける。

　「何でホシノは英国の真似をしているんだ？」

　インドや中東から来た留学生は民族衣装に身を包んでいた。星野は日本文化に誇りを感じていなかった自分を恥じた。そして気づくのである。

　「着物や浴衣姿だと、同級生の中で僕が一番カッコイイ。なぜ、それを着てこなかったのか」

　「日本の温泉旅館は、箸を使って食事をして、畳の上で眠り、見知らぬ他人が裸で同じ湯船につかる世界でも珍しい業態。そこには日本文化の神髄が詰まっている」

　留学して初めて「古くさいと思った星野旅館こそが、実は王道だった」ことを痛感した。

　コーネル卒業後は米国に残り、日本航空開発（後のJALホテルズ）に就職し、シカゴのホテル開発などを手がけた。1989年に帰国して、星野温泉に

いきなり副社長として入社する。

　時代はバブル経済の絶頂期で、観光業界もバブルに踊っていた。業界動向に危機感を持った星野は、コーネル仕込みの経営手法を社業に持ち込もうとした。しかし星野の改革は父・嘉助とことごとく対立することになる。嘉助はワンマンで、会社では星野一族は「特権階級」だった。佳路に同調してくれるスタッフもいたが、「あんたも特権階級の1人」と言われていたたまれなくなり、会社を半年で辞めた。

　しかしバブルが弾けて危機が訪れた社内に、「佳路を呼び戻せ」の声が高まる。星野は1991年に社長に復帰した。父には引いてもらい、再び改革に取り組んだ。トップダウンによって事業のあり方を全面的に見直し、顧客満足度調査や計数管理を取り入れた。

　しかし「御曹司のトップダウン改革」に反発する社員がどんどん辞め始める。とうとう当時の社員の3分の1が辞めてしまった。

　星野は職業安定所に通い、人を募集するが、ある時職安の壁にこんな落書きを発見する。

　「星野に行けば殺される」

　人が集まらず、翌日の宴会準備にも支障をきたすありさまだった。星野は辞めると言い出した社員を引き留めようと、必死に話し合った。そして気づくのである。

　社員が辞める最大の理由は、「組織に対する不満」だった。彼らはトップダウンで命じられて動くことに疲れていた。不満を募らせても意見を言う場がなかった。そしてここが星野の凄いところなのだが、星野は自らのリーダーシップ・スタイルを変えることを決意する。

　「自分の判断で行動してもらうことで、社員のやる気を高めよう。言いたいことを言いたいときに言いたい人に言えるようにしよう。そしてどんどん仕事を任せよう」

　やがて社員の退職問題は収まっていった。しかし今度はせっかく採用した新卒社員が辞め始める。彼らに理由を聞くと、「仕事には満足しているが、

自分のライフステージを考えると、ずっと軽井沢にいられない」というものが多かった。

そして星野はここでも気づくのである。「社員が働き続けられる仕組みを考えよう。会社を変えよう」。そのためには会社を成長させ、多様な働き方を提示できるようにならなくてはならない、と。

現在の星野リゾートには、多様な働き方の制度が用意されている。完全な在宅勤務制度や、季節に応じて勤務地を変えられる制度「ヌー」、休日を多くしたい社員向けの「ホリデイ社員」など、いろいろある。最長1年間会社を休職できる「エデュケーショナル・リーブ」は、自分を成長させたいと考えている人向けの制度で、経営大学院に通ったり、ボランティアで働いたりすることができる。

ところでトップダウンによる計数管理はどうしたのだろうか？

星野リゾートがビッグビジネスとなった今、計数管理は必須であろうか？

ヒトに優しい制度を作れば、数字に甘い経営にならないだろうか？

〈解説〉「リゾート運営の達人」とは？

星野リゾートは設立以来、「リゾート運営の達人」という経営ビジョンを掲げる。星野が社長に就任してまもなく、このビジョンを1人で決めた。会社の向かう方向を決めるのはトップの専決事項と考えていたので、この決定は社員から広く意見を集めるというステップをあえて取らなかった。

経営ビジョンがどれだけ実現されているかを測る具体的な尺度も決めた。それは「①収益」、「②顧客満足度」、そして「③環境」に関する尺度である。

この3つについては具体的な数値目標が定められている。「収益」の目標は、売上高経常利益率20％である。「顧客満足度」はアンケートを通じて得られるサービスや設備など40項目ごとにマイナス3〜プラス3までの7段階評価で測られる。プラス2.5以上が目標であり、2以下になると各施設は改善努力が求められる。

「環境」はリゾート開発＝環境破壊とならないために掲げられた。環境基

準の達成度はデータ化され、環境ダメージを最小化する施設設計と運営を目指している。ちなみに「星のや軽井沢」は自然エネルギー使用量や環境配慮の設計などが評価され、「地球温暖化防止活動環境大臣表彰」などを受賞している。

　星野リゾートが手がけるプロジェクトは、再生案件が多い。かつて1980年代にリゾート開発が一大ブームとなったが、1990年にバブル経済が崩壊すると、地方のリゾートホテルや旅館が次々と潰れていった。星野のもとにはそうした再生案件が持ち込まれるのである。

　星野は「再生を成功させるポイントは？」と聞かれて、次のように答えている。

　「まず、将来どんな会社になりたいかを全員に明確に示します。…第2に、経営者が、その将来像に最短距離で向かおうとする、本気の姿勢を約束します。目標に到達するためには1円も惜しまない代わりに、1円も無駄にしないことを誓うのです。…最後に、これが最も重要だと思うのですが、社員が楽しく仕事ができる環境を提供します。どうしたら皆が仕事を楽しめるか、それを追求しています。」

　第1のポイント「将来どんな会社になりたいか」を示すとは、何か。それは経営ビジョンを社員の隅々まで共有することである。

　一般に、わが国のホテル旅館業は生産性が低いといわれてきた。特に日本では旅行が休日に集中するため、宿泊施設のキャパが埋まる日数は年間わずか100日程度しかない。施設の稼働日が少ないので働く社員もパートが多い。そして役割分担も決められているので労働効率が低く、したがって給与も安い。

　再生案件は業績不振に陥った施設なので、社員の不満レベルが一層深い。彼らの声を聞けば「給与が安い」とか、「休みが少ない」などといった声がまず出てくる。しかし事業再生のためには、利益が出てくるまでは給与や休日には手が付けられない。

　したがって星野は、どんな会社になったら一流企業と待遇面で肩を並べら

れるのか、まず示す。経営ビジョンにこだわるのだ。

　先に述べたように、経営ビジョンには目指すべき数値目標が決められ、その実績数値も全社員がいつでもリアルタイムで見られるようになっている。業績数値や顧客満足度調査の結果などが社内にオープンになっているのだ。だから社員の改善努力の結果は、手に取るようにわかる。

　第2のポイントである「本気の姿勢を示す」は、星野の日頃の立ち居振る舞いに表れている。

　星野のトレードマークはTシャツにスニーカーである。今では星野リゾート・スタッフの制服で登場することも多い。この格好でどこへでも行く。社長専用の社用車はない。移動は電車を使い、都内では自分の自転車で移動することも多い。本社や各拠点に社長室はない。

　これは経営陣もビジョン達成のために1円も無駄にしないという明快な社内へのメッセージになっていると思われる。

　もしこれから再生をスタートする施設に星野が乗り込む際に、高級スーツで身を固め、黒塗りの豪華な社長専用車から秘書とともに降りてきたら、落ち込んでいる従業員たちはどう思うだろうか。

　「特別な階級の人がやって来た！」、「自分たちは使われる身。どんな命令が下りてくるか」と戦々恐々となるかもしれない。あるいは「自分たちが働いても、どうせ高給取りの社長の経費に使われるだけ」と感じるかもしれない。この空気からは、少なくとも「会社のために働こう」という意欲は湧かないだろう。あの「雲海テラス」を生んだ自発性は期待できないだろう。

　星野リゾートでは、年に1回、各地区で「全社員研修」を行っている。その研修の日だけは施設を休業し、社員全員が参加する。会場でまず流れるのは、社員のユニークな表情をプロモーションビデオ風にアレンジした画像である。これは星野が自ら撮影したものだ。雰囲気が和んだところで、星野は経営ビジョンを確認する。そしてこれからの具体的な経営戦略や計画を数値も交えながら説明していく。

　経営ビジョンを社員と共有しようとする星野の姿勢は、半端ではない。例

えば星野リゾートの社員になると、いろいろなグッズが配られる。その1つマグカップは「ビジョナリーカップ」と呼ばれ、カップの内側には「経常利益率」「顧客満足度」「エコロジカルポイント」の文字とそれぞれの数値目標が書いてある。そしてカップの底には「リゾート運営の達人」とある。お茶を飲み干すまでに、理念が確認できる仕掛けである。

また「星野リゾート目覚し時計」は、「起きてください」の音声とともに顧客満足度以下3つの数値目標が音声メッセージで流れるようになっている。そしてアラームを完全に止めないと、「リゾート運営の達人を目指して、今日も1日頑張りましょう」という星野の声まで流れるようになっている。

星野の姿勢は、どこまでも執拗なのだ。

社員が楽しく仕事できる環境を作る

再生のポイントで最も重要なのは、3つ目の「社員が仕事を楽しめる環境を作る」ことだと星野は言う。多くの経営者が口にすることだが、人が楽しみながら仕事に打ち込めるようになるのは、自分が仕事を任され自律的に行動している時である。自分が考えた工夫を仲間と協力しながら実行し、いい結果が出て周囲から褒められ時、最高の達成感を感じる。

これはマズロー「欲求階層説」が教える仮説である。この仮説は学問的には証明されていないのだが、実務家の直感によくなじみ、広く使われる。

この仮説によれば、人間の欲求は5段階に階層化しており、人々は低次元の欲求が満たされて初めて上位の欲求を求めるようになる、という。人々が利己的でなくなるためにはまず食料など生存に必要なもの、つまり「生理的（物質的）欲求」や「安全欲求」が充足されなければならない。そしてこれらが満たされると、人はより高次元の欲求を求めるようになる。パンがなければ生きられないが、パンがたくさんあったら上位の欲求にシフトするというわけだ。それは次のような3つの欲求である。

　・「愛情または帰属欲求」＝集団に属し、気の合った仲間を求める
　・「尊厳欲求」＝他人から尊敬され、自信や自由を求める

・「自己実現欲求」＝自己の能力の向上と実現を求める

マズローは自己実現欲求を「自分がなりたいものになる欲求」といっているだけで、それがどんなものかは明らかにしていない。しかしヒトが燃えるのは、自分で何がしか「やった！」と実感する時であろう。こうした環境を提供できる経営者が、人を最も活性化させるのである。

「仕事の現場で何が楽しくないかといえば、やることが決められていることだと思います。うちでは、やることを決めない、マニュアルがない。自分が関係する領域で、何をすべきかを自分で考え、好きなことをやる。もちろん、会社として将来像を示しているので、そこに近付くために好きなことをやっていいという意味ですが。

予算も示しません。社員が善かれと思ってやっても、後で上司に『こんなお金の使い方をしたら、予算を達成できない』なんて言われたらつまらない。予算で行動を抑制することをしたくないのです」

何と星野は、通常のホテルビジネスが行う、マニュアルや予算によるコントロールをしないのだ。

再生案件をスタートするとまず星野がやるのは、全従業員に電子メールアドレスを持たせることである。旅館業界では、全員がメールアドレスを持って仕事することは珍しいのが実情だ。しかし星野リゾートでは、言いたいことがあったら誰にでも、いつでもメールを送っていいというルールになっている。

そして全従業員を集め、星野の言うセリフがこれである。

「皆さんが主役だということを忘れないでほしい」

星野リゾートは再生案件を引き受ける際、調査会社も使って徹底した市場調査を行う。そのデータを明らかにしたうえで、こう告げるのだ。

「皆さんでこの施設のコンセプトを決めてほしい。コンセプト委員会を立ち上げるので、ぜひ参加してほしい」

NHKの人気番組「プロフェッショナル」第1回（2006年放映）で、伊豆・伊東の高級温泉旅館「いずみ荘（現在の『界・伊東』）」の再生プロセス

が映像になった。その中でコンセプト委員会が立ち上がって議論を始めたものの、従業員は戸惑うだけで口を閉ざすシーンが出てくる。

　星野自身はすでに経験豊富なリゾートの達人である。奥深い多様な答えを出せる見識を身に付けているはずである。しかし番組の映像では、従業員が議論の雰囲気に慣れて口を開くまで、ジックリ待ち続ける星野の姿が映っている。マーケティング調査の結果を「いずみ荘クイズ」にして面白く見せながら、彼らに問いかけるのである。

　「これはどうしてなんだろう？」「○○さん、どうしたらいいの？」

　星野は意見が出ると、ノートやパソコンにメモする。それを整理して、議論が弾むように皆に見せ、話を発展させる。否定的な意見は一切言わない。そのうちに従業員たちは星野に異議を唱えても大丈夫だと気づき始める。従業員の表情が明るくなり、議論が弾んでくる。ある従業員が言う。「こんなの初めての経験で楽しい。なんかイメージが湧いてきました」と。

　この映像を見ていて感じるのは、星野の忍耐力と粘り強さである。筆者のような教授という仕事も似ているが、学習の時間が長く人生経験も豊富だと、つい喋りたくなる。大方の結論は知っている。相手の重い口が開くのを待つより、自分が答え（？）を言ってしまったほうがよほど早い。しかしこれでは人は育たない。現場の人が自ら答えを出せるようにならなければ、持続可能な組織にはならない。星野がいちいち答えらしきものを教えていたのでは、「雲海テラス」のような彼らの発案は生まれてこない。それではリゾート・ビジネスにならないのだ。

　「経営者は知れば知るほど口を出したくなるものだが、知れば知るほど黙るのが、よりよい姿だ」（ダイキン工業会長・井上礼之の言葉）

　まさに星野は、知れば知るほど黙る経営者だ。リゾート・ビジネスはお客のおもてなしが仕事だが、星野は社員をおもてなしするプロフェッショナルでもあるのだ。

　星野は「ベストなコンセプトを選ぼうとしないで、最も共感するものはどれか、考えてほしい」と社員に語りかける。コンセプトで従業員に求めてい

るのは、最も優れて見えるものではない。出てきたアイデアの中から、従業員が好き、あるいは共感できるものを決めてほしいという。

　顧客満足度の高い接客サービスには、全員のチームワークが欠かせない。共感を呼ばない進め方では、従業員のベクトルが合わず接客はチグハグになる。それでは質の高いサービスにはならない。共感できないベストなコンセプトなど、何の意味もない。

　有名旅館には必ず、顧客に対してきめ細かい目配りのできる女将（おかみ）がいるものだ。星野の目標はスタッフ全員を「女将」にすることだ。女将はお客にベストと思うサービスを判断し提供する。女将はトップである。同じように星野リゾートの従業員も、サービスを意思決定するトップといえる。彼らがトップなら、支配人や経営者はトップをサポートする「従業員」に過ぎない。だから議論で結論を出すのは彼らで、彼らこそ主役であり、星野はサポートするのが役割だから「黙る」のだ。

　従業員がトップなら、自己実現欲求の得られる高いポジションにいることになる。仕事は楽しくなるはずだ。

　これは「逆ピラミッド組織」と呼ばれる組織モデルである。この組織は、きめ細かい顧客対応がビジネスの決め手となるような、特に高級サービスや高額品小売業（百貨店やブランドショップ）などで最も適すると考えられている。

　接客サービスでは、目の前にいるお客が喜ぶと、従業員も心底うれしい。「とても心地良かったからまた来るよ」「あの気配りが嬉しかった」、こうしたお客の一言が現場を勇気づける。現場の仕事のヤリガイとなる。自分が主役という意識を持てれば、現場の自由裁量から創意工夫も生まれる。お客の喜びが従業員の喜びとなり、上昇スパイラルで事業が伸びる道理である。

　星野リゾートで現場に裁量権が委ねられるのは、支配人を含めた責任者の選出も同じである。支配人や小集団のチーム責任者などは、基本的に立候補制をとっている。必要とあらば、責任者の交代は容赦なく行われる。業績が安定してくると責任者の仕事もマンネリとなり、最初の頃の意欲や気迫がど

うしても薄れてくる。自ら手を挙げた候補者は、「私が責任者だったらこうする」という戦略を全員の前で発表し、投票で決めることになっている。組織に緊張感を与え、中だるみが防げる。社員同士が切磋琢磨しつつ、変革の空気が生まれる。

オープン・ブック・マネジメント

　リゾート開発ブームが去った後、地方の高級なホテルや旅館がバタバタと潰れた。そうした施設の顧客満足度が低かったかといえば、必ずしもそうではない。むしろ「顧客満足度が高い施設から潰れていく」という実態があった。

　日本のサービス業の経営者は誰もが「顧客満足が一番大切だ」という。だから顧客満足の旗印のもと、闇雲なサービス品質アップや過剰投資に走ってしまう。いきおい設備は豪華になり、食材は高級になり、人員がやたら増え始める。そして破綻へ一直線である。

　しかし彼らは「どんな顧客に、どんな満足度を、なぜ高めなければならないか」を具体的に説明できないことが多い。

　経営を継続するためには儲けが必要である。利益と両立できない顧客満足度に意味はない。だから星野リゾートの達成目標は最初に利益率がくる。そして顧客満足度や環境経営が次に続く。利益率を省みない顧客満足や環境経営は、企業として継続できないからだ。

　そしてこれらの数値の現況は、社内にいつもオープンになっている。顧客満足度の調査結果は「CRMキッチン」と呼ぶシステムを使って、スタッフの誰もがいつでも、経営情報とともに見られるようになっている。現場のスタッフは、顧客満足度の推移をリアルタイムに把握しながら、「なぜ満足度が低下したのか」「どんな改善策があるか」などを経営者視点で考えることになる。

　地方の老舗旅館やリゾートホテルは同族による家業経営が多い。同族の経営陣が経営数値を見ることはできても、従業員が見ることはできない場合が

ほとんどである。同族経営では会社の経費と私費を公私混同しているケースが多いので、利益数値を従業員に知られたくないからである。だから「家業、生業」のままで、「企業」にはなれない。従業員が会社のために働く気にならないのは当然だ。

すべて数値をオープンにする経営は「オープン・ブック・マネジメント」と呼ばれる。人々に工夫を燃やす努力を促すには、投入努力とリターンの関係がわかる会計帳簿（ブック）が透明であるべきだ。もちろんトップが１円も無駄にしていないという本気をいつも見せながら。

顧客満足度の高い旅館が潰れる理由は、もう１つある。潰れる施設は、顧客の要望をすべて取り込もうとする。あらゆる顧客を満足させることには無理がある。すべてにわたって満足度を上げようと思うと、総花的サービスとなって、コストがかかる割にはそれぞれのセグメント顧客の満足度が低くなるという逆説が生まれる。

かつての大型温泉旅館のように、団体客も家族客もカップルも…と手を拡げると特色の薄れた総合デパートになるのだ。

サービス業には「ニッパチの法則」がある。これは「２割のリピート客が８割の利益をもたらしてくれる」という収益構造を意味している。リピート客は同一施設を何度も利用してくれるだけでなく、家族や友人を連れ、あるいは星野リゾートの他の施設を回遊してくれたりする。

星野リゾートでは40項目について７段階評価で顧客満足度調査を集計しているが、リピーターにつながる項目には偏りがあるという。すべての項目でお客を満足させることは必ずしもリピーターにはつながらない。顧客サービスもメリハリがあるのである。

サービス業では「イヤな客」も多い。無理な要求をする人、失礼な言葉を吐く酔っぱらい客やマナーの悪い外国人、さらにモンスター・クレーマーもいる。

星野リゾートのスタートは軽井沢の温泉旅館だった。団体の宴会客が多く、酔っぱらったお客に嫌な思いをさせられて、若い従業員は次々と辞めていっ

た。星野はそこで心に決める。「ウチの社員に失礼なお客には来てもらわなくていい」と。宴会客をすべて断ることにして、その代わり「親子で楽しめる温泉旅館」を打ち出した。すると従業員の表情が見る見る明るくなり、従業員の士気が高まり定着率が上がったという。星野の社員“おもてなし”の信念は、こんなところから来ている。

　星野リゾートではマナーの悪いお客に対して、それを見過ごすことなく「他のお客さんの迷惑になります」とハッキリ注意するようにしている。無理な注文や要望にも「できない」とキチンと言うように指示している。サービス業は愛想がよければいいというものではないのだ。

初期設計で大枠決まるリゾート・ビジネス

　星野リゾートの業績を会計業績の面からも見ておこう。

　星野リゾート自体は非公開会社であり、正式な決算資料は公表されていない。ただ関係会社の「星野リゾート・リート投資法人（以下、星野リート）」が公開されており、その有価証券報告書の中に㈱星野リゾートホールディングスの業績の一部が記載されている。

　それによれば2022年11月期売上高は801億円（前年比48.2％増）、経常利益29億円（同69.8％増）、当期純利益21億円（前年の赤字から黒字転換）、総資産1,139億円（前年比23.6％増）、有利子負債443億円（同21.8％増）、純資産365億円（同21.6％増）などとなっている。

　ホテルビジネスは元来、「装置型サービス業」である。ハードウェアへの巨額の設備投資を必要とし、そこに人手のかかるサービスが乗る。つまり減価償却費を含む設備関連費用と人件費が大きな費目として、経営にのしかかってくる。これらはいずれもほとんど固定費であり、売上がなかったとしても発生するコストである。

　ホテルやリゾートの魅力はコンセプトや接客サービスが重要ではあるが、そうはいっても施設自体の魅力で大勢が決まってしまう傾向が強い。施設がボロだと、従業員がどう努力しても実らない。したがって施設の初期設計で、

魅力がほぼ決まる面が否めない。

　下図はオリエンタルランド社のBSとPLである。同社は東京ディズニーリゾートを運営し、テーマパークやホテル、グッズ販売などを含んだ複合事業体である。

〈図表9-2〉オリエンタルランドのBSとPL

（2023年3月期　単位：十億円　PLは営業利益まで表示）

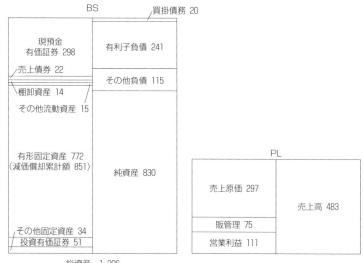

　東京ディズニーリゾートは国内最高の人気リゾートであり、平均値とは必ずしもいえないが、しかしリゾート・ビジネスのBSとPLはおよそこんな形になる。つまりBSの高さ＝2に対して、PLの高さが1前後という関係になる。一般にホテルビジネスもBS：PL＝2：1が基本形である。

　BSが大きいのは有形固定資産が重く、最大の資産となるからである。東京ディズニーリゾートの場合、現有資産の減価償却累計額が約8,510億円あるので、これを有形固定資産残高7,720億円に加算すると、初期投資額は1.6兆円強となる。つまり1.6兆円設備投資して、5,000億円前後の売上が上がる

ビジネスがリゾート・ビジネスの基本的な姿である。

　再生案件を買収する場合、過剰投資で破綻したケースが多いので、不動産価格は減損され極めて安くなる。バブリーなリゾート物件では、破綻後に初期投資額の数パーセント程度で買収される例も多い。有形固定資産額が切り下げられるので、したがって再生案件のBSはガクンと小さくなる。リゾート再生は新築物件と比べて、負担が軽くなるゆえんだ。

　星野リゾートの成功要因の１つはここにある。星野リゾートはリーマンショックの前まではゴールドマン・サックス（GS）と組む案件が多かった。GSは有利な取引条件で再生案件をいわば買い叩き、それを星野リゾートに運営委託してきた。星野はその中から、再生可能と思えるものを選ぶことができた。

　しかしリーマンショック後にGSが日本のリゾート投資から撤退したため、GSが担っていた資金調達と新規再生案件の買収という役割の担い手がいなくなってしまった。星野リゾートはそれを新たに補完する必要に迫られた。

　そこで立ち上げられたのが星野リートである。星野リートは2013年７月に上場したREIT（不動産投資信託）で、基本的に星野リゾートが運営する物件を中心に投資し、賃貸料を受け取る。REITには星野リゾートの基幹物件である「星のや軽井沢」、「星のや京都」と「リゾナーレ八ヶ岳」、「界」ブランドの６施設などが組み入れられている。REITがスタートを切りやすいよう、星野リゾートは不動産鑑定評価額より13％割安な価格で星野リートに売却したと説明している。

　星野リートのおかげで、GSが担っていた施設拡大の停滞を防ぐことができる。星野リゾートでは、星野リゾート本体を上場する案も検討されたという。しかし星野リゾートはリゾート施設運営の達人をビジョンに描く「ソフト会社」であり、上場後に施設買収を加速して「ハード会社（不動産会社）」になれば、投資家の期待に矛盾が生じる可能性がある。そこでハードとソフトを切り分けることにしたのである。

　実はこの形こそ、世界のホテルビジネスの標準形である。世界の大手ホテ

ルチェーンは不動産を持たず、ホテル運営事業に特化しているところがほとんどである（ブランド名だけ貸し出すフランチャイズ方式も併用するケースが多い）。不動産は投資ファンドや地場の財閥などが持つ一方で、ホテルチェーンは多額の不動産投資資金を必要とせず、運営ノウハウさえあれば少ない資金負担でネットワークを広げ、成長を遂げることができるからである。たとえば世界最大の部屋数を持つ米マリオット・インターナショナルは、130を超える国に約6,700ホテルを展開し、運営受託を中心として売上高約208億ドル（約2兆9,300億円@142円／ドル、2022年）を上げる。国内大手のプリンスホテルはホテル不動産を所有して運営するスタイルを続けているが、その売上高613億円（2023年3月期）と比較すると、格差が大きいことがわかる。

　ちなみに星野リートの業績（第20期＝2023年4月期、半年決算）は、総資産2,806億円、売上高63億円（前半期比6.8％増）、経常利益21億円（同9.1％増）と好調である。有価証券報告書によれば、鑑定不動産時価に対する運営利回り（減価償却費など控除前）は、「星のや軽井沢」が8.4％、「リゾナーレ八ヶ岳」12.2％、「界　伊東」16.1％などと、高い水準を達成している。星野リゾートが徐々にブランド化し、認知度や利用意向度の上昇傾向が高い利回りの裏付けになっている。

　ただし星野リゾートと星野リートは同系列となるので、「利益相反」の批判はまぬがれない。リートは星野リゾートからなるべく安く物件を引き取りたいし、高い賃料を取りたい立場にある。しかし星野リゾート側に都合のよい条件で、売買価格や賃料が設定される可能性がある。そういった批判が起きないように、恣意性の入らない取引関係を工夫しているという。現在までのところ、星野リートの評価は高く、株価も高水準で推移している。

◯ 業績向上の方程式

　星野リゾートの事例を見てきたが、業績とそこで働く人々のモチベーショ

ンは必ずしもパラレルではない。

　企業は業績を上げなければならない。もちろん財務的業績がすべてである
わけではない。しかし財務業績がついてこない経営体は、やがて廃れていか
ざるを得ない。企業が廃れれば、企業に生きる人々の生活を支えることがで
きない。そこで企業は財務業績を上げるために、いきおい社員を激務に追い
やることになる。経営者が財務数値を振り回し、「予算必達」と叫ぶ。数字
は切れるナイフであり、数字を振り回せば振り回すほど、社員は気持ちが落
ち込み、業績が下降線をたどりがちとなる。するとブラック企業が出現する
ことになる。

　こんな場面に直面した場合、どんな解決への糸口を見つけ出したらいいの
だろうか。

　業績を上げるための方策は、次の方程式で考えるとわかりやすいと思う。

> 業績＝環境×工夫×情熱

　いろいろな経営者や学者が、言葉を変えてさまざまな業績の方程式を提案
しているが、筆者は上のような掛け算にまとめている。

　企業の業績は、環境に左右される。同じ努力の水準の下では、景気がいい
ときのほうが業績は上がる。しかし景気がよくても、経営環境が求めるスイ
ート・スポットをはずした展開では、思ったように業績は上がらない。した
がって、企業で働く人々に、環境をしっかり見つめてもらわなければならな
い。ここで、環境（経営環境）とは、広く国際的な環境から、ごく狭いロー
カルな環境までいろいろある。しかし、最も重要なのは次の2つである。

　1つは市場である。市場全体の構造を捉えることも大切だが、とりわけ重
要なのは消費者である。社員に消費者の行動を見つめ、ニーズやウォンツを
つかまえる努力をしてもらわなければ、とくに星野リゾートのようなサービ
ス業は成り立たない。

　業績を上げるために欠かせない第2の要素が、人々の「工夫」である。

　工夫には、事前の工夫（「Plan – Do」）と事中の工夫（「Check－

Action」）がある。事前の工夫とは、消費者を見つめた結果、「こうしたらうまくいくのではないか」と仮説を立てて戦略を練り実行していくことである。事業の計画は部門ごとに単独に立てるものではない。企業内の各部門や、ときには外部企業とも連携し、協調的な行動である必要がある。

　事中の工夫とは、計画どおりに事業が進まないときに、経営に修正舵を加えていくことである。自分で考えた計画と比べて、実績がかけ離れているとき、次の手立てを打つ工夫が求められる。社員それぞれの仕事のコントロールのうまさが問われる。

　業績のための第3の要素は、人々の「情熱」である。

　仕事をこなす人に情熱がこもっているか、そうでないかによって、仕事の成果が大きく違ってくることを、われわれは経験的に知っている。企業活動は1人でやっているわけではないので、個人個人の情熱が絡み合わないと空回りする。ここでも協働の意欲が湧くような、チームワークや調和が必要である。協働の意欲を満たしてはじめて、達成感や仕事の喜びが生まれるものである。

　「環境」と「工夫」、「情熱」がマッチすると、最大の成果と効率が得られるわけである（〈図表9-3〉参照）。

　さて、この方程式を眺めながら星野リゾートのケースを考えてみよう。

　星野が跡継ぎ社長に就任して、最初のマネジメント・スタイルは「御曹司のトップダウン」だった。ビジネススクールで学んだ管理手法をそのまま持ち込んだのである。

　それだけがすべての理由ではないにしても、その結果として従業員は、お客を見つめず、工夫をする情熱も失った。社内の愚痴を言い、挙句の果てに会社を辞め、経営が頓挫する羽目になった。

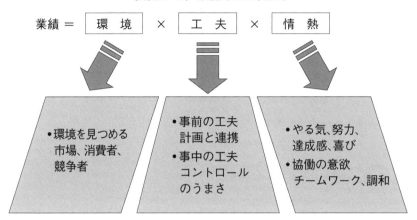

〈図表9-3〉業績向上の方程式

業績 = 環境 × 工夫 × 情熱

- 環境を見つめる
市場、消費者、
競争者

- 事前の工夫
計画と連携
- 事中の工夫
コントロール
のうまさ

- やる気、努力、
達成感、喜び
- 協働の意欲
チームワーク、調和

● 計画とコントロールの基本形

　第1章で、財務諸表は過去の企業活動実績を写像化したものであると述べた。そして予算や計画は、「企業が取るべき将来の戦略を写像化したもの」である。財務諸表と予算の違いは、過去か将来かの差に過ぎない。

　計画は、戦略を数値に落とし込んで作成される。つまり、戦略の代理変数が予算であり計画である。この代理変数で組織がコントロールされるのだが、往々にしてここで誤解が生じる。

　代理変数は、放っておくと独り歩きを始める。数値でコントロールするものだと誤解してしまうのである。数字は性格上冷徹なので、人々を縛り始める。数字を振り回すほど人々はすくみ、金縛りにあったようになる。

　マネジメント・コントロールの基本は、「人々が肚落ちする戦略」「共感する戦略」によって、組織コントロールが行われることである。代理変数によってコントロールされることが本質ではない。予算は戦略の代理変数だが、その元となる戦略が人々に共感されないまま振り回されれば、それは凶器になる。ここで手段の目的化が始まる。これはマネジメントの大きな勘違いな

のである（〈図表 9 - 4 〉参照）。

〈図表 9 - 4 〉 計画とコントロールの基本形

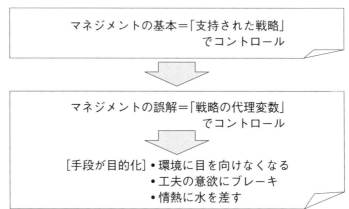

　星野にも最初は勘違いがあったのではなかろうか。しかしやがて気づき、スタイルを真逆に変えた。
　星野の戦略は明快である。リゾート運営の達人になること。そのために社員たちが自らお客を見つめ、顧客満足と利益率と環境を両立させる工夫を燃やし、情熱を注ぎ込むようなマネコン・システムを作り、共感を勝ち得てリードしていったのである。それが今日の成功を呼び込んだ。
　前に紹介したカプランは、日本的経営のこのような側面を米国流に翻案し、「バランスト・スコア・カード」を提案した。企業が追求すべき方向性を財務的尺度ばかりでなく、顧客満足や品質、従業員の成長や満足にも目を向けるべきと考案したのである。それを参考に〈図表 9 - 5 〉に掲げよう。
　巨大化した企業は、今や、計画管理や予算管理なしで組織運営することは不可能である。しかし、高い業績を上げている企業の多くは「計数管理は黒子」として使っている。そうした企業は、顧客満足や品質向上、人間尊重を第 1 に掲げている。といっても「数字はオープン」になっている。数字を気にしない人はいないし、実は皆が見ている。しかし、経営者はあえて強調し

〈図表9-5〉バランスト・スコア・カード

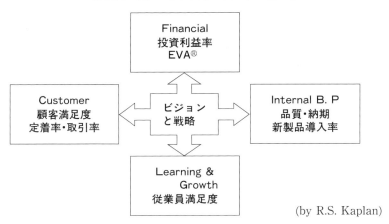

(by R.S. Kaplan)

ない。この微妙な組織コントロールが、計数管理のミソである。

　マネジメントとは、定まった正解のない「微妙なシステム・アプローチ」なのである。

コラム ビッグモーターによる保険金不正請求問題 ・・・・・・・・・・・・・・・・

　ビッグモーターは、1976年創業の中古車販売・買取りを行う企業である。帝国データバンクの調査によれば、同社は2022年度の中古車販売市場のシェア15%を占め、市場シェアトップを誇っている[2]。不祥事が発生したのは、同社が運営している自動車修理事業においてである。

　特別調査委員会報告書[3]によれば、事故車の修理の際に、以下のような不適切な行為が行われていたという。

- 損傷の作出：「ヘッドライトのカバーを割る」、「ドライバーで車体を引っ掻いて傷を付ける」、「バンパーを力尽くで押し込むなどしてフェンダーに干渉傷を付ける」、「ローソク、サンドペーパー等を使って

2　https://www.tdb.co.jp/report/watching/press/pdf/p230713.pdf
3　https://bigmotor.co.jp/pdf/research-report.pdf

車体に擦過痕様の痕跡を付ける」、「ゴルフボールを靴下に入れて振り
回して車体を叩き、雹害痕の範囲を拡大させる」などして、車体を故
意に損傷させていた。

● 損傷の存在・範囲を誤認させる写真撮影:「実際には損傷が存在し
ないにもかかわらず、殊更に当該箇所に矢印付箋を貼付し、撮影角度
を工夫するなどして、あたかも損傷が存在するかのように誤認させる
写真を撮影する行為が横行」していた。

● タワー牽引の偽装:内板骨格の牽引作業の際、実際には人力だけで
牽引修正を終えたにもかかわらず、タワー牽引を行ったかのような虚
偽の概観を作出して写真を撮影することで、タワー牽引の実施を偽装
した。

● 不要なタワー牽引の実施:内板骨格の牽引作業の際、人力で行うよ
りもタワー牽引を行ったほうが、協定で損保会社から認定される工賃
が高額になるため、人力のみで牽引修正が可能であるにもかかわらず、
あえて不要なタワー牽引が行われることがあった。

このほかにも、「不要な鈑金作業や部品交換の実施」、「不要な塗装作業の実
施」など、不適切な行為は多岐にわたっている。

　ビッグモーターは、こうした不適切な行為を通じて、損保会社に工賃を水
増し請求していた。

　東洋経済オンラインの記事[4]によれば、こうした不適切な行為が表面化し
たのは、2021年秋に、損保の業界団体に「上長の指示で過剰な自動車の修理
をし、その費用を保険会社に請求している」という内部通報があったためだ
という。内部通報を受けて、損保会社が調査を実施したところ、全国に33あ
る整備工場のうち25の工場で、水増し請求を疑われる案件が合計80以上発覚
した。

　こうした組織的な不正の背景には、同社の過剰な利益至上主義があったと

4　東洋経済オンライン「保険の『不正請求疑惑』めぐり大手損保が大揺れ:中古車大
　手ビッグモーターの組織的関与が焦点」（https://toyokeizai.net/articles/-/614505）

いう。同社では、車両修理案件1件当たりの工賃と部品粗利の合計金額を「アット」と呼んでいた。アットを引き上げることが強く求められ、アットの平均値が低いと厳しく叱責されることもあったほか、昇格人事においてもアットの達成状況が過度に重視されていたという。

報告書に記されている工場従業員の証言では、「売上の低いフロントや工場長は、月末に近づくと、どうやって数字を達成するんだと詰められ、未達だとぼろくそに文句を言われていた」、「工場長のグループラインで、まともな職場ではおよそ使われない言葉で罵倒されることが日常的に行われていた」など、過度なアット至上主義が蔓延していたことがうかがえる。

また、同社では過剰なまでに頻繁に降格人事が行われていた。報告書によれば、2020年には20人、2021年には15人、2022年には12人の工場長が降格処分を受けたという。降格人事の理由は、アットの目標値未達などの営業成績を直接の理由にしているわけではなく、環境整備点検の対応や成績を理由とするものであったというが、降格人事対象者には弁明の機会も与えられず、その処分内容がイントラネット上で全社的に周知されていたという。

降格処分は減給・転勤を伴う場合もある。弁明の機会もないため、従業員は、降格人事の対象者とならないように萎縮してしまった。このような恐怖政治が敷かれる中で、経営陣の意向に盲従するような企業風土が醸成されていったという。

ビッグモーターの不正事例では、マネジメント・コントロール上、どのような問題が指摘できるだろうか。最大の問題は、アット至上主義ともいうべき、過剰な利益至上主義が蔓延していたことである。当然、利益は重要である。将来の事業機会に投資するため、従業員に給与を支払うため、株主に還元するため、利益は稼がなければならない。しかし、利益を獲得することだけが、会社の存在意義なのだろうか。

ビッグモーターが掲げる経営理念は「常にお客様のニーズに合ったクオリティの高い商品・サービス・情報を提供する」というものである。会社の存在意義は、ここにある。利益は、顧客にクオリティの高い商品・サービスを

提供できるような事業運営を継続するために必要なのであって、それ自体が目的ではない。ましてや、顧客にニーズに合わないクオリティの低いサービスを提供することで利益を増やしてよいわけがない。

　利益至上主義や売上高至上主義に陥ってしまう会社は、ビッグモーターに限らず存在している。利益至上主義や売上高至上主義に陥らないためには、どうすればよいだろうか。経営者が、意識的に、従業員満足度や顧客満足度に気を遣うというのは1つだろう。しかし、あまりに属人的な回答であるかもしれない。

　もう1つの回答として、業績評価制度の改善が挙げられる。ビッグモーターは、アットを過剰に重視し、昇格においてもアットの達成率がかなり重要な役割を果たしていた。このように、財務数値だけで従業員を評価する単元的な業績評価システムのもとでは、従業員は盲目的にノルマの達成を目指してしまう。

　しかし、従業員が日々の業務の中でケアすべきなのは、ノルマだけではない。「常にお客様のニーズに合ったクオリティの高い商品・サービス・情報を提供する」という理念を掲げている以上は、顧客満足度もしっかりケアすべきだろう。財務業績だけで業績を評価することで、「財務業績を向上させる」ことにしか目が向かなくなってしまい、たとえば顧客満足度をないがしろにしてしまうことを、マルチ・タスク問題という。実際には「財務業績の向上」と「顧客満足度の向上」という複数のタスクをケアしなければならないにもかかわらず、業績評価システムが不完全であるために、従業員の努力配分がいびつになってしまっているのである。

　理論研究では、タスクの数だけ業績指標を設定するのが望ましいとされる[5]。たとえば、アット達成率を見つつも、顧客満足度調査を実施し、当該調査結果も業績評価に含めるということが考えられるだろう。しかし、一般に、すべてのタスクに適切な業績指標を設定するのは難しい。そのような場

5　Feltham, Gerald A. and Jim Xie (1994) Performance measure congruity and diversity in multi-task principal/agent relations, *The Accounting Review*, 69(3): 429-453.

合には、主観的業績評価を利用することもできる。つまり、評価者である上司が、「顧客満足度をないがしろにした働き方をしていないか」などを主観的に評価し、業績評価に反映させるのである。

　財務業績だけでなく、多元的に従業員の業績を評価するためには、本文中で紹介したバランスト・スコア・カードも活用できるだろう。バランスト・スコア・カードを用いれば、財務の視点だけでなく、顧客の視点、業務プロセスの視点、学習と成長の視点から、従業員を評価することができるようになる。ビッグモーターのケースは、財務の視点以外の3つの視点、つまり顧客の視点、業務プロセスの視点、学習と成長の視点が欠けていたのではないだろうか。

┃第10章┃
これからの会計管理指針

◯ 4つの会計基準

　現在、日本には4つの会計基準があり、市場では、3つの会計基準が使われている。その4つの基準は、次のとおりである。

⑴　日本基準
⑵　米国基準（US GAAP）
⑶　国際財務報告基準（IFRS）
⑷　修正国際基準（JMIS）

　2023年末現在、日本の上場企業は4,035社である。そのうちの3,647社は日本の会計基準を使っている。日本の会計基準は、金融庁にある企業会計審議会が設定してきたが、現在は企業会計基準委員会（ASBJ）が設定するようになった。企業会計基準委員会は民間団体である。

　米国の証券取引委員会（SEC）に登録している会社は、連結財務諸表を米国基準（SEC基準）で作成してもよい。もともとは、米国でも上場している会社が、連結財務諸表を2種類作らなくてもよいようにする特例措置だった。現在も6社が米国基準で連結財務諸表を作成している。

　一方、国際財務報告基準（IFRS）で連結財務諸表を作る会社も増えてきている。IFRSは、国際会計基準審議会（IASB）が作成している会計基準である。日本国内では、2010年3月期より、IFRSに従った連結財務諸表も

認められるようになった。現在は、267社がIFRSを採用している。会社数でいうと4,035社中の267社にすぎないが、大規模会社が多く、時価総額ベースでいうと約半数がIFRS採用会社になる。かつての米国基準採用会社の中には、IFRSへ移行する会社が多い。

　最後の会計基準は、修正国際基準（JMIS）と呼ばれている。これは、IFRSのうち、どうしても日本として受け入れがたい基準だけ取り除いた（カーブ・アウトした）もので、除かれた基準以外はIFRSと同じである。除かれた基準は、のれんを償却しないとする部分と、長期保有株式の時価変動額のリサイクリングに関する部分である。JMISの適用は、2016年3月期より可能であるが、現在までのところ、JMIS採用方針を明らかにした会社はなく、おそらく今後もJMIS採用企業は出てこないと見られている。かりに採用例が出てくるとしても、それほど採用の動きは拡がらないものと予想される。

　もともとJMISは、日本国内でIFRSを普及させようという意図で始まったものだが、IASBがJMISはIFRSではなく、日本独自の会計基準だとしたため、わざわざ設定する意義はほとんどなくなってしまった。現在では、IFRSのうち日本がどうしても許容できない基準を除くための会計基準となっていて、しかも日本国内でIFRS自体を採用することができるため実質的に意味はない。

◯ 国際会計基準の発展

　もともと、会計基準は、国によってまちまちだった。

　銀行からの融資に頼る間接金融主体の国々は、あまり会計やディスクロージャーに熱心ではない。間接金融主体の国々は、いわゆる大陸法系の国々で、フランスやドイツなどが中心である。一方、米国や英国などの英米法の国々では、資本市場で株式や社債を発行して資金調達する直接金融が盛んで、このような国々は会計やディスクロージャーに熱心である。このように、英米

法の国々と大陸法の国々は、会計やディスクロージャーに対する考え方でかなりの温度差がある。

　日本はもともと、明治時代にドイツ商法を継受した関係で、商法体系は大陸法系になっている。商法や会社法といった制定法を中心に会計を統制してきた。しかし、第2次世界大戦に敗れ、米国の強い影響下で米国流の証券取引法（現・金融商品取引法、以下、金商法）による英米法系の会計規制も導入された。かつては、会社法の会計、証券取引法会計のほか、法人税法に基づく会計も含めて、トライアングル体制と呼ばれることもあった。

　従来は、国によって資本市場行政や法人税法が異なることから、会計基準も大きく異なっているのが普通だった。大雑把にいえば、英米法系の国々は、投資家の意思決定に役に立つのであれば、ソフトで不確実な数値を採用することもためらわず、概して時価主義的な色彩が強かったのに対し、大陸法系の国々は、ものづくりの実態を反映しようと、売上が立ってはじめて収益を計上する保守的な取得原価主義を守る傾向が強かった。

　しかし、国際的なヒト・モノ・カネの行き来が盛んになるに従って、国際的な会計基準に近づけておいたほうが何かと便利ではないかという考え方が出てくる。具体的には、1973年6月29日、オーストラリア、カナダ、フランス、ドイツ、日本、メキシコ、オランダ、米国の職業会計士団体の合意によって、国際会計基準委員会（IASC）が設立され、国際会計基準（IAS）の開発が始まったのである。日本からは日本公認会計士協会がメンバーとして参加していた。

　IASは、当初は、関係国の会計基準をすべて受け入れるというかたちで設定されていたため、ありとあらゆる会計方法が認められるような緩やかなものだった。しかし、これでは、参加各国の会計基準は国際会計基準の枠内に収まるかもしれないが、各国の会計基準を近づけるという実質的な意味がない。そこで、できるだけ選択可能な会計方法の幅を狭めていこうという努力が払われるようになる。

　1986年には、主要国の資本市場の規制当局が集まって、証券監督者国際機

構（IOSCO、イオスコ）が結成される。米国からはSEC、日本からは大蔵省（現在は金融庁）がメンバーとなった。この頃、企業の国際的な資金調達が一般的になり、その規模が拡大していた。IOSCOは、外国企業が異なる会計基準で作成した財務諸表を示して資金調達することに懸念を示し、IASCの活動を支援するようになる。

IOSCOのサポートを得たIASCは、1989年に国際会計基準公開草案第32号（E32）「財務諸表の比較可能性」を公表して、会計基準の国際的調和化（ハーモナイゼーション）を目指すようになった。1995年、IOSCOとIASCは、「包括的コア・スタンダード」を開発することに合意する。2000年、コア・スタンダードの開発が完了し、IOSCOがこれを承認して、加盟各国にその利用を勧告した。

それまでIASCでは、加盟国の職業会計士団体から派遣された非常勤のメンバーによって、IASが設定されてきたが、国際的な会計基準の設定のニーズが高まるにつれ、非常勤メンバーでは対応が難しくなってきた。そこで2001年4月、IASCは、常勤のメンバーから構成される国際会計基準審議会（IASB）に改組され、国際的な会計基準は、国際財務報告基準（IFRS）として公表されるようになる。

IASCが開発したIASも、IASBが開発するIFRSも、国際的な会計基準を構成することには変わりはない。IFRS（アイファース、イファース、アイ・エフ・アール・エス）という場合、IASを含めて考えるのが普通である[1]。

IOSCOが加盟各国でIFRSの採用を勧告すると、これを受けて、ヨーロッパ連合（EU）は2005年1月1日以降、EU域内の上場企業にIFRSの適用を強制した。一方、米国は慎重に判断し、外国企業に対してはIFRSの任意適用を認めたものの、基本的に米国内上場企業は米国基準を採用しなけれ

1　英語の発音では「アイファース」が自然だが、不適切な四文字言葉を連想させるということで、IASBは「イファース」という読み方を推奨している。しかし「イファース」というとIASBに忠実なIFRS推進論者という感じがするので、それを嫌う人は中立的な「アイ・エフ・アール・エス」という呼び方を好むようである。

ばならないとしている。日本は、2010年3月期より、IFRSの任意適用を認めている。

● コンバージェンスとアドプション

　従来、会計基準の国際的調和化（ハーモナイゼーション）といわれてきたが、IASBが発足した頃から、「調和化では弱い、これからはコンバージェンス（収斂）だ」といわれるようになった。コンバージェンスというのは、数学で、ある数列がある極限に収束するというときの収束と同じである。IFRSと違いの残った会計基準が、IFRSと同じ会計基準に近づいていくプロセスをイメージしているのだろう。

　これに対してアドプションというのは、IFRSを国内の会計基準としてそのまま採用することをいう。日本の市場もIFRSの任意適用を認めているので、その意味ではIFRSを採用していることには違いないが、普通、アドプションというと、IFRSを国内の会計基準としてすべての上場企業に強制適用することをいう。

　IFRSは、100カ国を超える国々で、国内の会計基準として、すべての上場企業に強制適用されている[2]。しかし、株式時価総額で大きなシェアを占める3カ国、米国、中国、そして日本でアドプションされていない。IFRSは、もともと、ヨーロッパのローカルの基準としての色彩が強かったが、それが主要国以外で徐々に広まってきたという状況である。

　米国の会計基準設定機関である財務会計基準審議会（FASB）とIASBは、2002年9月に、IFRSと米国基準の中長期的なコンバージェンスで合意している（ノーウォーク合意）。また、SECは、2008年11月には、米国国内でIFRSを強制適用（アドプション）するかどうかを2011年までに判断するとしていたが、この決定は延期されている。一時期、米国基準とIFRSは、お

2　Paul Pacter,「国際会計基準世界における適用状況 IFRS各国別適用状況調査」、『企業会計』第66巻第8号、2014年8月、1246-1251頁。

互いに歩み寄る傾向にあったものの、最近は、再び乖離する傾向にある。現在、SECが、米国企業に対してIFRSを強制適用すると予想する人は多くない。

　中国はIFRSをアドプションすることなく、コンバージェンスを図る方針である。2005年、中国会計基準委員会（CASC）とIASBは、中国会計基準とIFRSが実質的なコンバージェンスを達成したとの共同声明を発表している。しかし中国基準は、米国基準と比べても、日本基準と比べても、IFRSより遠いという評価が一般的である。近年、より一段のコンバージェンスの努力が払われている。

　日本は、IFRSに対して、コンバージェンスと任意適用の2本立てで対応している。ASBJとIASBは、2007年8月に日本の会計基準をIFRSに近づけることを目指すことで合意した（東京合意）。このとき、約束したコンバージェンスは、2011年6月におおむね達成されたと評価されている。一方、すでに述べたように、2010年3月期より、IFRSを任意に適用できるようになった。

● 会計の基準間競争

　日本が、国内企業に対してIFRSの任意適用を認めたのは、もともと日本基準と米国基準が混在していたからである。日本では1977年から、連結財務諸表が制度化されているが、当時より、米国で上場していた企業については、米国基準で作った連結財務諸表を日本語に訳せば、これを有価証券報告書に含めることができた。また2002年からは、米国で上場していなくても、SECに登録していれば、日本市場で米国基準が適用できるようになっていた。

　実際には、SECに登録することのハードルは高く、米国基準採用企業は、三十数社程度と数は多くなかった。しかしトヨタ自動車、ソニー、東芝など、日本を代表する企業が多く、株式時価総額ベースで見ればウェイトは高かっ

たのである。

この頃、米国の会計学者を中心に、会計基準にも資本市場の独占を許さず、マーケットで競争させてはどうかという考え方が出てくる[3]。IFRSによる会計基準の国際的統一というのは、IASBによる会計基準市場の独占ということである。意に染まない会計基準に対しては各国の証券当局が拒否権を発動し、カーブ・アウトするから、IASBの会計基準設定権限は絶対的なものではないが、ほかに会計基準を作る機関がなければ、かなりの程度、独占的な影響力を行使できるだろう。問題は、IASBが設定するIFRSが本当に優れた会計基準であるかどうかわからない点にある。IFRSは「高品質の1組のグローバルな会計基準」といわれることがあるが、1組しかなければ品質が高いかどうか確かめようがない。

そこで米国の資本市場で、米国基準とIFRSとの選択を許し、株価を高めようとする企業がどちらの会計基準を自発的に採用しようとするか、競争させてみようというアイデアが出てきた。企業の経営者が株価を高めよう（資本コストを減らそう）としているのなら、企業の状態を一番うまく映し出してくれる会計基準を選び、投資家に情報を伝えようとするはずである。

一方、企業の経営者が自社の株価に関心がなければ、投資家に情報を伝えようという意欲もなく、できるだけ簡単で見栄えのよい財務諸表が作れる会計基準を選ぼうとするだろう。会計基準間の競争で、会計基準の品質が高まっていくのか、下がっていくのかは、企業の経営者がどれくらい自社の株価を気にしているかによって決まってくる。

この会計基準間競争のアイデアは、米国ではただのアイデアに留まり、実現されることはなかった。しかし、すでに日本基準と米国基準が混在していた日本では、事情は違っていた。IFRSを適用したいという企業には、IFRSの任意適用を認め、日本の市場で、日本基準、米国基準、IFRSの三つどもえの会計基準間競争をさせるという、ある種の社会実験が現在進行中

---

3 Ronald A. Dye and Shyam Sunder, "Why Not Allow FASB and IASB Standards to Compete in the U.S.?", *Accounting Horizons* 15(3), 2001, 257-271.

である。

　この3つの基準の中で、米国基準の適用についてだけ、SECに登録しなければならないという条件がついている。その結果、米国の水準に合わせて会計事務所（監査法人）の監査を受ける必要があり、日本企業にはハードルが高い。

　また米国で上場を維持し資金調達する場合であっても、外国企業はIFRSを採用していいことになったために、わざわざ米国基準を採用するインセンティブもなくなった。実は、米国基準を採用していると、厳しい財務諸表監査や内部統制監査を受けなければならない。また米国の上場企業は、連邦海外腐敗行為防止法（The Foreign Corrupt Practices Act of 1977, FCPA）の対象になるなど、法令遵守のコストが高い。国際的にもブレグジット決定以前は、コスト高のアメリカを避け、ロンドンへ上場する傾向があった。

　さらに最近、米国基準では長期保有の投資有価証券の時価評価損益を利益から取り除くことができなくなった。持合株式など長期保有の株式が多い日本企業にとっては、影響の大きな変更である。決算時の株式市場の相場によって利益が大きくブレることになる。

　そこで近年、米国での上場をとりやめる日本企業が増えてきている。トヨタ自動車、ソニーグループ、日立製作所、ホンダ（本田技研工業）のように、もともと米国基準を採用していた企業もIFRSに移行した。今後、日本市場における会計基準は大手企業、グローバル企業が採用するIFRS、それ以外の企業が採用する日本基準に二極化していくことになろう。

◯ のれんの償却と減損

　日本基準の最大の特徴は、のれんを20年以内の期間で償却することにある。米国基準やIFRSでは、のれんは計上されるものの、規則的な償却は行わない。その代わり毎年、減損テストを実施し、回収可能価額が帳簿価額を下回

ったとき、その差額を減損損失とする[4]。JMISはIFRSの中で、どうしても日本が受け入れにくいものを示しているが、JMISがカーブ・アウトした2つの会計基準のうち、1つはのれんの償却に関連する基準である。

のれんは買収した会社の業務遂行の効率性、ノウハウなど、モノに還元できない企業の価値を表しているといわれることがある。またのれんは超過収益力を表しているともいわれる。のれんが超過収益力やモノに還元できない企業の価値を表しているとすれば、これを償却しなくてもかまわないという主張が出てくる。一般に超過収益力は時とともに減少していくものだが、それでもかなりの長期間持続することもある。モノに還元できない価値が、他社に真似できない技術やノウハウによるものなら、それは容易に減らないこともありうる。のれんを償却しないルールの支持者は、こんな論理を展開することが多い。

一方、のれんが生じる理由をシナジーに求めるなら、のれんは償却するのが自然である。2つの会社が一体として経営されることで、別個に経営される以上の利益を生み出すというのなら、その実現した利益の合計とのれんの額を比べて、M&A投資がうまくいったかどうか確認すべきである。20年以内均等額償却というルールは、シナジーが実現する期間として最大で20年まで考えていることになる。一般には十分な期間と考えられよう。

このような会計的な議論だけでなく、経済学的な面からものれんを償却することに一定の意義が認められる。工場や製造設備の減価償却と同様の考え方が当てはまる。次にこの点を説明しよう。

19世紀末、第二次産業革命によって重化学工業化が進み、大規模な設備投資が行われるとともに、所有と経営の分離が進んだ。所有者（株主）が会社を直接経営するのではなく、専門の経営者が会社の経営を担うようになると、経営者の株主によるガバナンスのために利益による業績評価やコントロールが重要になってくる。

4　日本基準でも、ほかの固定資産の減損と同じようにのれんの減損を立てるが、日本の減損テストのほうが緩いので、減損損失が出にくいと見られている。

多額の設備投資を行う際に、設備投資額を期間費用として計上するキャッシュ・ベース（現金主義）に基づいた利益計算では、設備投資をすればするほど業績が悪化してしまう。いきおい経営者は設備投資を先延ばしにするようになる。これでは、最適なタイミングの設備投資が実行しにくい。

　しかし、設備投資額を利益の計算から除いてしまうと、設備投資を考慮しない利益（EBITDA）を少しでも大きくしようと非効率な設備投資が行われるようになる。

　このような株主の利益と合致しない非効率な経営行動によるコスト、つまりエージェンシー・コストを減らすためには、設備投資額を少しずつ費用にしていく減価償却が理にかなっている。

　まったく同じことが、のれんについてもいえる。他の会社をどれほど高く買収したとしても、のれんを償却しなければ、減損損失が出ない限り利益には反映されない。わずかでも利益を出している会社を買収すれば、利益業績が悪化することはないのである。これは経営者を過剰なM&Aに向かわせかねない。

　BSに載っているのれんは、被買収企業をモノとしての価値を超える金額で買ったという、かつての事実を表しているにすぎず、裏付けとなる資産はない。巨額ののれんを抱える企業は、株主資本が実質的に空洞化しているといえる。

　こうした考え方を反映してか、最近、米国基準は非公開会社についてのれんの償却を認める基準改訂が行われた。また、最終的には否決されたが、IASBものれんを償却するかどうかいったんは検討した。

　M&Aに積極的な企業のなかには、のれんを償却しないIFRSを選ぶ企業もある。IFRSを採用している企業には、グローバルにグループ企業の会計基準を統一したいと考える企業や、海外株主比率の高い企業のほかに、M&Aに積極的で多額ののれんを計上している企業も含まれている。

　ここで、アサヒビールの親会社アサヒグループホールディングスの2022年12月期の連結財務諸表を見てみよう。

〈図表10−1〉2022年12月期アサヒグループホールディングスの連結財務諸表

(単位：億円)

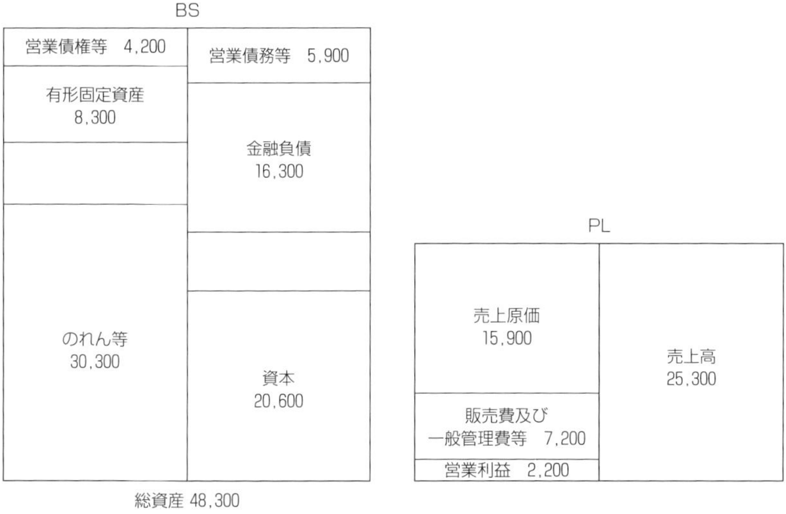

BS

営業債権等　4,200	営業債務等　5,900
有形固定資産 8,300	金融負債 16,300
のれん等 30,300	資本 20,600

総資産 48,300

PL

売上原価 15,900	売上高 25,300
販売費及び 一般管理費等　7,200	
営業利益　2,200	

　一見してわかるとおり、アサヒグループホールディングスのBS上、のれん等（のれんおよび無形資産）は３兆300億円で、資本の額２兆600億円を超えている。つまり、アサヒグループホールディングスは実質債務超過である。

　日本の場合、取引所の上場維持基準に、非支配株主持分を除いた純資産が正であることが求められているので、債務超過の上場企業はあまりない。この基準に２年連続で抵触すると上場廃止になるからである。

　しかし、米国では、債務超過の上場企業はボーイング、マクドナルド、フィリップ・モリス・インターナショナル、スターバックスなどいくつかある。債務超過は必ずしも財務上の危機ではなく、力強い営業CFがあり、あまり投資機会がないので、フリー・キャッシュ・フローが大きい企業が自己株式の取得などで盛んに株主還元しているケースもある。

　アサヒグループホールディングスがIFRSを採用しているのは、のれんの償却を避けるためだけではないだろう。しかしIFRSを適用している企業の

多くはM&Aに積極的で、のれんを償却すると企業業績に大きな影響が出るのもまた事実である。

● 親会社株主説と経済的単一体説

　第6章で見たとおり、M&Aをパーチェス法で処理するときののれんの立て方には2通りの方法がある。1つは購入のれん方式でもう1つは全部のれん方式である。日本基準は購入のれん方式で、IFRSは購入のれん方式と全部のれん方式の選択制、米国基準は全部のれん方式である。

　全部のれん方式と購入のれん方式の考え方の違いは、連結財務諸表を作成する主体をどのように考えるかという連結主体論に密接に関わっている。連結主体論にはいろいろな整理の仕方があるが、ここでは、次の3つのコンセプトを取り上げることにしたい。

　(1)　資本主説

　(2)　親会社株主説

　(3)　経済的単一体説

　資本主説とは、親会社の株主に帰属する部分のみを連結しようという考え方である。連結の仕方としては、比例連結になる。つまり、70％の持分を持っている子会社が100の現金を持っていた場合、連結財務諸表に計上されるのは、そのうちの70だけとする考え方である。この場合には、子会社の外部株主の持分は出てこない。比例連結は、かつて関連会社に対して利用されたことがあったが、連結財務諸表の作成主体としては採用されてきていない。

　(2)の親会社株主説というのは、親会社の株主の観点から親会社株主の支配が及ぶ範囲を作成主体として連結財務諸表を作成しようとする考え方である。従来は、この考え方が普通であった。70％の持分を持っている子会社が100の現金を持っていた場合であっても、連結財務諸表にすべての現金100を計上する。親会社株主説の下では全部連結が自然である。子会社が親会社に支配されている以上、子会社の現金100は、親会社の支配が及んでいるので、

連結財務諸表に含めて考える。

　第6章で見たように、親会社の支配が及んでいる範囲をすべて連結すると、親会社に帰属する部分だけではなく、子会社の外部株主に帰属する部分も連結されることになる。親会社株主説では、非支配株主持分（かつては少数株主持分）がBSに出てくる。PLでは、連結グループ全体の利益から、非支配株主に帰属する損益（少数株主損益）をあたかも費用であるかのように引いて、親会社株主に帰属する利益を計算し、それを「当期純利益」と呼んでいた。

　最後の経済的単一体説というのは、親会社と親会社の支配が及ぶ子会社を一体の連結企業集団と見て、この連結企業集団の立場から連結財務諸表を作成しようとする考え方である。親会社株主説と同じように、支配の及ぶ子会社のBSとPLをすべて連結する全部連結の方法をとる。

　親会社株主説と経済的単一体説が大きく違うのは純資産の部をどう考えるかにある。親会社株主説で資本となるのは、親会社株主に帰属する資本である。これは株主資本とその他の包括利益累計額（AOCI）からなる。株主資本を構成するのは、親会社株主が払い込んだ払込資本と親会社に帰属する利益が留保された留保利益である（自己株式がある場合は、その金額を株主資本から引いておく）。AOCIは、下で述べるその他の包括利益（OCI）の累計額のうち、親会社株主に帰属する部分である。

　非支配株主持分は、子会社の外部株主に帰属する部分なので、親会社の株主から見れば、それは資本にならない。実際にかつては、子会社の外部株主の持分は負債に計上されたり、負債と資本のあいだに特別の区分を作って、そこに計上されたりしていた。のちに純資産ではあるが、自己資本ではないという扱いになった。

　しかし経済的単一体説によると、子会社の外部株主の持分も資本を構成することになる。日本基準では2016年3月期より、連結グループ全体の利益が「当期純利益」と呼ばれるようになり、その「当期純利益」が「非支配株主に帰属する当期純利益」と「親会社株主に帰属する当期純利益」に分けられ

るようになった。当期純利益の意味が変わったので注意が必要である。

　制度上は採用されていないが、資本主説の立場で比例連結するとすれば、購入のれん方式によって、親会社株主に帰属するのれんのみを計上するほかない。親会社株主説では、親会社の支配が及ぶ資産や負債はすべてBSに計上されているので、全部のれん方式を採用してもよいし、最終的に計算する当期純利益が親会社の株主に帰属する部分だけなので、のれんの償却や減損損失を適切に当期純利益に反映させるうえでは、購入のれん方式で十分であるともいえる。しかし経済的単一体説をとるのであれば、当期純利益に非支配持分に帰属する利益も含まれる以上、のれんの償却や減損損失を適切に当期純利益に反映するために、全部のれん方式を採用するのが自然である（もっとも日本基準は経済的単一体説と購入のれん方式の組み合わせであり、IFRSでも購入のれん方式と全部のれん方式は選択できる）。

　現在は親会社株主説から経済的単一体説へと、連結財務諸表の作り方が変化しつつある過渡期といえる。IFRSが経済的単一体説に近いので、コンバージェンスの流れの中で、日本基準も経済的単一体説に近づけるように改訂されつつあるということであろう。

　しかしながら、経済的単一体説には批判も多い。まず経済的単一体説の当期純利益を稼いだ企業集団の株式を購入することは、すべての子会社が上場されていない限り難しい。またすべての子会社が上場されていれば、経済的単一体説の当期純利益を稼いだ企業集団の株式相当のポートフォリオを購入することはできるが、上場企業はそれぞれ連結財務諸表を公開しているので、それぞれの連結財務諸表を見ればよいことになり、経済的単一体説でなければならない理由は乏しい。

　日本基準も、購入のれん方式などを除いて経済的単一体説へと移行している。しかし当期純利益の定義は変わっても、従来の当期純利益が「親会社株主に帰属する当期純利益」という名前で残る以上、特に大きな問題はない。名前が長いのと、移行の前後で、同じ「当期純利益」と呼ばれるものが別の利益だということに注意する必要があるくらいである。

⬤ その他の包括利益とリサイクリング

　JMISで、日本がIFRSから除外している２つのルールのうちの１つはのれんの非償却であると述べた。除外されるIFRSのもう１つのルールとは、「その他の包括利益」のノンリサイクリングである。

　ここで、その他の包括利益（OCI）というのは、包括利益のうち当期純利益でない部分をいう。包括利益とは、連結BSの資本（純資産）の変動のうち、出資や配当など、株主等の出資者との取引以外のすべての取引から生じたものをいう。これに対して、当期純利益は収益と費用の認識基準に従って計算される。当期純利益以外の包括利益がOCIで、それは５項目からなる。

　あまりに専門的になるので、詳細は省くが、１つだけ重要な項目を挙げるとすれば「その他有価証券評価差額金」だろう。これは長期に保有する有価証券をBS上は時価評価するが、評価損益を当期純利益に含めないときに、その評価損益を入れておく科目である。

　日本基準とIFRSのあいだで大きく違うのは、この評価損益の累計額を、その有価証券を売ったときに当期純利益に戻し入れる（リサイクルする）かどうかである。日本基準ではリサイクルし、IFRSではリサイクルしない。

　日本基準では、値上がり益を期待して持つ一時所有の有価証券については、BS上で時価評価し、評価損益を当期純利益に入れている。しかし子会社や関連会社とする関係を持つまでには至らないが、営業上など長期的な関係を考慮して長期保有する投資有価証券については、BS上は時価評価するものの、評価損益を当期純利益には入れないでOCIとするのである。当期純利益を重視する立場からは、当期純利益から除いておいた未実現の評価損益が実現したときに当期純利益に戻し入れるのは当然ということになる。

　一方でIFRSは、包括利益を重視し、当期純利益を軽視する傾向がある。かつてIASBは、包括利益による一本化を目指し、当期純利益の計算を禁止することを計画していた時期があった。IASB理事の入替えがあってから、

このような極端な原理主義的な振舞いは見られなくなったが、当期純利益の計算に無頓着な部分は現行規定にも残っている。実際に投資有価証券の評価損益が実現したとき、これを当期純利益に振り替えることなく、利益剰余金に含めてしまう。このようなノンリサイクリング項目は、その他有価証券評価差額金のほかに、有形固定資産や無形資産の再評価、金融負債の信用リスクに関わる部分など、いくつかある。これらの場合、未実現損益は当期純利益に一度も含められることなく、利益剰余金に含められることになる。

　日本基準とIFRSとの距離は、東京合意以後、どんどん小さくなってきている。それでも日本のJMISでは、のれんの非償却とOCIのノンリサイクリングの2つがIFRSのルールからカーブ・アウトされている。

　日本市場で採用可能な3つの会計基準の違いはほかにもあるが、近年のコンバージェンスの努力により、もはや声高にいうほどの差はないといえよう。重要な違いは残っているものの、3基準のコンバージェンスは大雑把には終了したと考えていいだろう。

◉ 東芝の会計不正

　近年、最も話題になった会計に関する不祥事は、東芝の会計不正事件だろう[5]。2015年2月、東芝は、証券取引等監視委員会より報告命令を受け、工事進行基準が適用されているプロジェクトに対して開示検査を受けた[6]。東芝は、自己調査によって2014年3月期の一部インフラ関連の事業に対する工事進行基準の適用について、何らかの問題があったことを認め、調査を開始

5　会計不正（accounting fraud）は、日本では「不適切会計」「不正会計」と呼ばれることが多い。「不適切会計」というのは、会計上の問題があったことを認めつつ、それが意図的な不正なのか、意図せざるエラーなのかよくわからないときに使われる。「不正会計」という言葉もよく使われるが、これでは「不正をどのように会計報告するか」を決定する会計ルールという感じが強い。「粉飾決算」という表現がキツすぎるのであれば「会計不正」というのが適当である。

6　以下、株式会社東芝第三者委員会、「調査報告書」、2015年7月20日による。

する。

　その結果、ほとんどの工事進行基準適用プロジェクトで総工事費の見積りが小さく、利益の過大計上になっている事例が見つかった。たとえば東京電力のスマートメーターの整備事業では、日立製作所を中心とするコンソーシアムが技術的には高い評価を得、東芝は最低の評価であったが、日立を中心とするコンソーシアムの4分の1の値段を提示することによって受注に成功する。この案件では、見積原価総額が576億円なのに収益総額が319億円と当初より赤字が見込まれていたが、東芝は適切に損失引当金を設定せず、利益を250億円以上、水増ししていたという[7]。このように総見積工事原価を極端に小さくすれば、発生工事原価で見積もった工事進捗度は大きめに計算される。それに見合ってプロジェクトの収益や利益が大きめに計上されることになる。さらに工事進捗度が過大評価されるため、一層、収益や利益が過大計上される。

　東芝における会計不正の事例はこれだけに留まらない。映像事業においては、経費の請求を翌期に回したり、費用の発生を現金支払いが生じるときまで遅らせたりするなどの手法で利益を水増ししていた。半導体事業においては、パソコンの設計・開発・製造を委託し、その委託先に利益を乗せて部品を販売していた。実質的には買戻し条件付き売買でありながら、売却時に利益計上することになる。利益水増しの手法は多様で、全社的に会計不正が広まっていたことがうかがえる。

　このような東芝の会計不正事件の背景には、上司の意向に逆らえない企業風土と、達成困難な必達目標を「チャレンジ」と呼んで事業部門の責任者に押しつける慣行があったという。あるケースでは、3日で120億円の損益改善を求められたとのことである。第三者委員会によると、2008年4月から2015年12月までの期間で総計1,518億円もの税金等調整前当期純利益の下方修正があった。2015年3月期の決算発表で、最終的な利益水増し額は2,248

7　宗像誠之「東芝襲う、赤字必至の時限爆弾」、『日経ビジネス』2015年10月19日号、16頁。

億円となった。

　東芝の会計不正事案は、第三者委員会の報告で終わりにはならなかった。のちに、米国の原子力事業の子会社ウエスチングハウスが計上していた約1,600億円もの減損損失を公表していなかったことが報道される。子会社の巨額損失に対して、東芝はのれんの減損を認識してこなかった（東芝は米国基準採用企業なので、米国の子会社とは会計基準も同じである）。東芝の会計不正事案は、第三者委員会が特定しただけで2,248億円であり、これほどの会計不正を行いながら上場廃止にならないのは、国際的に見ても異例であった（その後、2023年12月に上場廃止となっている[8]）。

　2000年代初頭、米国で起きたエンロンやワールドコムの巨額粉飾事件は、2002年のサーベインズ・オクスリー法（SOX）による規制強化につながった。少し遅れて2005年に発覚したカネボウの粉飾決算の影響で、日本でもSOX類似の内部統制の強化が実施された。大規模な会計不正・粉飾事件が起きると、資本市場の信頼を回復するため、会計関連の規制強化が行われることが多い。

　しかし規制強化はコストを伴う。米国では、SOX導入後、企業がリスクを取らなくなったという実証研究もある[9]。SOXの直接的な導入コストを超えて、巨額の逸失利益があったと考えるのが自然だろう。東芝のような会計不正事案を、できるだけ小さなコストで抑制するにはどうしたらよいか、これから考えていく必要があろう。

◯ 会計情報をどう使うか

　安易なディスクロージャー規制強化による企業の萎縮効果を懸念しなければならないのは、そうでなくとも日本企業がリスクを取らないと考えられる

8　「東芝株　終値4590円で幕　きょう上場廃止、再生めざす」、『日本経済新聞』2023年12月20日朝刊、17頁。

9　Leonce L. Bargeron, Kenneth M. Lehn, Chad J. Zutter, "Sarbanes-Oxley and corporate risk-taking", *Journal of Accounting and Economics* 49(1–2), 2010, 34-52.

からである。

1985年から2006年までの日本企業の総資産利益率（ROA）の中央値は、世界経済の7割を占める主要10カ国の企業の中で最低である。しかしROAの標準偏差もまた、最低である。標準偏差で測ったリスクを調整して考えてみると、日本企業のリスク調整済みROAは、主要10カ国中、さほど見劣りしない。また日本企業は、巨額のキャッシュを保有することでも知られている[10]。

つまり日本企業は、リスクを取って投資をしない代わりに収益性も低いというローリスク・ローリターン経営といえる。石橋を叩いて渡らない経営といってもいい。民間企業が投資をしないので、代わりに政府部門が支出を増やす構図になっているのが実情である。

これからの日本企業は、新たな投資機会を見つけて、果敢にリスクを取って、自己資本利益率（ROE）やROAで見た収益性を高めていかなければならない。会計利益は、いわば経営者の通信簿である。違法な会計操作につながりかねない達成不可能なノルマの押しつけであってはならないが、企業業績を重視し、業績連動型報酬制度など、効果的な成果主義を導入することで、企業の価値創造能力を高めていくことが求められている。

10　中野誠『業績格差と無形資産 - 日米欧の実証研究』東洋経済新報社、2009年。

〈著者紹介〉

山根　節（やまね　たかし）
ビジネス・ブレークスルー大学大学院経営学研究科教授
慶應義塾大学名誉教授（ビジネス・スクール）
早稲田大学大学院経営管理研究科教授（ビジネススクール、平成31年3月まで）

〈経　歴〉
昭和48年　早稲田大学政治経済学部政治学科卒業
昭和49年　公認会計士第2次試験合格、監査法人サンワ事務所（現・有限責任監査法人トーマツ）入所
昭和52年　公認会計士登録
昭和55年　慶應義塾大学大学院経営管理研究科（ビジネス・スクール）修士課程入学
昭和57年　同修了。コンサルティング会社設立・代表
平成6年　慶應義塾大学大学院経営管理研究科助教授、慶應義塾大学大学院商学研究科博士課程入学
平成9年　同博士課程修了
平成10〜11年　スタンフォード大学客員研究員
平成11年　商学博士
平成13年　慶應義塾大学大学院経営管理研究科教授
平成26年　慶應義塾大学名誉教授、早稲田大学大学院経営管理研究科教授
平成31年　ビジネス・ブレークスルー大学大学院経営学研究科教授
現在まで　RJCカー・オブ・ザ・イヤー選考委員・理事、社外取締役、その他経済産業省プロジェクト座長など歴任。

〈著　書〉
『なぜ日本からGAFAは生まれないのか』光文社新書（共著）、2022年
『なぜあの経営者はすごいのか―数字で読み解くトップの手腕』ダイヤモンド社、2016年
『MBAエグゼクティブズ』中央経済社、2015年
『山根教授のアバウトだけどリアルな会計ゼミ』中央経済社、2011年
『なぜ、あの会社は儲かるのか？』文庫版（共著）日本経済新聞社、2009年
『経営の大局をつかむ会計』光文社新書、2005年　他多数

太田　康広（おおた　やすひろ）
慶應義塾大学大学院経営管理研究科エーザイチェアシップ基金教授（ビジネス・スクール）

〈経　歴〉
平成4年　慶應義塾大学経済学部卒業
平成6年　東京大学より修士（経済学）取得
平成9年　東京大学大学院経済学研究科企業・市場専攻博士課程単位取得退学
平成14年　カナダ・ヨーク大学ジョゼフ・E・アトキンソン専門・教養研究学部管理研究学科レクチャラー
平成15年　ニューヨーク州立大学バッファロー校スクール・オブ・マネジメント会計法律学科博士課程修了、Ph.D.（Management）・経営学博士
平成15年　カナダ・ヨーク大学ジョゼフ・E・アトキンソン専門・教養研究学部管理研究学科アシスタント・プロフェッサー
平成17年　慶應義塾大学大学院経営管理研究科助教授
平成19年　慶應義塾大学大学院経営管理研究科准教授
平成23年　慶應義塾大学大学院経営管理研究科教授
令和5年　慶應義塾大学大学院経営管理研究科エーザイチェアシップ基金教授
現在まで　事業仕分け仕分け人、行政事業レビュー外部評価者、防衛装備庁経費率研究会座長代理、会計検査院特別研究官、ヨーロッパ会計学会アジア地区代表等を歴任。防衛装備庁契約制度研究会委員、消費者委員会公共料金等専門調査会委員、日本経済会計学会常務理事。

〈著　書〉
『ビジネススクールで教える経営分析』日本経済新聞出版社、2018年

〈訳書・編書〉
太田康広編著『分析的会計研究―企業会計のモデル分析―』中央経済社、2010年
太田康広編著『人事評価の会計学―キャリア・コンサーンと相対的業績評価―』中央経済社、2021年2月
ウィリアム・R・スコット＝パトリシア・C・オブライエン著、太田康広・椎葉淳・西谷順平訳『新版　財務会計の理論と実証』中央経済社、2022年4月

村上裕太郎（むらかみ　ゆうたろう）

慶應義塾大学大学院経営管理研究科准教授（ビジネス・スクール）

〈経　歴〉
平成12年　上智大学経済学部経済学科卒業
平成14年　大阪大学大学院経済学研究科博士前期課程修了
平成16年　税理士試験合格
平成18年　大阪大学大学院経済学研究科博士後期課程修了、大阪大学より博士（経済学）取得
平成18年　名古屋商科大学会計ファイナンス学部専任講師
平成21年　慶應義塾大学大学院経営管理研究科准教授

〈著　書〉
「働く動機づけとしてのキャリア・コンサーン」『人事評価の会計学』第2章、中央経済社、2021年
『なぜ、会計嫌いのあいつが会社の数字に強くなった？―図だけでわかる財務3表』東洋経済新報社、2016年
「地方分権化が経済厚生および経済成長率に与える影響」『地方分権化への挑戦―「新しい公共」の経済分析―』第3章、大阪大学出版会、2012年
「移転価格税制における二国間事前確認制度（BAPA）のモデル分析」『分析的会計研究―企業会計のモデル分析―』第9章、中央経済社、2010年

木村　太一（きむら　たいち）

慶應義塾大学大学院経営管理研究科専任講師（ビジネス・スクール）

〈経　歴〉
平成23年　一橋大学商学部卒業
平成25年　一橋大学大学院商学研究科修士課程修了
平成28年　一橋大学大学院商学研究科博士後期課程修了、一橋大学より博士（商学）取得
平成28年　慶應義塾大学大学院経営管理研究科助教（有期）
平成30年　慶應義塾大学大学院経営管理研究科専任講師（有期）
令和3年　慶應義塾大学大学院経営管理研究科専任講師

〈著　書〉
「非営利組織のキャリア・コンサーン」『人事評価の会計学』第4章、中央経済社、2021年

〈論　文〉
"Cost-based Pricing in Government Procurement with Unobservable Cost-reducing Actions and Productivity," Asia-Pacific Journal of Accounting and Economics, Vol. 30, No. 2, pp.373-390, 2023.（共著）
「ピア・プレッシャーがインセンティブ設計に与える影響：分析的研究を中心とした文献レビュー」『産業経理』第82巻、第2号、111-124頁、2022年（共著）
「業績評価情報の伝達・利用が組織アイデンティフィケーションに与える影響」『慶應経営論集』第36巻、第1号、39-56頁、2019年。

ビジネス・アカウンティング〈第5版〉
財務諸表から経営を読み解く

2001年 5 月10日　第 1 版第 1 刷発行	
2007年 6 月20日　第 1 版第26刷発行	
2008年 4 月20日　新　版　第 1 刷発行	
2015年 6 月20日　新　版　第17刷発行	
2016年 3 月30日　第 3 版第 1 刷発行	
2018年 7 月25日　第 3 版第 7 刷発行	
2019年 4 月 1 日　第 4 版第 1 刷発行	
2023年 4 月10日　第 4 版第 9 刷発行	
2024年 4 月10日　第 5 版第 1 刷発行	

著　者　　山　根　　　節
　　　　　太　田　康　広
　　　　　村　上　裕太郎
　　　　　木　村　太　一
発行者　　山　本　　　継
発行所　　㈱中央経済社
発売元　　㈱中央経済グループ
　　　　　パブリッシング

〒101-0051　東京都千代田区神田神保町 1-35
電　話 03 (3293) 3371 (編集代表)
　　　　03 (3293) 3381 (営業代表)
https://www.chuokeizai.co.jp
印刷/㈱堀内印刷所
製本/誠　製　本　㈱

©2024
Printed in Japan

※頁の「欠落」や「順序違い」などがありましたらお取り替えいたしますので発売元までご
　送付ください。(送料小社負担)

ISBN978-4-502-50031-2　C3034

■最新の監査諸基準・報告書・法令を収録■

監査法規集

中央経済社編

本法規集は，企業会計審議会より公表された監査基準をはじめとする諸基準，日本公認会計士協会より公表された各種監査基準委員会報告書・実務指針等，および関係法令等を体系的に整理して編集したものである。監査論の学習・研究用に，また公認会計士や企業等の監査実務に役立つ1冊。

《主要内容》

企業会計審議会編＝監査基準／不正リスク対応基準／中間監査基準／四半期レビュー基準／品質管理基準／保証業務の枠組みに関する意見書／内部統制基準・実施基準

会計士協会委員会報告編＝会則／倫理規則／監査事務所における品質管理　《**監査基準委員会報告書**》　監査報告書の体系・用語／総括的な目的／監査業務の品質管理／監査調書／監査における不正／監査における法令の検討／監査役等とのコミュニケーション／監査計画／重要な虚偽表示リスク／監査計画・実施の重要性／評価リスクに対する監査手続／虚偽表示の評価／監査証拠／特定項目の監査証拠／確認／分析的手続／監査サンプリング／見積りの監査／後発事象／継続企業／経営者確認書／専門家の利用／意見の形成と監査報告／除外事項付意見　他《**監査・保証実務委員会報告**》継続企業の開示／後発事象／会計方針の変更／内部統制監査／四半期レビュー実務指針／監査報告書の文例

関係法令編＝会社法・同施行規則・同計算規則／金商法・同施行令／監査証明府令・同ガイドライン／内部統制府令・同ガイドライン／公認会計士法・同施行令・同施行規則

法改正解釈指針編＝大会社等監査における単独監査の禁止／非監査証明業務／規制対象範囲／ローテーション／就職制限又は公認会計士・監査法人の業務制限

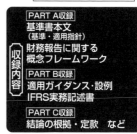